高校师德
建设长效机制研究

覃爱媚 ◎ 著

中国社会科学出版社

图书在版编目（CIP）数据

高校师德建设长效机制研究 / 覃爱媚著. -- 北京：中国社会科学出版社, 2024.11. -- ISBN 978-7-5227-3798-0

Ⅰ. G645.16

中国国家版本馆 CIP 数据核字第 2024CR0319 号

出 版 人	赵剑英
责任编辑	黄 晗
责任校对	周 昊
责任印制	张雪娇

出　　版	中国社会科学出版社
社　　址	北京鼓楼西大街甲 158 号
邮　　编	100720
网　　址	http://www.csspw.cn
发 行 部	010 - 84083685
门 市 部	010 - 84029450
经　　销	新华书店及其他书店

印　　刷	北京明恒达印务有限公司
装　　订	廊坊市广阳区广增装订厂
版　　次	2024 年 11 月第 1 版
印　　次	2024 年 11 月第 1 次印刷

开　　本	710×1000　1/16
印　　张	18
插　　页	2
字　　数	225 千字
定　　价	98.00 元

凡购买中国社会科学出版社图书，如有质量问题请与本社营销中心联系调换
电话：010 - 84083683
版权所有　侵权必究

前　言

"教育是提高人民综合素质、促进人的全面发展的重要途径，是民族振兴、社会进步的重要基石，是对中华民族伟大复兴具有决定性意义的事业。"[①] 党和国家高度重视发展教育事业，始终将教育摆在优先发展的重要战略位置。教育特别是高等教育是一个国家发展水平和发展潜力的重要标志。"办好高等教育，事关国家发展、事关民族未来。"[②] 习近平总书记强调，"高校要牢牢抓住培养社会主义建设者和接班人这个根本任务，坚持办学正确政治方向，建设高素质教师队伍，形成高水平人才培养体系，努力建设中国特色世界一流大学"[③]。建设一支师德品行高尚、政治素质过硬、业务能力精湛、育人水平高超的新时代高素质高校教师队伍，是建设教育强国、推进社会主义现代化强国建设、实现"两个一百年"奋斗目标的基础性工程。

高校承担着"为党育人，为国育才"的重要职责使命，高校教师

[①] 习近平：《做党和人民满意的好老师——同北京师范大学师生代表座谈时的讲话》（2014年9月9日），人民出版社2014年版，第2页。

[②] 《习近平致信祝贺清华大学建校105周年》，《人民日报》2016年4月23日第1版。

[③] 《习近平在北京大学考察时强调 抓住培养社会主义建设者和接班人根本任务 努力建设中国特色世界一流大学》，《人民日报》2018年5月3日第1版。

承担着为中国特色社会主义培养合格建设者和可靠接班人的重要历史使命，为社会主义现代化强国的建设提供重要的人才支撑。高校教师队伍的建设直接关涉高校办学治校的水平与育人质量，关涉高校落实"立德树人"根本任务，关涉社会主义现代化强国的建设。高校人才培养质量和水平的提升关键在于教师的素质，而教师素质的关键在于师德素养。"加强和改进师德建设是全面贯彻党和国家教育方针的根本保证……关系到国家的前途和民族的未来。"①因此，必须要不断加强高校师德师风建设。

近年来，国家出台了各项规范性的文件以及许多具体措施强化高校师德师风建设，经过不懈努力，高校师德师风建设取得了显著成效，高校教师的整体素质和水平得到了较大提升。但高校师德师风建设仍然面临着不少问题，高校教师师德失范行为时有发生，在网络上引起了广泛关注，产生了较为恶劣的社会影响，严重损害了高校教师的良好社会形象。在新形势下，必须加强高校师德师风建设研究，建立健全高校师德建设长效机制，完善各项体制机制，加强制度建设，严格执行制度，规范高校教师管理。建立健全高校师德建设长效机制，能从根本上遏制和杜绝高校师德失范现象的发生。切实提高高校师德建设水平，全面提升高校教师师德素养。

本书围绕高校师德建设长效机制展开全面系统的研究，旨在探索高校师德建设的有效实施路径，为高校师德建设提供重要参考借鉴。全书共分为五个部分，主要由导论及四个章节组成。

导论部分对本书研究的主要问题及研究的缘由进行了论述，对高校师德建设及高校师德建设长效机制的国内外相关研究进行了文献梳

---

① 李家祥主编：《高校党的先进性建设研究》，人民出版社2008年版，第154页。

理，并从理论与实践意义两个方面论述了本书的意义。理论层面，高校师德建设长效机制研究是交叉学科研究，弥补了单一研究视角的局限性，有利于创新研究思路，推动理论创新。通过学理化、学科化的研究阐释，深化对高校师德建设理论本质的认识和把握，从整体上进行理论提升，丰富教师伦理学研究成果。实践层面，高校师德建设长效机制研究聚焦当前高校师德的突出问题，剖析解决师德建设"卡脖子"问题，探赜加强和改进高校师德师风建设的有效实施路径，为高校提供"纾困"之道，具有重要的现实意义。本书主要采用的研究方法有文献研究法、理论分析法、逻辑与历史相统一的方法、系统科学的研究方法。

第一章主要探析高校师德建设长效机制的理论逻辑。首先，分析了高校师德建设长效机制的研究背景，将高校师德建设长效机制研究置于当下时代语境和现实环境中进行考察。其次，对高校师德建设长效机制主要关涉的"道德""师德""长效机制"等核心概念进行准确界定，深刻把握高校师德建设长效机制的科学内涵。高校师德建设长效机制是高校师德建设系统内部各要素之间相互制约、相互作用，动态运行的工作体系，是常态化、长效化开展高校师德建设工作的制度保障。高校师德建设长效机制，是一个内容丰富、结构合理、科学运作、体系严谨的动态系统，具有规范性、系统性、长期有效性等特征。最后，对高校师德建设长效机制进行理论探源，建构高校师德建设长效机制研究的理论框架和研究范式。中国古代传统师德理念是其文化根基，马克思主义人学理论、教师伦理学是其重要的理论基础。

第二章主要探析高校师德建设长效机制的价值意蕴。主要从社会层面、个体层面论述高校师德建设长效机制的价值意蕴。首先，社会层面价值主要包括国家、高校两方面。从国家发展的战略高度而言，高校师德建设长效机制既是实现中华民族伟大复兴的战略需要，也是推进中国式教育现代化的内在要求，还是社会主义精神文明建设的客观要求。从高等教育发展的角度而言，高校师德建设长效机制是办好中国特色社会主义高校的现实需要，是做好新时代高校思想政治工作的内在要求，是大学文化建设的重要组成部分，是深化教师队伍建设改革的重要内容，是师德师风建设的有效手段。其次，个体层面主要包括教师个体、学生个体两方面的价值。对于高校教师而言，建立健全高校师德建设长效机制，有助于提高高校教师的职业道德修养，构建和谐的社会关系，维护良好的教师道德形象，促进高校教师的成长与发展。对于学生而言，良好的师德对大学生具有重要的教育和示范意义，有利于促进大学生塑造正确的价值观，形成良好的道德品质。

第三章主要探析高校师德建设长效机制的生成逻辑。通过梳理新中国成立后高校师德建设的历史，探究高校师德建设长效机制的生发历程。高校师德建设长效机制的生成发展主要分为萌芽阶段、初步探索阶段、深化发展阶段。不同历史阶段具有不同的时代特征，不同时期的高校师德建设实践对促进高校师德建设长效机制的形成、发展、完善具有重要的意义。高校师德建设长效机制在曲折发展中不断深化，逐渐走向完善。基于大历史观，归纳总结高校师德建设长效机制的历史经验，深刻把握高校师德建设长效机制的内在生成发展逻辑及规律。中国高校师德建设长效机制的基本经验与启示主要包括高校师德建设长效机制要始终坚持党的领导，要与社会经济发展相适应，要坚持将加强高校教师的思想政治素质放在首位，要坚持"以教师为中心"的发展理念。

第四章主要探析高校师德建设长效机制的实践逻辑。首先，论述了高校师德建设长效机制的实践原则、实践目标及实践要求。高校师德建设长效机制的实践应坚持价值引领、"师德为上"、"以人为本"、改进创新的实践原则；应坚持主体与客体相统一、依法治校与以德治教相统一、问题导向与目标导向相统一、"自律"与"他律"相统一的实践要求。高校师德建设长效机制科学合理的实践目标的制定，要建立在对客观实际的正确认识和准确分析的基础之上，建立在对事物发展规律的认识和掌握的基础之上。其次，论述了高校师德建设长效机制的具体实践路径：一是要不断强化组织领导机制与保障机制，保障机制主要包括教师权益保障机制、信息反馈调节机制、师德建设经费保障机制。二是要不断完善创新宣传、教育、考核、监督、奖励激励与惩处机制紧密结合的"六位一体"工作机制，分别对每个工作机制的具体措施展开了详细的论述。最后，主要论述了高校师德"一体化"建设。高校师德建设长效机制是一个系统工程，高校师德建设长效机制的实施要运用系统思维，从强化高校师德建设长效机制内外联动、优化外部环境、强化高校师德建设长效机制内部联动三个方面"一体化"推进高校师德建设，从整体上有效地提升高校师德建设水平，提升实践效能，达到预期的实践目标。

目 录

导 论 ·· 1
  一 问题的提出 ·· 2
  二 研究现状综述 ·· 3
  三 研究意义与研究方法 ··· 13

第一章 高校师德建设长效机制的理论逻辑 ······················ 17
  第一节 高校师德建设长效机制的研究背景与科学内涵 ········· 18
    一 研究背景 ·· 18
    二 相关概念 ·· 32
  第二节 高校师德建设长效机制理论探源 ···························· 50
    一 中国古代传统师德理念 ··· 50
    二 马克思主义人学理论基础 ·· 54
    三 教师伦理学理论基础 ·· 63

第二章 高校师德建设长效机制的价值意蕴 ······················ 68
  第一节 高校师德建设长效机制社会层面的价值 ·················· 69

一　高校师德建设长效机制国家层面的价值 …………………… 70
　　二　高校师德建设长效机制高校层面的价值 …………………… 81
　第二节　高校师德建设长效机制个体层面的价值 ………………… 98
　　一　高校师德建设长效机制教师层面的价值 …………………… 99
　　二　高校师德建设长效机制学生层面的价值 …………………… 113

第三章　高校师德建设长效机制的生成逻辑 ……………………… 121
　第一节　高校师德建设长效机制的生发过程 ……………………… 122
　　一　高校师德建设长效机制的萌芽时期 ………………………… 122
　　二　高校师德建设长效机制的初步探索期 ……………………… 133
　　三　高校师德建设长效机制的深化发展期 ……………………… 152
　第二节　高校师德建设长效机制的历史经验总结 ………………… 167
　　一　始终坚持党的领导 …………………………………………… 168
　　二　始终与社会经济发展相适应 ………………………………… 173
　　三　始终将高校教师思想政治教育放在首位 …………………… 175
　　四　始终坚持"以教师为中心"的发展理念 …………………… 179

第四章　高校师德建设长效机制的实践逻辑 ……………………… 183
　第一节　高校师德建设长效机制的实践原则、目标及要求 ……… 184
　　一　高校师德建设长效机制的实践原则 ………………………… 184
　　二　高校师德建设长效机制的实践目标 ………………………… 189
　　三　高校师德建设长效机制的实践要求 ………………………… 192
　第二节　强化高校师德建设长效机制的组织领导与保障机制 …… 198
　　一　建立健全组织领导机制 ……………………………………… 198
　　二　建立健全师德建设保障机制 ………………………………… 207

第三节　完善创新"六位一体"工作机制 …… 213
一　完善创新高校师德宣传机制 …… 213
二　完善创新高校师德教育机制 …… 221
三　完善师德考核评价机制 …… 227
四　完善师德监督机制 …… 233
五　完善师德奖励激励机制 …… 239
六　建立健全师德惩处机制 …… 243

第四节　高校师德"一体化"建设 …… 248
一　强化高校师德建设长效机制内部联动 …… 249
二　优化高校师德建设长效机制外部环境 …… 252
三　强化高校师德建设长效机制内外联动 …… 257

结　语 …… 261

参考文献 …… 267

导　论

教育是国之大计、党之大计。党的十九大报告指出，"建设教育强国是中华民族伟大复兴的基础工程，必须把教育事业放在优先位置，深化教育改革，加快教育现代化，办好人民满意的教育"[①]。党的二十大开启了全面建设社会主义现代化国家的新征程，"党和国家事业发展对高等教育的需要，对科学知识和优秀人才的需要，比以往任何时候都更为迫切"[②]。在实现中华民族伟大复兴的关键时期，高等教育承担着为实现社会主义现代化提供人才支撑的重要使命。

教师是立教之本、兴教之源。当前，中国正从教育大国向教育强国迈进，建设一流大学和一流学科，培养一流人才，必须依靠一流的师资队伍。一流的师资不仅具有一流的学识和能力，更重要的是有高尚的道德品格。"对教师来说，想把学生培养成什么样的人，自己首先就应该成为什么样的人。"[③] 2022 年 4 月 25 日，习近平总书记在中

[①] 《习近平谈治国理政》第三卷，外文出版社 2020 年版，第 35—36 页。
[②] 《习近平在清华大学考察时强调 坚持中国特色世界一流大学建设目标方向 为服务国家富强民族复兴人民幸福贡献力量》，《人民日报》2021 年 4 月 20 日第 1 版。
[③] 《习近平在中国人民大学考察时强调 坚持党的领导传承红色基因扎根中国大地 走出一条建设中国特色世界一流大学新路》，《人民日报》2022 年 4 月 26 日第 1 版。

国人民大学考察时强调,"老师应该有言为士则、行为世范的自觉,不断提高自身道德修养,以模范行为影响和带动学生,做学生为学、为事、为人的大先生,成为被社会尊重的楷模,成为世人效法的榜样"①。从"四有好老师"到"大先生",新时代对高校师德提出更高的要求。

时代呼唤担当,使命引领未来。把师德师风建设摆在首位,有利于落实高校立德树人的根本任务。扎根中国大地,办中国特色的大学,需要建立健全具有中国特色、中国风格、中国气派的高校师德建设体系。高校要"引导广大教师继承发扬老一辈教育工作者'捧着一颗心来,不带半根草去'的精神,以赤诚之心、奉献之心、仁爱之心投身教育事业"②,充分发挥教师在高校办学中的主体地位,当好学生成长成才的引路人,办好人民满意的大学。

一 问题的提出

根据教育部网站2022年教育统计数据显示,我国高等教育学校教职工人数为2870866。③ 伴随着中国高等教育事业的快速发展,高等学校的从教人数不断增加,规模越来越大。同时,高校教师的师德失范行为频发,引发网络舆情,严重损害了人民教师的良好形象,影响了教师的社会影响力、公信力,不利于社会主义精神文明建设。

2014年9月29日,为贯彻落实习近平总书记在北京师范大学师生

---

① 《习近平在中国人民大学考察时强调 坚持党的领导传承红色基因扎根中国大地 走出一条建设中国特色世界一流大学新路》,《人民日报》2022年4月26日第1版。
② 《习近平在看望参加政协会议的医药卫生界教育界委员时强调 把保障人民健康放在优先发展的战略位置 着力构建优质均衡的基本公共教育服务体系》,《人民日报》2021年3月7日第1版。
③ 教育部:《各级各类学校教职工情况》,http://www.moe.gov.cn/jyb_sjzl/moe_560/2022/quanguo/202401/t20240110_1099534.html。

代表座谈会上的重要讲话精神，教育部出台《关于建立健全高校师德建设长效机制的意见》（以下简称《意见》），为新时代做好高校师德工作提供了行动指南。《意见》指出，新时期加强和改进高校师德建设工作具有重要性和紧迫性。建立健全高校师德建设长效机制，能从根本上遏制和杜绝高校师德失范现象的发生，是切实提高高校师德建设水平，全面提升高校教师师德素养的重要手段。《意见》还提出了建立健全高校师德建设长效机制的原则、要求及主要措施。

当前，"我国高校师德建设太注重于具体的长效机制构建，而没能从总体上对机制建构的理论前提进行反思。结果导致我国师德建设主体责任意识尚不明确，师德制度及机制的失效问题突出"[①]。因此，开展高校师德建设长效机制理论研究是提高思想认识、增强行动自觉的必要前提，也是各高校科学制定符合本校实际的实施办法的前提。从大历史观的视角，对高校师德建设的历史经验进行总结，有利于深化对高校师德建设内在规律的认识，从而更好地指导实践。

二 研究现状综述

随着社会对师德问题关注度的提高，学术界关于高校师德建设的研究不断深入，取得了一定的研究成果。这些已有的成果对新时代深入开展高校师德建设长效机制研究有重要的借鉴和启示意义。

（一）国内研究现状

大学教师道德是指"大学教师在高等教育活动中所应遵循的道德的规范、行为准则和必备的品德"[②]，是关于高校教师的职业道德。国

---

① 胡新峰、李威娜：《我国高校师德建设长效机制建构的理论前提》，《黑龙江高教研究》2018年第3期。

② 文秉模、汪应峰：《大学教师伦理学》，中国科学技术大学出版社1991年版，第30页。

内关于道德和职业道德的研究较早，成果也较为丰富。高校师德的研究是以马克思主义伦理学为指导，建立在职业道德的研究基础之上，对高校教师这一具体职业的道德进行研究。

以"高校师德"或"大学教师道德"为主题对 CNKI 上发表的文献进行整理，可以掌握当前研究现状及未来发展趋势。关于高校师德最早的研究文献发表于 1988 年，2004 年后该研究的关注度逐渐高涨，至 2015 年达到峰值。随着近几年高校师德问题频发，针对该问题的研究热度不断上升，具有持续上涨趋势。

1. 关于高校师德的相关研究

20 世纪 90 年代开始，国内学者出版了相关著作。这些早期的著作开辟了高校师德研究新领域，构建了高校师德研究的理论范式。1989 年出版的李彦奎编著的《高等学校教师论》是最早的相关论著之一。他于书中第五章至第七章，对大学教师应该具备的基本素质以及师德的基本内容、主要作用、自我修养等做了论述。1991 年出版的文秉模、汪应峰主编的《大学教师伦理学》，王正平主编的《高校教师伦理学》是专门论述高校师德的早期著作。在这两本著作中对高校师德的概念和高校教师伦理学的定义做了界定，对教师道德的主要方面、规范体系的构成、研究范畴等进行了阐述，对之后的研究具有重要的启发意义。

王正平认为，教师职业道德是指教师在从事教育劳动过程中，形成的比较稳定的道德观念、行为、规范和道德品质的总和。[①] 高等学校教师伦理学则是研究高校教师职业活动领域内道德意识、道德关系和道德活动的科学。[②] 高校教师伦理学主要有三部分的内容。第一部分是

[①] 王正平主编：《高校教师伦理学》，上海交通大学出版社 1991 年版，第 6 页。
[②] 王正平主编：《高校教师伦理学》，上海交通大学出版社 1991 年版，第 17 页。

关于高校教师道德意识本身的研究。王正平梳理了国内外教师道德思想历史的发展演变过程，阐明了教师道德的社会本质、作用及原则，指出教师道德根本上由社会经济关系所决定，并受到社会精神文化因素的影响。社会主义教师道德规范体系由教师道德原则、道德规范、道德范畴组成。第二部分是高等教育劳动中的道德关系的研究。王正平对师生关系中的道德问题、高校教学科研中的道德问题、高校教师集体中的道德问题进行了分类解析，阐明了社会主义教师道德的规范体系。第三部分是高校教师道德生活实践的研究。王正平将教师道德评价体系分为社会道德评价和自我道德评价。社会道德评价主要有社会舆论与教育传统习惯两种形式，而教师道德修养则重在自我教育，教师要做到"慎独"。

文秉模、汪应峰认为，大学教师道德指的是大学教师在高等教育活动中所应遵循的道德的规范、行为准则和必备的品德。① 教师道德的范畴狭义上是反映教师道德关系和行为调节方向的一些最本质的概念，诸如教师的义务、良心、公正、荣誉、幸福等，并对这几方面逐一展开了论述。大学教师职业道德有两大原则：忠诚党的教育事业是根本原则，教书育人是基本原则。书中还分别对大学教师与学生、与大学教师、与校系领导、与社会关系中的道德要求展开了具体阐述。大学教师道德评价方面主要有三个因素：校内外舆论、教育传统习惯和大学教师内心信念。

进入21世纪，随着中国高等教育的发展，教师伦理学的研究也不断深入推进。檀传宝在《走向新师德——师德现状与教师专业道德建设研究》一书中对师德研究有一定的创见。他采用定量与定性

---

① 文秉模、汪应峰：《大学教师伦理学》，中国科学技术大学出版社1991年版，第30页。

相结合的方法，对当时的师德现状与师德建设现状开展了专题调查研究。当代中国师德的发展存在缺少社会关怀和专业化关照的问题，存在教师道德专业化程度不够制约教师媒体道德形象构建等问题，应将师德建设工作推向专业化发展的道路。教师专业化运动必然使教师道德从一般"职业道德"形态向"专业道德"转化，从抽象、模糊、未分化的教师职业道德走向具体、明确、专业化的教师专业道德。[①]

檀传宝在《教师伦理学专题——教育伦理范畴研究》一书中，从"教育伦理范畴""师德范畴"出发分专题研究教师伦理中存在的主要问题，详细阐述了教师的幸福、公正、仁慈、义务、良心及教师的人格等范畴。他在另一部著作《教师职业道德》中全面介绍了教师职业道德的伦理基础，阐释了教师职业道德的基本范畴。对教师职业道德实践规范中的教学伦理、科学伦理、社会伦理的内涵及特征、基本原则及主要内容、实现策略等分别展开了论述。从伦理学层面对教师职业道德进行了较为全面的研究，既拓展了理论深度，也对高校教师职业道德实践有一定启发。

安云凤主编的《高校师德论》一书指出，高校教师职业道德的本质是一种特殊的社会意识形态，是高等教育活动中调整人们利益关系的行为规范，是整个社会道德的一个组成部分。[②] 该书从高等教育发展的时代背景出发，分析新时期高校教师职业道德的现状及面临的挑战。该书还具体阐述了高校教师教学活动中、科研活动中、社会实践中、人际关系中的职业道德。高校教师职业道德的构成主要有教

---

① 檀传宝等：《走向新师德——师德现状与教师专业道德建设研究》，北京师范大学出版社2009年版，第24页。

② 安云凤主编：《高校师德论》，中央编译出版社2007年版，第76页。

师职业理想、教师职业责任、教师职业态度、教师职业纪律、教师职业技能、教师职业良心、教师职业公正和教师职业荣誉八个要素。①同时，从社会机制、个人主体化机制、制度机制、校园文化机制的影响探讨高校教师职业道德的发生机制。

学术论文主要围绕高校师德建设具体实践中存在的问题，探讨解决路径。一是转变思维方式，创新工作模式。杨雪梅的论文《从规训约束到意义引领：大学师德建设思维的转换》认为，高校师德建设应从规训约束模式转变为意义引领模式，应将关注的焦点从外在转向内在，更加注重教师的道德自觉和价值认同，注重回归大学教师的真实生活，关照大学教师的精神生命。②王秀彦、张景波的论文《"四位一体"打造高校师德建设新模式》认为，要构建思想引领、能力提升、暖心服务和督导督查"四位一体"的师德建设新模式。③王丽、居继清的论文《地方高校党建与师德师风建设的"共赢"研究》认为，要以创新基层党建工作为抓手，在舆论宣传、党员发展、党员培养、评价考核和激励保障机制等方面将师德师风建设与党建工作紧密结合，推动两者实现"共赢"。④

二是注重优化高校师德建设环境。张硕勋、刘佛军的论文《高校师德滑坡与重建的环境因素分析》认为，导致高校师德滑坡的主观环境因素主要有道德价值观取向的功利性和实用性、道德价值主体的偏移、道德认识的多样化以及高校专业分工过细在一定程度上制约

---

① 安云凤主编：《高校师德论》，中央编译出版社2007年版，第90页。
② 杨雪梅：《从规训约束到意义引领：大学师德建设思维的转换》，《黑龙江高教研究》2014年第10期。
③ 王秀彦、张景波：《"四位一体"打造高校师德建设新模式》，《中国高等教育》2019年第12期。
④ 王丽、居继清：《地方高校党建与师德师风建设的"共赢"研究》，《湖北社会科学》2012年第1期。

了教师的思维方式和理论视野。客观环境因素主要有社会整体道德下滑的影响、传统道德价值观念张力的削弱、目前道德体系在社会运行机制中的"调节器"功能在某种情况下"失灵"、发展社会主义市场经济的影响、社会尊师重教的风气淡化等。① 孙宇、张园的论文《大学文化视阈下的高校师德建设重塑》，基于大学校园文化建设，提出要从加强师德风范的价值文化建设、形象文化建设、制度文化建设、行为文化建设着手重塑高校师德。② 娄东生的论文《优化校园舆论环境促进高校师德建设》认为，高校校园舆论环境具有规范和教化教师的思想和行为、评价定位教师的思想道德水平和业务能力、监督制裁教师失范的思想和行为的作用。要坚持主动性原则和以人为本的原则，将舆论引导与解决实际问题相结合，从根本上优化校园舆论环境。③

三是利用新兴技术赋能高校师德建设。李晓东的论文《大数据时代高校师德评价创新路径研究》提出，将大数据作为完善师德评价方法的有效工具，基于数据挖掘顶层设计、数据库平台建设、数据运行整体协同，构建师德评价的新路径。④

此外，还有学者关注网络环境下师德建设出现的新问题。如唐瑭的论文《高校教师惩戒机制的法治迷失及其价值回归——以高校教师师德失范行为的"网络舆论审判"事件为例》认为，"网络舆论审判"

---

① 张硕勋、刘佛军：《高校师德滑坡与重建的环境因素分析》，《兰州大学学报》（社会科学版）2000年第28期。
② 孙宇、张园：《大学文化视阈下的高校师德建设重塑》，《黑龙江高教研究》2012年第3期。
③ 娄东生：《优化校园舆论环境促进高校师德建设》，《福州大学学报》（哲学社会科学版）2010年第2期。
④ 李晓东：《大数据时代高校师德评价创新路径研究》，《南京政治学院学报》2018年第2期。

在高校教师惩戒机制实践中产生了深刻影响，使得高校教师师德失范行为的惩戒处理出现法治思维不足、法治价值迷失的现象。高校教师师德失范行为的惩戒处理应当回归法治思维，对失范行为进行分类管理、分类处罚，建立明确的责任清单和清晰的追责机制，以法律方法处理。①

2. 关于高校师德建设长效机制的相关研究

关于高校师德建设长效机制的研究，散见于一些论著的部分章节之中。学者们均认为建立健全高校师德建设长效机制具有紧迫性和重要性，但是专门研究高校师德建设长效机制的著作较少。

檀传宝的著作《走向新师德——师德现状与教师专业道德建设研究》一书中，第三章对师德制度建设的问题进行了探讨。他在师德建设的现状调查中发现，当前师德制度建设存在制度缺失、伦理精神缺失、师德制度建设受到其他教育制度影响和制约的问题，提出主要有师德建设制度化、师德制度伦理化、师德制度建设生态化的高校师德建设路径。②

万美容等的论文《高校师德建设长效机制研究综述》对20多年来在学术期刊上发表的与高校师德建设长效机制相关的论文做了综述，认为当前高校师德建设长效机制的研究主要集中在领导组织机制、教育宣传机制、监督激励机制、考核评价机制等方面。③

胡新峰、李威娜的论文《我国高校师德建设长效机制建构的理论

---

① 唐瑭：《高校教师惩戒机制的法治迷失及其价值回归——以高校教师师德失范行为的"网络舆论审判"事件为例》，《教育发展研究》2019年第7期。
② 檀传宝等：《走向新师德——师德现状与教师专业道德建设研究》，北京师范大学出版社2009年版，第48—57页。
③ 万美容等：《高校师德建设长效机制研究综述》，《思想政治教育研究》2014年第4期。

前提》认为,要从理论高度对中国师德建设的经验和问题做整体性的反思和批判,深化对师德建设的本质认识。同时,还要借鉴中西方的经验,构建具有中国特色的师德理论体系。[①]

梁德东的论文《构建高校师德师风建设常态化长效化机制》认为,探索高校师德师风建设常态化长效化机制要坚持系统思维和战略思维。实现师德师风建设常态化要不断提升教师的政治领悟力,要发挥基层党组织的战斗堡垒作用,要注重经验总结、传递和转化,要积极推进教师法修订完善,将师德师风建设要求纳入法律。[②]

张哲的论文《制度伦理在高校师德建设中的适用与局限》从制度伦理的角度出发,提出把制度和制度伦理纳入高校师德建设过程,要关注制度背后所蕴含的伦理精神、道德趋向以及价值基础。制度伦理在高校师德建设中具有规范、协调、整合、评价等功能,能够使得高校师德建设出效果、上水平。[③] 同时,制度伦理在高校师德建设中也具有一定的局限性。

张建红的论文《新形势下高校师德建设长效机制探析》认为,建立健全高校师德建设长效机制是确保中国特色社会主义事业后继有人的需要,是提升高等教育发展水平的必备条件,是大学守护社会文明发展的重要基础。高校在具体实践中仍存在诸多影响长效机制建立的因素,如评价机制不健全制约高校师德建设长效机制的运行,个别社会环境在一定程度影响高校师德建设机制作用的发挥。张建红提出要完善相关制度,整合高校师德建设力量;要以完善教师评价机制为抓

[①] 胡新峰、李威娜:《我国高校师德建设长效机制建构的理论前提》,《黑龙江高教研究》2018 年第 3 期。
[②] 梁德东:《构建高校师德师风建设常态化长效化机制》,《人民论坛》2022 年第 4 期。
[③] 张哲:《制度伦理在高校师德建设中的适用与局限》,《当代教育与文化》2014 年第 5 期。

手，推动高校师德建设长远发展；要以尊重道德发展基本规律为前提，走"自律"和"他律"相结合的师德建设之路。①

周强的论文《新时代高校教师师德建设长效机制构建》认为，高校师德建设要构建理想信念教育"常态化"、榜样宣传教育"立体化"、师德评价机制"系统化"、师德奖惩机制"精细化"的"四化一体"高校师德建设长效机制。②

周显信、许双双的论文《推行高校师德考核负面清单制度的掣肘与进路》认为，师德师风建设中推行负面清单制度是一个重大创新，但在实际推行中受到多方面因素制约，尤其是在落实"一票否决"制的过程中遇到掣肘。推进师德考核负面清单制度的有效路径主要有制定科学的师德考核负面清单，搭建透明的师德网络监管机制，建立高效地风险反馈体系，构筑健全的师德考评长效机制，借鉴先进的国际师德管理经验。③张小锋、王湘宁在论文《高校"师德一票否决制"的困境与对策》中认为，师德"一票否决"制面临执行难的原因主要在于师德建设认识不足，师德建设制度缺乏，以及师德禁行规范主体缺失等，必须建立具体的可操作的师德评价系统和师德考核标准。④

通过文献梳理发现，中国开展高校教师职业道德的研究较早，并取得了一定成果，这些前期研究成果是进一步深入开展研究的"阶梯"和"支撑点"。学者们从不同角度对高校师德建设长效机制开展研究，

---

① 张建红：《新形势下高校师德建设长效机制探析》，《思想理论教育导刊》2018年第4期。
② 周强：《新时代高校教师师德建设长效机制构建》，《中国高等教育》2019年第23期。
③ 周显信、许双双：《推行高校师德考核负面清单制度的掣肘与进路》，《思想理论教育》2019年第4期。
④ 张小锋、王湘宁：《高校"师德一票否决制"的困境与对策》，《中国高等教育》2015年第10期。

主要围绕某一微观层面的具体问题开展讨论，侧重于实证研究。研究成果也较为零散，整体性和系统性不足，目前专门针对高校师德建设长效机制的著作较少。

（二）国外高校师德建设研究现状

各国都非常重视通过法律法规来规范高校教师行为，树立良好师德师风。国外师德师风政策的制定和实施主体主要有三个方面：一是国家及地方政府层面出台《教育法》等法律法规条文，如英国制定《英国合格教师专业标准与教师职前培训要求》《英国教师职业标准》等文件。二是各地各高校结合本校实际，制定师德相关文件来规约教师的行为，如剑桥大学出台《道德行为准则》、美国弗吉尼亚大学制定《高校道德规范》等。三是教师行业协会或教师专业组织机构制定相关文件，如国际教师协会颁布《教师宪章》、加拿大高等教育教与学联盟制定《大学教师道德原则》、美国教师教育与认证管理者协会发布《教育工作者专业道德标准》等，这些规定具有可操作性和实践性。通过对这些政策文本的研究，了解国外师德建设的先进经验，对中国建立健全高校师德建设长效机制具有参考和借鉴意义。

中国学者袁桂林对西方道德教育进行了系统研究，并出版专著《当代西方道德教育理论》。他对当代西方道德教育理论影响较大的教育家及其理论做了介绍，如卢梭、康德、赫尔巴特、边沁、穆勒、斯宾塞、涂尔干、杜威等。此外，他对西方各道德教育理论流派进行了梳理，重点介绍了存在主义道德教育理论、认知发展道德教育理论、价值观澄清理论、理性为本道德教育理论、道德符号理论、逻辑推理价值观教育理论、社会学习道德教育理论、人本主义道德教育理论、完善人格道德教育理论、体谅关心道德教育理论的主要观点、基本特征及简要评价。西方道德教育理论总体上具有注重微观研究、注重操作模式研究、人本主义被普遍接受、反对灌输、派别众多且各执己见的特点。①

美国教育家杜威在《民主主义与教育》一书中全面阐述了实用主义教育理论。书中虽然没有专门的章节直接论述高校教师道德问题，但他在第二十六章《道德论》中关注了教育中的道德问题。从教育的目的、教育的价值、教育中的民主概念等角度，对教师应有的道德素质和职业素养等做了相关论述。

加拿大学者伊丽莎白·坎普贝尔的《伦理型教师》一书中，第一部分阐述了道德实践与应用伦理学知识。道德实践是一种双重的状态，教师代表着双重的承诺，教师既是道德专业人员也是道德模范、榜样和教育者，他们的目标是引导学生过一种道德生活。②第二部分分析了教师在教学中的道德困境，这些困境、压力、挑战干扰了教师的道德意识和伦理功效、道德实践，对教师的自我认知构成威胁，最终使得他们放弃专业精神。第三部分提出提升伦理专业素养的路径，认为要树立标准与规范，要学会创造伦理型文化，要在实践中运用伦理知识，以此来消除道德困境和紧张状态。

国外学者针对中国高校师德建设的研究成果极少，了解西方关于师德建设的相关政策及研究成果，掌握西方教育道德理论，对中国师德建设研究有所借鉴。

三 研究意义与研究方法

（一）研究意义

高校师德建设长效机制研究是基于高校师德建设的现实需要和理

---

① 袁桂林：《当代西方道德教育理论》，福建教育出版社1995年版，第298—302页。
② ［加］伊丽莎白·坎普贝尔：《伦理型教师》，王凯、杜芳芳译，华东师范大学出版社2010年版，第2—3页。

论需要开展的研究，具有重要的理论价值和实践旨趣。

1. 理论意义

首先，高校师德建设长效机制研究是伦理学、教育学等学科的交叉融合研究，从多维度、多层次、多视角探究高校师德建设长效机制的理论逻辑、生成逻辑及实践逻辑。学科交叉研究有利于创新研究思路，拓展研究的深度和广度，弥补单一研究视角的局限性。高校师德建设既是教师伦理学的研究范畴，也是高校思想政治教育学科研究的内容，交叉学科研究有利于促进学科的发展。

其次，高校师德建设长效机制研究注重学理研究，伦理学、教育学、马克思主义人学理论是研究的理论依据，中华优秀传统文化中尊师重教的深层理念是研究的理论根基。通过学理化、学科化的研究阐释，深化师德建设理论本质的认识，从整体上进行理论提升，进一步推进高校师德建设研究，丰富教师伦理学研究成果。师德是一个历史性的范畴，不同历史时期的师德建设呈现不同的特点。研究新时代背景下高校师德建设的新情况和新问题，有利于推动理论研究与时俱进，促进理论创新。

2. 实践意义

道德建设的鲜明实践特性，决定了高校师德建设长效机制研究具有实践意义。首先，高校师德失范问题的发生学依据源自社会，因此高校师德建设研究要与现实社会相结合，与具体实践相结合。高校师德建设长效机制研究以解决现实问题为出发点，以提升高校师德建设水平为目的。当今社会，整体上高校教师具有较高的道德水平，他们兢兢业业教书育人，为人师表。但是近年来，一些高校教师出现了道德失范问题，在社会上产生了不良影响，使得教师的群体形象受损。新时代党和国家对高校教师的道德品行提出新的要求，人民群众对高等教育也有了更高的期待。加强高校师德建设长效机制的研究对于解决当今社会高校教师师德失范问题具有重要的现实意义。同时，对于高校而言，也为其解决师德建设难题提供纾困之道。

其次，高校教师是高等教育事业的主体，也是高校师德践履的主体。建立健全高校师德建设长效机制，有利于高校教师发挥主体自觉性，提高道德认识，增强道德情感和道德意志，激发道德行为。对于个人而言，高校师德建设长效机制是一种"他律"的手段，最终要通过"他律"实现"自律"的道德内化，达到"自律"和"他律"的相统一，从而提高教师的道德水平。教师是社会道德风尚的引领者，良好的师德可以促进社会道德水平的提升，促进社会主义精神文明建设。此外，高校师德建设长效机制研究致力于创新高校师德建设体制机制，对促进社会道德治理方式的创新也具有重要意义。

（二）研究方法

研究方法是研究者开展科学研究过程中所采用的一套手段或方式。"在探索的认识中，方法也就是工具，是在主体方面的某个手段，主体方面通过这个手段和客体相联系"[①]。在学术研究中，所采用的研究方法关乎研究结论是否科学有效。本书所采用的研究方法主要有文献研究法、理论分析法、历史与逻辑相统一的方法、系统科学的研究方法。

1. 文献研究方法

一方面通过对相关文献检索查阅、归纳整理，认真研读分析，了解掌握研究现状。另一方面，通过对相关政策文献的梳理，有利于掌握中国高校师德建设的演进路径和发展脉络，探索高校师德建设的规律。广泛收集文献资料为理论分析与深化研究奠定基础。

---

① 《列宁全集》第五十五卷，人民出版社2017年版，第189页。

2. 理论分析法

本书主要基于教师伦理学、马克思主义人学理论等视角探析高校师德建设长效机制的理论逻辑、生成逻辑和实践逻辑。利用理论分析的方法，探索高校师德长效机制的内在机理，对各组成要素之间的内在联系和相互作用机制进行研究。通过学理分析和理论阐释，提高高校师德研究的学术性和科学性。

3. 逻辑与历史相统一的方法

高校师德建设是一个历史性的问题，要将高校师德建设长效机制的研究置于历史的环境中考察。通过对新中国成立以来各不同历史时期高校师德建设的历史进行梳理，掌握中国高校师德建设的发展演变规律和机理，探索高校师德建设长效机制的内生动力和生成逻辑。

4. 系统科学的研究方法

首先，高校师德问题关涉社会政治、经济、文化各方面，所以高校师德建设长效机制的研究必须运用系统的方法，将高校师德建设长效机制研究置于政治经济文化的社会大背景中，置于高等教育发展的大环境中去考察。其次，高校师德建设长效机制是一个系统工程，在系统的内部涉及宣传、教育、考评、监督与奖惩各方面。宣传教育、示范引领、实践养成各环节环环相扣，政策保障、制度规范、法律约束各方面相互衔接，形成一个有机整体。因此，高校师德建设长效机制研究必须遵循系统研究方法中的层次性原则、结构性原则、联系性原则、环境原则，把握各要素之间的内在联系与动态平衡关系。

第一章　高校师德建设长效机制的理论逻辑

"理论一经掌握群众，也会变成物质力量。理论只要说服人［ad hominem］，就能掌握群众；而理论只要彻底，就能说服人［ad hominem］。"① 理论是人们在长期的社会实践中形成的科学经验的总结，揭示了事物发展的普遍规律。理论具有全面性、逻辑性、系统性的特征。科学的理论是在社会实践的基础上产生，并经由社会实践检验和证明的真理，是客观事物的本质性、规律性的准确反映。

科学理论是正确行动的先导。高校师德建设长效机制的建构，必须以科学的理论为指引，遵循一定的理论逻辑。实践如果没有科学理论的指导，便容易"只见树木不见森林"，不能透过现象看到本质，行为可能会具有主观盲目性。行为的主观盲目性必然会导致结果的无效性，甚至会对结果产生反作用。因此，高校师德建设长效机制的构建，要从理论的高度，审视其思想内涵及理论本质，深化对高校师德建设长效机制的本质认识，探索具有中国特色的高校师德建设理论体系，从而有效解决当前高校师德建设长效机制低效化问题。

---

①《马克思恩格斯选集》第一卷，人民出版社2012年版，第9—10页。

第一节　高校师德建设长效机制的研究背景与科学内涵

马克思主义唯物辩证法认为，世界是普遍联系的，是不断发展变化的，要用联系、发展、矛盾和系统的观点来分析问题和解决问题。师德是一个历史性、发展性的概念，在社会转型时期，师德也处于嬗变之中。高校师德失范问题的发生学依据源自社会，有着深刻的社会根源，所以要到社会的实践中研究解决问题，将高校师德建设长效机制置于时代的社会大环境中考察。

一　研究背景

社会道德建设与社会政治、经济、文化、科学技术等各方面密切相关，它们从不同层面对社会道德产生影响。社会经济关系决定社会道德的性质，政治、经济、文化、科学技术水平的高低决定社会道德水平的高低。师德是社会道德的重要组成部分，高校师德的发展同样受到社会大环境的制约，受到高等教育事业改革与发展的深刻影响。

（一）高校师德建设长效机制研究的时代语境

"时代是思想之母，实践是理论之源。"[①] 任何理论和实践问题的研究都离不开时代的大背景。中国特色社会主义进入了新时代，这是中国发展新的历史方位，也是当前构建高校师德建设长效机制的时代背景。高校师德的建设既是一个现代性问题，又是一个社会性问题。现代性是指师德问题产生的时代境遇，由于社会转型带来了师德建设

[①]《习近平谈治国理政》第二卷，外文出版社2017年版，第34页。

在观念结构、制度设计和行为方式等方面一系列的矛盾与冲突，其发生逻辑和作用机理都与社会从传统向现代的转型具有密不可分的关系。①

1. 政治环境

从 1921 年成立至今，党带领全国各族人民历经风雨、爬坡过坎走过了一百多年的历程，创造了新民主主义革命、社会主义革命和建设、改革开放和社会主义现代化建设、新时代中国特色社会主义的伟大成就。"中华民族迎来了从站起来、富起来到强起来的伟大飞跃，实现中华民族伟大复兴进入了不可逆转的历史进程！"② 党的二十大报告指出："中国共产党的中心任务就是团结带领全国各族人民全面建成社会主义现代化强国、实现第二个百年奋斗目标，以中国式现代化全面推进中华民族伟大复兴。"③

中国开启了实现第二个百年奋斗目标，全面建成社会主义现代化强国的新征程。当前，中国正在经历世界百年未有之大变局，世界之变、时代之变、历史之变前所未有。新一轮技术革命和产业变革深入发展，国际国内形势发生深刻变化。国际上，气候、环境、瘟疫、经济衰退、恐怖主义等全球性问题凸显，尤其是新冠疫情在全球大流行，导致国际经济衰退，经济复苏乏力。单边主义、保护主义沉渣泛起，西方国家"脱欧""退群"等，严重影响了国际化进程，出现了逆全球化现象。以乌克兰危机等地区局部冲突不断，

---

① 曲波：《反思高校师德建设的几个前提性问题》，《东北师大学报》（哲学社会科学版）2016 年第 6 期。
② 《习近平谈治国理政》第四卷，外文出版社 2022 年版，第 6 页。
③ 习近平：《高举中国特色社会主义伟大旗帜　为全面建设社会主义现代化国家而团结奋斗——在中国共产党第二十次全国代表大会上的报告》（2022 年 10 月 16 日），人民出版社 2022 年版，第 21 页。

西方国家推行霸权主义、强权政治，严重威胁世界和平与稳定。世界进入新的动荡变革期，国际秩序和国际格局发生深刻变化。这些国际现象背后有着深层次的原因——国际上资本主义和社会主义力量的发展和抗衡。

19世纪末20世纪初，世界资本主义向帝国主义阶段过渡发展，由于政治经济发展的不平衡，帝国主义国家之间矛盾激化，引发了世界范围内的两次世界大战，深刻改变了世界政治经济格局。第一次世界大战中，经济文化落后的俄国卷入战争，加剧了国内矛盾，引发了"二月革命"和"十月革命"，世界上第一个无产阶级专政的社会主义国家——苏联诞生，打破了资本主义国家一统天下的局面。第二次世界大战后，建立了雅尔塔体系，形成了以美国为中心的资本主义阵营与以苏联为中心的社会主义阵营，"两大阵营"相对峙，国际形势呈现"两极格局"。1989—1992年，东欧剧变、苏联解体，"华约"组织解散，国际社会主义运动一度陷入低潮，国际社会上纷纷出现"历史终结论"等舆论。

21世纪初，世界资本主义陷入经济危机，资本主义国家深陷泥潭，无法自拔。世界社会主义在新一轮资本主义危机的背景下，面临走出低谷、重新振兴的机遇。从当前的形势中，可以清楚地看到，资本主义制度本身难以克服的弊端日益凸显，以中国为代表的社会主义国家力量不断壮大，逐渐呈现"东升西降"的发展趋势。但国际社会总体上仍然处于"资强社弱""西强东弱"的局势，资本主义制度仍然占据主导地位。

国际政治环境深刻地影响着国内政治的发展。在新形势下，中国共产党始终"坚持和发展中国特色社会主义，推动物质文明、政治文明、精神文明、社会文明、生态文明协调发展，创造了中国式现代化新道路，创造了人类文明新形态"。① 中国共产党坚持加强党的全面领导，勇于自我革命，坚定不移地开展反腐败斗争，深入推进党的建设伟大工程，全面从严治党，不断提高抵御和防范国际风险的能力；坚持和发展全过程人民民主，贯彻人民至上的执政理念，加强社会主义民主建设；坚持深化改革，对党和国家机构进行全面改革，推进国家治理体系和治理能力现代化。全党在革命性锻造中形成共同意志，党员干部不断提高政治判断力、政治领悟力、政治执行力。

2. 经济环境

党的十八大以来，党和国家的事业取得了历史性成就，同时发生了历史性变革。中国经济总量稳居世界第二，创造了经济持续快速增长和社会长期稳定的历史奇迹。"改革开放是决定当代中国前途命运的关键一招，中国大踏步赶上了时代！"② 当前，改革进入了深水区和攻坚期，社会主要矛盾发生了深刻变化，人民日益增长的美好生活需要和不平衡不充分的发展之间的矛盾，成为社会的主要矛盾。"我国经济发展进入新常态，已由高速增长阶段转向高质量发展阶段，面临增长速度换挡期、结构调整阵痛期、前期刺激政策消化期'三期叠加'的复杂局面，传统发展模式难以为继"③，必须贯彻新发展理念，推动经济高质量发展。

经济体制的革命性变革，必然引起社会道德状况的转变。在从"政治挂帅"的计划经济到以"经济为中心"的市场经济的转变过程中，社会道德也从空洞的浪漫主义向讲求实际功效的现实主义转变。具体到个体道德层面，主要体现为对自身利益追求和个体价值选择的

---

① 《习近平谈治国理政》第四卷，外文出版社2022年版，第10页。
② 《习近平谈治国理政》第四卷，外文出版社2022年版，第6页。
③ 《中共中央关于党的百年奋斗重大成就和历史经验的决议》，人民出版社2021年版，第34页。

主体性确认。人们由于受市场经济逐利性的影响,追求经济利益至上,对物质追求的重视程度远远大于精神追求,一些有悖于社会主义道德的观念侵蚀着人们的思想。20世纪90年代,在全国范围内曾经出现"下海潮",其中,公务员"下海"成为当时的"时代潮流",不少高校教师也纷纷放弃教职投向商海,这便是市场经济对高校教师观念产生影响的最直接体现。

市场经济实际上体现的是金钱至上、个人主义的价值观。追求个人利益最大化,使得人们产生急功近利的思想,享乐主义、个人利己主义与以集体主义原则为核心的社会主义道德相背离。社会主义道德讲究先人后己、大公无私、敬业奉献的精神。市场经济的"货币拜物教"将人与人之间的关系物化,使人们形成不正确的义利观,在一定程度上造成社会关系紧张及道德滑坡的现象,对高校师德建设也带来一定挑战。

市场经济虽然在一定程度上对师德产生不利影响,但并不能一味地指责市场经济的负面效应。师德失范问题是一个受多方因素影响的复杂问题,要辩证地看待市场经济与师德的关系。毋庸置疑,在市场经济背景下,传统师德观和价值观逐渐被解构,催生了与传统师德不相适应的现象,但是也应看到市场经济作为一种社会进步力量,在促进社会生产力发展和社会主义道德发展方面发挥着积极作用。因此,要不断加强社会道德建设,让社会主义道德与社会经济发展与时俱进,推动社会主义道德更加完善,推动高校师德向更加完备的道德形态演进。

3. 文化环境

泰勒在其著作《原始文化》中指出:"文化或文明是一个复杂的整体,它包括知识、信仰、艺术、道德、法律、风俗以及作为社会成员的人。"① 社会文化代代相传，具有一定的稳定性和赓续性，但是文化又随着社会经济关系的发展变化而更新，不断与时俱进。"文化包含和内蕴着职业道德，文化制约着职业道德，并昭示出社会职业道德的水平。"②

"中国式现代化是物质文明和精神文明相协调的现代化。物质富足、精神富有是社会主义现代化的根本要求"③。以习近平同志为核心的党中央高度重视社会主义文化建设，大力培育和践行社会主义核心价值观，提高全民族思想道德水平，推动文化事业繁荣发展。习近平总书记强调，"提高国家文化软实力，一个很重要的工作就是从思想道德抓起，从社会风气抓起，从每一个人抓起"④。要继承和弘扬我国人民在长期实践中培育和形成的传统美德，"教育引导人们向往和追求讲道德、尊道德、守道德的生活，形成向上的力量、向善的力量，让十三亿人的每一分子都成为传播中华美德、中华文化的主体"⑤。

"国无德不兴，人无德不立"⑥，中国高度重视精神文明建设，具体体现为以下四个方面。一是坚持物质文明和精神文明两手抓，注重用社会主义先进文化、革命文化、中华优秀传统文化培根铸魂，捍卫

---

① ［英］泰勒：《原始文化》，蔡江浓编译，浙江人民出版社1988年版，第1页。
② 朱金香等编著：《教师职业伦理学》，经济科学出版社1999年版，第25页。
③ 习近平：《高举中国特色社会主义伟大旗帜 为全面建设社会主义现代化国家而团结奋斗——在中国共产党第二十次全国代表大会上的报告》（2022年10月16日），人民出版社2022年版，第22页。
④ 中共中央文献研究室编：《习近平关于社会主义文化建设论述摘编》，中央文献出版社2017年版，第137页。
⑤ 中共中央文献研究室编：《习近平关于社会主义文化建设论述摘编》，中央文献出版社2017年版，第138页。
⑥ 中共中央文献研究室编：《习近平关于社会主义文化建设论述摘编》，中央文献出版社2017年版，第112页。

马克思主义在意识形态领域的指导地位。二是深化爱国主义教育、集体主义教育、社会主义教育，弘扬以伟大建党精神为源头的中国共产党人精神谱系。三是坚决与拜金主义、享乐主义、极端个人主义和历史虚无主义等错误思想和思潮做斗争。四是强化全社会思想道德建设，实施公民道德建设工程，推进社会公德建设、职业道德建设、家庭美德建设、个人品德建设，使人们明大德、守公德、严私德，"激发人们形成善良的道德意愿、道德情感，培育正确的道德判断和道德责任，提高道德实践能力尤其是自觉践行能力"①。

当前，社会文化领域仍然面临着诸多挑战，社会主义道德建设仍然任重道远。政治经济的变革期，也是人们思想观念的动荡期。近年来，在社会文化领域呈现了一些新的时代特点。一是世界范围内的思想文化激荡，影响着中国社会思想观念。外国势力对中国实施有组织、有目的、有计划的"和平演变"，通过各种手段进行"颜色革命"，在文化领域和意识形态领域尤为明显，文化渗透愈演愈烈，无孔不入。社会上各种思潮纷涌，新自由主义、实用主义、个人主义、历史虚无主义等社会思潮有所抬头，这些思潮对人们的道德观念产生了不良影响。

二是网络对传统文化产生了冲击。随着网络等新媒体技术的广泛应用，各种社会思潮通过网络传播，人们深受不良思想文化的侵蚀和有害网络信息的影响，社会主义主流价值观受到了冲击。各种不良信息和观点在网络空间广泛扩散，严重影响网络舆论生态，使人们的思想观念混乱。人们的价值观念和价值取向日趋多元化，价值观念的选择直接决定了人们的道德实践。多元文化社会思想的交汇与融合，影

---

① 中共中央文献研究室编：《习近平关于社会主义文化建设论述摘编》，中央文献出版社2017年版，第137—138页。

响着人们的道德观念。传统的、现代的、后现代的文化并存,旧的价值观、行为规范已经失去了其在传统社会里的指导意义。而相应的新的统一的价值观、行为规范尚未完全建立,"使得这样的社会相对地处于一个统一价值和行为标准的真空期,是一个'双重困惑':困惑的道德和道德的困惑"①。

三是来自大众媒体的影响。媒体具有传播文化,引领社会舆论的作用。人们通过媒体营造的"拟态环境"感知现实社会,媒体具有塑造人们的认知和价值观念的功能。近几年,新兴媒体发展迅猛,人们的思维方式和获取信息的方式也发生了改变。自媒体时代,信息传播具有即时性、广泛性以及信息获取便捷性等特征。在"眼球经济""流量经济"时代,一些不良媒体,尤其是自媒体,为了吸引眼球、博出位,对一些耸人听闻的师德个例事件"浓墨重彩",过分渲染,在社会上营造出高校教师师德败坏的"拟态环境",使高校教师的形象受损,影响高校教师的自我职业认同和社会认同。

4. 科学技术发展

在人类由传统社会向现代化社会的转型中,由于技术革命的兴起、经济发展方式的变化和交往形式的变革,人类道德面临着由变革所引发的挑战和冲突。② 科技革命是对科学技术进行全面的根本性变革,在人类文明发展史上,世界经历了三次技术革命的变革,当前正在经历第四次技术革命变革。每一次技术革命变革对社会道德都产生一定影响。

第一次技术革命以蒸汽机的发明应用为代表,使大机器生产成为

---

① 李清雁:《教师是谁——身份认同与教师道德发展》,博士学位论文,西南大学,2009年。
② 刘爱玲、王梦瑶:《社会现代化转型中的道德两难与应对》,《教育理论与实践》2021年第1期。

工业生产的主要方式，极大地促进了资本主义的发展，资本主义最终战胜了封建主义，资本主义道德取代了封建主义道德。第二次技术革命以电力的广泛应用为主要标志，电气革命促进了资本主义生产关系的变化，资本主义发展成为垄断资本主义，进入了帝国主义阶段，俄国无产阶级运动也出现了高潮。第三次技术革命以原子能、电子计算机、空间技术的出现为标志，电子信息革命促进了资本主义生产方式的大调整，经济结构和产业结构发生了改变。1978年中国实行改革开放，搭上了第三次技术革命的末班车，实现了经济体制的新旧转换。

当前，世界正在经历以人工智能为主要特征的新一轮科技革命，"数字技术作为世界科技革命和产业变革的先导力量，日益融入经济社会发展各领域全过程，深刻改变着生产方式、生活方式和社会治理方式"①。新一轮科技革命必然带来产业变革和生产关系的调整。人工智能在社会生活各领域的广泛使用，使人们的思维方式和思想观念发生了变化。

"每一次技术革命通过'生产力变革—生产关系变革—上层建筑变革—社会意识变革'的'四层动力'推动社会主义发展"②。每一次技术革命都对生产力和生产关系的调整起到巨大的推动作用，引发生产力和生产关系的变革。置于新的经济基础之上的上层建筑与社会意识也随之发生变革。道德作为一种特殊的社会意识，不断发生着变化。

科学技术的发展与职业道德的发展有着密切的关系。科学技术通

---

① 《习近平向2022年世界互联网大会乌镇峰会致贺信》，《人民日报》2022年11月10日第1版。
② 雷华美、郭强：《历次科技革命与社会主义的发展》，《当代世界社会主义问题》2021年第4期。

过改进手段、改变内容、改变人与人之间的关系等方面，直接或间接地影响着人们的职业生活。科学技术对职业道德起着不容忽视的作用，主要体现在扩大职业道德的范围，为职业道德增加新内容和新观念等方面。社会意识的变革必然会对传统职业道德产生影响，新的职业道德观念、职业道德价值、职业道德规范、职业道德要求和责任等将应运而生。高校教师的教学职业道德、科研职业道德、社会职业道德等方面将会发生变化。

综上所述，综观当代中国政治、经济、文化、科学技术等领域的发展，凸显了"不断变革"的特征。"教师伦理体现在不同时代背景下教育的各种情境及各种关系之中，其内涵或标准与社会变革所带来的教师职业本身的演变有着密切关联。"[①] 社会环境的一系列深刻变革，必然导致人们思想观念的更新和道德领域的变化。社会生产关系决定高等教育的制度、内容以及目的，从而进一步决定高校教师职业道德的性质、目的和内容，高校教师职业道德随着社会的变革不断发展演进。新时代高校师德建设，要洞察社会大环境的变化，发掘高校师德长效机制的内在规律，掌握解决新问题的有效办法。

（二）高校师德建设长效机制研究的现实背景

高校师德建设长效机制的构建，离不开政治、经济、文化等社会大环境，也离不开高等教育事业改革发展的具体环境。高校师德建设长效机制是随着中国高等教育事业的改革发展不断深入，为解决当前高校师德失范问题而提出的有效应对办法。

1. 高等教育事业的改革与发展

党的十八大以来，习近平总书记先后 20 余次到高校视察并发表重

---

① 朱水萍：《教师伦理：现实样态与未来重构》，南京大学出版社 2014 年版，第 7 页。

要讲话，20余次给高教领域的师生回信，彰显了国家领导人对高等教育事业的关心和重视。① 党中央不断加强党对教育工作的全面领导，把教育摆在更加突出的重要地位。中共中央、国务院印发实施《中国教育现代化2035》，全面深化教育改革创新，推动教育实现高质量发展。

社会的快速发展，为高等教育事业的发展提供了良好的环境。中国高等教育事业取得了长足的发展和进步，中国建成了世界上最大规模的高等教育体系。截至2022年，中国高等教育学校在学总人数达到4430万人，高等教育的毛入学率从2012年的30%上升至2021年的57.8%，增长了27.8个百分点，实现了历史性跨越，高等教育从大众化发展阶段进入了普及化发展阶段。②

高校教师工作取得了历史性成就，有力地推动了新时代中国高等教育高质量发展。高等学校教师的学历水平不断提升，结构不断优化，高校硕士研究生导师从22.9万人增长到42.4万人，博士研究生导师从6.9万人增长到13.2万人。③ 人员规模不断扩大的同时，教师的待遇也得到了不断改善和提升。通过建立教师工资待遇保障长效机制，推进高校教师薪酬制度改革，落实以增加知识价值为导向的分配政策等措施，提升教师的职业幸福感和归属感。

改革开放以来，中国实施科教兴国和人才强国战略，始终把教育摆在优先发展的战略地位。持续深化高等教育综合改革，"加快一流大

---

① 教育部：《教育这十年1+1系列发布会第2场：介绍党的十八大以来我国高等教育改革发展成效》，http://www.moe.gov.cn/fbh/live/2022/54453/。
② 教育部：《教育这十年1+1系列发布会第2场：介绍党的十八大以来我国高等教育改革发展成效》，http://www.moe.gov.cn/fbh/live/2022/54453/。
③ 教育部：《教育这十年1+1系列发布会第11场：介绍党的十八大以来教师队伍建设改革发展成效》，http://www.moe.gov.cn/fbh/live/2022/54805/。

学和一流学科建设，实现高等教育内涵式发展"①。高校内涵式发展，以强化高校教师思想政治素质和师德师风建设为首要任务。建设"双一流"大学，首先要打造一支"明道""信道"的高水平、高素质教师队伍。新中国成立以来，党中央高度重视高校师德师风建设，把师德师风建设摆在重要位置。习近平总书记强调，"评价教师队伍素质的第一标准是师德师风"②。党的二十大报告也提出，"加强师德师风建设，培养高质量教师队伍，弘扬尊师重教社会风尚"③。

国家持续强化师德师风建设，出台《新时代高校教师职业行为十项准则》《教育部关于建立健全高校师德建设长效机制的意见》《教育部等六部门关于加强新时代高校教师队伍建设改革的指导意见》《科研失信行为调查处理规则》等各项措施和政策，落实师德师风第一标准要求。当前，中国高校师德师风建设仍然面临着许多挑战，存在不少问题，高校教师的整体素质和水平与人们对高校教师的期待还有所差距，与新时代对高校教师提出的新要求还有所距离。

2. 高校师德师风建设面临的问题与挑战

一些学者通过开展调查研究发现，当前国内高校师德建设虽然取得了良好效果，但是仍然存在部分教师名利思想严重、教育教学失责、职业理想弱化、学术道德失范等问题。④ 部分高校青年教师存在职业信念不坚定，缺乏"育人"使命感；职业意识不健全，缺乏现代的教育

---

① 《习近平谈治国理政》第三卷，外文出版社2020年版，第36页。
② 中共中央宣传部宣传教育局：《新时代公民道德建设实施纲要》（学习读本），人民出版社2020年版，第172页。
③ 习近平：《高举中国特色社会主义伟大旗帜 为全面建设社会主义现代化国家而团结奋斗——在中国共产党第二十次全国代表大会上的报告》（2022年10月16日），人民出版社2022年版，第34页。
④ 何祥林等：《高校师德建设的现状、问题及对策——基于湖北省H高校的调查》，《高等教育研究》2014年第11期。

理念；职业态度不端正，缺乏严谨的笃学精神；职业行为不规范，缺乏为人师表的自律意识；职业目标不明确，缺乏"修己"的文化认同等等。①受到多方因素影响，在高校教师队伍中，出现注重个人利益、集体主义意识被淡化、贡献意识和奉献精神被削弱的倾向。部分教师缺乏安贫乐道的敬业奉献精神，缺乏"甘坐冷板凳"的学术钻研精神。甚至有的教师在课堂上公开宣扬与当下意识形态相左的观点，在网络上发表不正当言论等。

随着自媒体的快速发展，网络逐渐成为高校师德失范问题的主要"揭发检举"渠道。据不完全统计，"2016年至2018年间，网络舆论关注的高校教师违反师德的事件约18起，其中主要包括高校教师性骚扰、性侵事件、学术不端行为、高校教师过多要求学生处理私人事务以及高校教师自身素质低下等事件"②。这些网络事件不断发酵，引发"蝴蝶效应"，使得从前"秘而不宣"的高校师德问题日益公开化，大学教师形象不断被矮化。从2019年起，教育部在其官方网站上，定期公布违反教师职业行为十项准则的典型案例，这些案例中涉及违反十项准则中的各个方面，起到良好的警示教育作用。

檀传宝教授在其相关著作中，将教师道德病态问题分为"物欲型罪恶、权欲型罪恶、名欲型罪恶、情欲型罪恶四种类型"③。物欲型罪恶主要体现为当下享乐主义盛行，有的高校教师注重物质享受，轻视精神乐趣，被金钱所奴役而违反师德。权欲型罪恶主要体现为，因不正当使用教育权力而导致师德失范问题。党的十八大之后，高校开展

---

① 李焱、叶淑玲：《高校青年教师师德现状与对策研究》，《理论导刊》2011年第8期。
② 唐瑭：《高校教师惩戒机制的法治迷失及其价值回归——以高校教师师德失范行为的"网络舆论审判"事件为例》，《教育发展研究》2019年第7期。
③ 檀传宝：《教师伦理学专题——教育伦理范畴研究》，北京师范大学出版社2010年版，第10—12页。

反腐败斗争，不少高校领导因职务犯罪而落马，甚至有个别院士因违法犯罪而被撤销院士称号。名欲型罪恶主要体现为为了追求"官位"而你争我斗，视高校为"名利场"；为了追求荣誉和职称晋升，而采取学术造假、窃取他人学术成果等学术不端行为。情欲型罪恶主要体现为发生不正当师生关系、教师在教育过程中情绪失控等问题。高校师德失范问题的频发，在一定程度上反映了当前高校师德建设长效机制尚未起到良好的思想政治教育和行为约束作用。有的高校对师德师风问题不够重视，尚未建立健全高校师德建设长效机制，宣传教育机制、奖惩机制等方面有所缺失。

大学教师队伍成员较为复杂，他们一般为各个领域的专业型人才，是学历和学术水平较高的科学研究人员。他们大部分为非师范生出身，在校期间没有接受过良好的师范教育。入职后，在教育实践活动各环节中，缺乏相应的职业道德教育和师德师风培训，导致部分大学教师职业理想弱化，职业道德行为出现偏差。因此，建立健全高校师德建设长效机制具有紧迫性和重要性。

"问题是时代的声音，回答并指导解决问题是理论的根本任务。"① 当前，高校师德建设面临的问题是不容回避的，必须坚持马克思主义立场、观点、方法，坚持问题导向。发现问题，研究问题，不断提出有效解决问题的新理念、新思路、新办法。建立健全高校师德建设长效机制，是解决当前高校师德失范问题的有效办法，必须加强高校师德建设长效机制的研究，运用科学理论指导实践，推进高校师德建设长效机制高效运行。

---

① 习近平：《高举中国特色社会主义伟大旗帜 为全面建设社会主义现代化国家而团结奋斗——在中国共产党第二十次全国代表大会上的报告》（2022年10月16日），人民出版社2022年版，第20页。

二 相关概念

"概念是现实世界的事物、关系和过程在思想上的反映。"① 概念是思维的"细胞",是科学研究的出发点。厘清事物的概念,有利于把握事物之间的内在本质联系。高校师德建设长效机制,关涉"道德""师德""长效机制"等核心概念。

(一) 道德的概念及内涵

"道德"的概念古已有之。在中国哲学史上,"道"和"德"一开始分开使用。"道"原意为道路,后引申为规则、规范等。在奴隶社会,"德"是指获得奴隶和货币,也即财富之义;到春秋时期,"德"有"凶德"和"吉德"之分,把各种具体的宗法道德规范和个人品德概括为"德"。② 孔子主张:"志于道,据于德。"(《论语·述而》) 这里"道"是指理想的人格或社会图景,"德"是指自身行为规范。老子的核心思想是"道",《老子》中的"道"是天地万物的本原和主宰,"道生一,一生二,二生三,三生万物"(《老子·道化第四十二》)。在老子看来,"德"是"道"的体现,是具体事物从"道"所得的特殊规律或特殊性质,是万物从"道"中获得的本性。荀子将"道""德"合用为"道德","故学至乎《礼》而止矣。夫是之谓道德之极"(《荀子·劝学》),指明道德的最高境界在于学"礼",遵守礼法规范的准则。由此可见,在中国文化中,道德主要"指个体在心性上对宇宙人生奥秘的领悟和把握,以及由此而形成的德行、德性等"。③

---

① 《马克思恩格斯文集》第三卷,人民出版社 2009 年版,第 804 页。
② 唐凯麟:《伦理学》,高等教育出版社 2001 年版,第 4 页。
③ 檀传宝:《教师伦理学专题——教育伦理范畴研究》,北京师范大学出版社 2010 年版,第 5 页。

与此同时，道德还要求人们的行为合乎礼法，利于人。

在西方文化中，从词源上看，"道德"和"伦理"含义大体相似。道德一词的英文是 morality，古代罗马思想家西塞罗把亚里士多德著作中的"风俗"（ethos）改译为拉丁语"道德"（mores）一词，用以表示生活的道德风俗和人们的道德品性。① 蒂洛认为，"道德基本上是讨论人的问题，讨论人同其他存在物（包括人和非人）的关系如何。道德讨论人如何对待其他存在物"②。以善与恶、正当与不正当作为人们对待其他人或事物的行为评价标准。

马克思主义则基于唯物史观的角度，从经济基础与上层建筑之间的辩证关系出发，来理解和把握道德的内在属性。"一切以往的道德论归根到底都是当时的社会经济状况的产物"③，指明了道德的本质。从根本上说，道德"是由一定的社会经济关系决定的，依靠社会舆论、传统习俗和人们的内心信念来维系的，表现为善恶对立的心理意识、原则规范和行为活动的总和"④。道德的本质是一种特殊的社会意识，由社会存在所决定，是社会存在的反映，同时又对社会存在具有能动反作用。

道德不仅是一种特殊的社会意识，还是人类的实践精神，是人类把握世界的特殊方式，是人类完善发展自身的活动。马克思在《〈政治经济学批判〉导言》中指出："整体，当它在头脑中作为思想整体而出现时，是思维着的头脑的产物，这个头脑用它所专有的方式掌握世界，而这种方式是不同于对于世界的艺术精神的，宗教精神的，实践精神

---

① 伦理学编写组：《伦理学》，高等教育出版社、人民出版社 2021 年版，第 2 页。
② ［美］蒂洛：《伦理学理论与实践》，孟庆时等译，北京大学出版社 1985 年版，第 9 页。
③ 《马克思恩格斯全集》第二十六卷，人民出版社 2014 年版，第 100 页。
④ 唐凯麟：《伦理学》，高等教育出版社 2001 年版，第 3 页。

的掌握的。"① 对世界实践精神的掌握就是对道德的把握，这正是道德区别于其他社会意识的特殊性。道德属于人类行为实践领域，人们通过价值判断、调节社会关系、预测社会发展、形成行为准则等方式认识和把握世界，并改造客观世界。人们通过道德规范行为，调节社会关系，形成良好的社会秩序。

道德是一种特殊的社会关系的调节方式。法律和道德是调节社会关系的重要手段，两者的性质作用以及调节方式各不相同。法律是成文的道德，道德是内心的法律，两者均具有规范社会行为，维护社会秩序的作用。法律通过制定条文政策，规定公民的权利与义务，通过强制实施手段，使人们的行为符合规范，是一种硬性手段。而道德则是一种软性的约束力量，是非强制性的调节手段。道德是一种无形的力量，对人们的交往方式、利益关系和社会活动起重要的调控作用。它通过社会舆论、传统习俗、内心信念、价值评价等方式，指导和纠正人们的行为，调节人与人之间，人与社会之间的关系。

"择其善者而从之，其不善者而改之"（《论语·述而》），道德引导人们向上向善，趋荣避辱，从而提高道德境界和水平。道德侧重于人的内在修养，目的在于处理和协调外在关系。"道德"应有"德行和德性"以及"符合德行和德性"的双层含义，是"自律"与"他律"的相统一。

（二）高校教师职业道德相关概念及特征

职业道德是在近代社会中，社会分工和职业专业化的背景下产生的，是社会道德规范体系的组成部分。职业道德是指人们在特定职业活动过程中，必须遵循的行为规范的总和。教师职业道德是指教师在

---

① 《马克思恩格斯文集》第八卷，人民出版社2009年版，第25页。

教育实践活动中，所应遵循的行为准则，具有一定的规范性，用来调节教育活动中各种复杂的社会关系。师德，一般认为是教师职业道德的简称。

1. 教师职业道德与教师个人道德

在现实生活中，常有将教师职业道德与教师个人道德相混同的现象，两者间既有联系又相互区别，不能简单等同。

教师个人道德，是指以教师个体为道德主体和载体的道德，是以教师为社会职业身份的社会成员的个体道德，由个体道德心理、个体道德行为和个体道德境界诸因素所构成。① 从概念上可以看出，教师个人道德与教师职业道德有交集但是不完全等同。檀传宝教授认为，教师个人道德与教师职业道德均跨越"公德"与"私德"两个领域，但各有侧重，教师个人道德关注"私德"，教师职业道德侧重于"公德"。② 将教师个人道德与职业道德相等同，放大和神化教师的道德形象，不仅将教师视作道德价值观和道德准则的传递者，而且寄希望于教师成为道德的守望者和道德的化身③，会使教师承担无谓的道德负担。

在古代，教师常被认为是道德的化身，有将教师"圣人化"的倾向。"道德家是教师的教育身份的历史存在，是古代社会教师的道德身份优先于教育身份造成的，现代社会教师的道德身份和教育身份开始分离，教师的教育身份超越于教师的道德身份。"④ 随着教

---

① 朱金香等编著：《教师职业伦理学》，经济科学出版社1999年版，第222—223页。
② 檀传宝等：《走向新师德——师德现状与教师专业道德建设研究》，北京师范大学出版社2009年版，第23页。
③ 檀传宝等：《走向新师德——师德现状与教师专业道德建设研究》，北京师范大学出版社2009年版，第21页。
④ 李清雁：《教师是谁——身份认同与教师道德发展》，博士学位论文，西南大学，2009年。

育的发展,"教师的内涵也从体道传道之人转向了讲授学科知识的教育教学工作人员,并再次转变到履行教育教学职责的专业人员"①。这一观点认为,在教育教学公共场域中,教师必须遵守职业道德,为人师表;而在私人场域中,教师属于普通人,还原为社会生活中的普通一员。但是,在实际操作中,很难将教师的个人道德与职业道德完全分开,因为教师个人道德与职业道德统一于教师个体一身,两者在教师个体上是不可分的,个人道德是职业道德的底色。因此,要辩证地看待教师职业道德的科学内涵,既不将教师职业道德"神圣化"、扩大化,也不人为地割裂教师个人道德与职业道德的内在必然联系。

2. 高校教师职业道德的科学内涵

恩格斯在《反杜林论》中认为,现代社会每一个阶级都有着自己特殊的道德,"人们自觉地或不自觉地,归根到底总是从他们阶级地位所依据的实际关系中——从他们进行生产和交换的经济关系中,获得自己的伦理观念。"② 道德受到社会经济关系的制约,社会经济制度决定道德的根本性质和基本内容。

道德随着一定的经济基础的发展变化而不断变化,不同的历史阶段,有不同的师德。社会主义教师职业道德与资本主义教师职业道德有着本质不同。社会主义教师道德是社会主义经济、政治的反映,体现着工人阶级和广大人民群众的根本利益,具有崇高的理想性和明确的目的性,充分体现了团结互助的集体主义精神,体现了民主、平等的新型师生关系。③

---

① 朱水萍:《教师伦理:现实样态与未来重构》,南京大学出版社2014年版,第53页。
② 《马克思恩格斯全集》第二十六卷,人民出版社2014年版,第99页。
③ 甘葆露、唐凯麟:《伦理学原理》,高等教育出版社1992年版,第334页。

2018年，教育部印发《新时代高校教师职业行为十项准则》（以下简称《准则》），规定高校教师的行为规范，并对十项准则的内涵分别做了详细阐释。这十项行为准则为，坚定政治方向、自觉爱国守法、传播优秀文化、潜心教书育人、关心爱护学生、坚持言行雅正、遵守学术规范、秉持公平诚信、坚守廉洁自律、积极奉献社会，集中体现了社会主义社会的爱国主义和集体主义原则。

其中，坚定政治方向、自觉爱国守法是首要政治原则。坚定政治方向涉及教育"为谁培养人"的根本问题。中国高等教育要"为人民服务，为中国共产党治国理政服务，为巩固和发展中国特色社会主义制度服务，为改革开放和社会主义现代化建设服务"①。爱国守法是每一名中国公民最基本的道德要求和必备素质。传播优秀文化、潜心教书育人、关心爱护学生、遵守学术规范、积极奉献社会的职业要求，体现了高等教育人才培养、科学研究、社会服务、文化传承创新的四大基本职能，涉及高校教师教学道德、科研道德、社会道德等道德实践范畴。言行雅正、公平诚信、廉洁自律则是对教师个人言行举止的具体要求。

《准则》从思想到言行，画了"十条红线"，全面规范了高校教师的职业道德行为，是高校教师从事教育实践活动的行动遵循，帮助高校教师正确处理好教师个人与集体、教师与学生、教师与社会之间的关系。

新时代对高校教师提出新的更高要求：第一，要做"有理想信念""有道德情操""有扎实学识""有仁爱之心"的"四有好老师"②；

---

① 《习近平谈治国理政》第二卷，外文出版社2017年版，第377页。
② 习近平：《做党和人民满意的好老师——同北京师范大学师生代表座谈时的讲话》（2014年9月9日），人民出版社2014年版，第4—9页。

第二，要"坚持教书和育人相统一，坚持言传和身教相统一，坚持潜心问道和关注社会相统一，坚持学术自由和学术规范相统一"①；第三，要"成为大先生，做学生为学、为事、为人的示范，促进学生成长为全面发展的人"②。从"四有好老师"到"四个相统一""大先生"，新时代对高校师德的要求一脉相承，丰富了高校师德的新内涵。

3. 高校教师职业道德的特征

高校教师职业道德首先是一种职业道德，有一般职业道德的共同特征：其一，在调整对象和范围上，有明显的专业性和特定性；其二，在道德内容和结构上，具有一定的继承性和稳定性；其三，在规范形式和方法上，具有灵活性、多样性。③ 高校教师因其职业身份和职业劳动的特殊性，职业道德又具有格位水平高、示范性强、影响深远等特征。

（1）格位水平高

教师的道德人格，是"指个体作为教师这一特定社会角色所表现出的道德面貌与特征，是教师在自己的职业活动中表现出的稳定性的道德行为的范式（格式）和道德品质与境界（格位），也是教师之所以为教师的主体本质"。④ 高校教师的道德人格从层次性的角度来看，有较高的格位水平。

---

① 《习近平在全国高校思想政治工作会议上强调，把思想政治工作贯穿教育教学全过程开创我国高等教育事业发展新局面》，《人民日报》2016年12月9日第1版。

② 《习近平在清华大学考察时强调，坚持中国特色世界一流大学建设目标方向 为服务国家富强民族复兴人民幸福贡献力量》，《人民日报》2021年04月20日第1版。

③ 檀传宝：《教师伦理学专题——教育伦理范畴研究》，北京师范大学出版社2010年版，第14页。

④ 檀传宝：《教师伦理学专题——教育伦理范畴研究》，北京师范大学出版社2010年版，第138页。

在传统社会，教师是道德的"化身"，是一群具备较高道德水平的社会群体，同时承担着传播良好社会道德的责任。高校教师是教师群体中的佼佼者，他们是具有渊博学识和广泛视野的专业型高级知识分子，是某一专业领域的行家里手，享有较高的社会地位。高校教师文化层次较高，一般都接受过系统的马克思主义理论教育和思想政治教育，因此，理应具有较高的思想觉悟和道德修养，成为践行社会主义核心价值观的模范。

高校教师的社会地位决定了人们对他们具有较高的社会期待，提出更高的道德人格要求。檀传宝教授指出，"教师道德人格的高格位既是一种对教师的要求，又是教师岗位和教育事业具有崇高和神圣特性的原因或条件之一"①。"大学教师对学生承担着传授知识、培养能力、塑造正确人生观的职责。教师要成为大先生，成为学生为学、为事、为人的示范，促进学生成长为全面发展的人。"② 大学教师承担的重要使命任务，对其道德人格提出了高格位的要求。从"四有好老师"到"大先生"，体现了高校教师"人师"和"经师"相统一，德才兼备的人格形象。

（2）示范性强

高校教师与中小学教师的主要区别在于教育对象的特殊性。中小学教师主要以知识传授为主，而大学教师的教育对象是有一定独立意识和思想意识的大学生。高校教师不仅要向青年学生传授知识，同时还要言传身教，以正确的思想和言论引导学生，树立正确的价值观。

---

① 檀传宝：《教师伦理学专题——教育伦理范畴研究》，北京师范大学出版社2010年版，第140页。
② 《习近平在清华大学考察时强调，坚持中国特色世界一流大学建设目标方向 为服务国家富强民族复兴人民幸福贡献力量》，《人民日报》2021年4月20日第1版。

青年学生正处于"拔节孕穗期",大学阶段是他们世界观、人生观、价值观形成和塑造的关键时期。他们思维活跃,具有较强的信息接收能力,同时他们的思想还不成熟,缺乏社会经验,对不良思潮和不良信息的鉴别能力不强。在互联网时代,信息和文化多元化,对大学生的价值观的塑造产生较大影响。高校教师在大学生价值观形成过程中,发挥着至关重要的作用。教师除了要发挥课堂的主阵地作用,还要注重进行隐性教育。教师的爱国精神、敬业精神等人格特征就是一种隐性教育的内容,是影响教育效果的重要因素。师德具有教育性和示范性相统一的特性,在师生交往的教育实践活动中,师德对大学生起着潜移默化和重要的示范引领作用。

高校教师是大学生成长成才的引路人,是学生心灵的塑造者,良好的师德不仅浸润学生的心灵,启迪学生的思想,还能促使学生塑造良好的价值观。因此,高校教师使命的特殊性和劳动对象的特殊性,对高校师德提出更高的要求,师德发挥着更强的示范引领作用。

(3) 影响深远

高校教师的职业道德与一般职业道德相比,具有较为深远的社会影响,主要体现在以下三方面。

一是"百年大计,教育为本",高等教育的特殊性决定了其社会地位和社会影响力。高等教育承担着为社会主义现代化建设培养高级专门人才,为无产阶级革命培养接班人的使命任务,立德树人是其根本任务,培养德智体美劳全面发展的时代新人是其目标。高校教师的职业道德水平直接影响学校的校风、学风、师风,影响学生的道德面貌,从而影响学生培养的质量和水平。青年学生的培养不仅关乎其个人未来的发展,更重要的是关乎国家和民族的前途命运,也关乎能否实现中华民族伟大复兴梦想。

二是教师职业道德对教师个人成长而言也具有重要影响。教师职业道德通过道德评价等方式，营造良好的校园舆论环境。这种良好的校园舆论环境又反作用于教师自身的成长，促进每一位教师不断反思自我道德，形成良好的道德品质，提升道德水平和道德境界。

三是高校文化是社会文化的重要组成部分。高校文化引领社会文化思潮，能够促进社会主义精神文明建设。高校教师是高级知识分子的代表，是知识和智慧的象征。高校教师本身具有较高的社会关注度，较强的社会影响力和社会号召力。他们的言行举止或是公开场合发表的言论，往往受到较高关注，对社会产生较大影响。他们是社会思潮和良好社会风尚的引领者，是践行社会主义道德的示范者，是社会主义精神文明建设的先行者。他们职业道德水平的高低，影响着社会主义精神文明建设的状况。

4. 新时代高校教师职业道德建设要求

新时代高校教师职业道德建设，既传承了传统师德建设特点，也呈现新要求、新精神和新特征。新时代高校教师职业道德建设新要求主要体现为强化政治意识，夯实信仰根基；强化责任担当，压实主体责任；强化机制建设，坚实制度保障；强化底线思维，筑牢思想防线等方面。

（1）强化政治意识，夯实信仰根基

强化政治意识就是坚持政治第一性原则，注重教师的思想政治教育，将坚持正确政治方向作为师德建设的首要要求。在教育部关于教师队伍改革建设以及加强高校师德师风建设的各级各类文件中，均明确要求要健全教师理论学习制度，加强教师政治理论学习，强化理想信念教育，全面提升教师的思想政治素质，夯实信仰之基，确保正确政治方向。

2019年11月,《教育部等七部门印发〈关于加强和改进新时代师德师风建设的意见〉的通知》明确提出全面加强教师队伍思想政治工作的要求。要坚持用习近平新时代中国特色社会主义思想武装教师头脑,"自觉用'四个意识'导航,用'四个自信'强基,用'两个维护'铸魂,……使广大教师更好掌握马克思主义立场观点方法,认清中国和世界发展大势,增进对中国特色社会主义的政治认同、思想认同、理论认同、情感认同。"①"马克思主义是我们立党立国、兴党兴国的根本指导思想。"② 高校教师应做马克思主义的坚定信仰者、有力传播者、忠实践行者的典范。

2020年12月,《教育部等六部门关于加强新时代高校教师队伍建设改革的指导意见》指出,高校教师队伍改革的目标任务是"建设一支政治素质过硬、业务能力精湛、育人水平高超的高素质专业化创新型高校教师队伍"③,其中,政治素质过硬是首要条件。可见,高校教师队伍的思想政治建设是高校师德师风建设中的重中之重。

(2) 强化责任担当,压实主体责任

突出强化主体责任,是新时代高校师德建设的新特征和新要求。2019年,《教育部等七部门印发〈关于加强和改进新时代师德师风建设的意见〉的通知》明确指出,要"强化各地各部门的领导责任,压实学校主体责任,引导家庭、社会协同配合,推进师德师风建设工作

---

① 《教育部等七部门印发〈关于加强和改进新时代师德师风建设的意见〉的通知》,http://www.moe.gov.cn/srcsite/A10/s7002/201912/t20191213_411946.html。

② 习近平:《高举中国特色社会主义伟大旗帜 为全面建设社会主义现代化国家而团结奋斗/在中国共产党第二十次全国代表大会上的报告》(2022年10月16日),人民出版社2022年版,第16页。

③ 《教育部等六部门关于加强新时代高校教师队伍建设改革的指导意见》,http://www.moe.gov.cn/srcsite/A10/s7151/202101/t20210108_509152.html。

制度化、常态化"①。师德问题是一个社会问题，需要社会各系统协同配合共同合作，其中学校是师德师风建设的主体，起着主导作用，承担着主体责任。

学校主要党政领导是师德建设的第一责任人。2018年11月，《教育部关于高校教师师德失范行为处理的指导意见》明确规定，"党委书记和校长抓师德同责，是师德建设第一责任人，院（系）行政主要负责人对本单位师德建设负直接领导责任，院（系）党组织主要负责人也负有直接领导责任"②。师德失范问题发生时，对于相关单位和责任人不履行或不正确履行职责，应根据职责权限和责任划分进行问责。要建立完善的党委统一领导、党政齐抓共管、牵头部门明确、院（系）具体落实、教师自我约束的工作机制。

教育部以正式文件的形式明确高校师德建设的主体责任和第一责任人，建立健全责任落实机制，责任落实落细到人，坚持失责必问、问责必严。党委书记和校长齐抓共管高校师德建设，有利于提高政治站位，将师德师风建设置于学校管理工作重中之重的地位。建立责任制，有利于提高主要党政领导对师德工作重要性的思想认识，推动制定和完善相关规章制度，层层传导压力，促进高校师德建设落地见效。

（3）强化机制建设，坚实制度保障

制度和机制是道德的外在约束力，具有一定的强制性和行为规范性。建立健全相关体制机制，有利于发挥体制机制的"外烁"作用，促进道德内化，激发内生动力，从而提升高校教师职业道德修养和水平。

---

① 《教育部等七部门印发〈关于加强和改进新时代师德师风建设的意见〉的通知》，http：//www.moe.gov.cn/srcsite/A10/s7002/201912/t20191213_411946.html。

② 《教育部关于高校教师师德失范行为处理的指导意见》，http：//www.moe.gov.cn/srcsite/A10/s7002/201811/t20181115_354923.html。

2012年,《国务院关于加强教师队伍建设的意见》颁布,提出要构建师德建设长效机制,建立健全教育、宣传、考核、监督与奖惩相结合的师德建设工作机制。① 这是首次从国家层面提出要求。2014年,《教育部关于建立健全高校师德建设长效机制的意见》颁布。该意见提出建立健全高校师德建设长效机制的原则、要求以及主要举措,是构建、完善高校师德建设长效机制的行动指南。该意见要求要深刻认识新时期建立健全高校师德建设长效机制的重要性和紧迫性,建立健全高校师德建设长效机制,从根本上遏制和杜绝高校师德失范现象的发生。

2018年1月,《中共中央 国务院关于全面深化新时代教师队伍建设改革的意见》颁布。该意见指出,要健全师德建设长效机制,推动师德建设常态化长效化,创新师德教育,完善师德规范。② 这是第一次以党中央的名义对健全师德建设长效机制提出工作要求。2019年,《教育部等七部门印发〈关于加强和改进新时代师德师风建设的意见〉》提出师德师风建设的总体目标:"经过5年左右努力,基本建立起完备的师德师风建设制度体系和有效的师德师风建设长效机制"③,进一步凸显了制度建设和有效的师德师风建设长效机制在高校师德师风建设中的重要性。由此可见,高校师德建设长效机制,是当前做好高校师德建设工作的有力抓手和重要手段,具有重要的现实意义。

---

① 《国务院关于加强教师队伍建设的意见》,http://www.moe.gov.cn/jyb_xxgk/moe_1777/moe_1778/201209/t20120907_141772.html。
② 《中共中央 国务院关于全面深化新时代教师队伍建设改革的意见》,人民出版社2018年版,第9页。
③ 《教育部等七部门印发〈关于加强和改进新时代师德师风建设的意见〉》,http://www.moe.gov.cn/srcsite/A10/s7002/201912/t20191213_411946.html。

(4) 强化底线思维，筑牢思想防线

强化高校师德建设的底线思维，主要体现在以下两方面。一是强化法治思想，对师德失范行为从严依规处理。对师德失范行为情节严重、影响恶劣的，违反相关法律法规的，通过法律手段依法处理，严惩不贷，起到惩戒警示作用。2022年11月11日，最高人民法院会同最高人民检察院、教育部发布《关于落实从业禁止制度的意见》，明确了司法机关在办理教职员工犯罪案件中适用从业禁止、禁止令规定的具体规则，提高了教师行业的"准入门槛"，提高了教职员工的犯罪成本。该意见为处理师德失范问题提供了重要的法律依据，推动中国师德建设走向规范化和法治化。

二是划清红线，严防触碰底线，防患于未然。《准则》中针对师德主要突出问题划定了基本底线，明确严禁教师违反的师德师风问题"十条禁令"，列出师德失范行为的"负面清单"。通过强化师德考评，推行师德考核"负面清单"制度。明确规定在教师年度考核、职称评聘、推优评先、表彰奖励等工作中必须进行师德考核，实行师德失范"一票否决"制，让广大教师知底线、存敬畏。通过建立教师个人信用记录，完善诚信承诺和失信惩戒机制等措施，引导广大教师时刻自重、自省、自警、自励，坚守师德底线。

(三) 高校师德建设长效机制的内涵及特征

加强高校师德师风建设，必须建立健全高校师德建设长效机制，只有建立完善的富有生机活力的长效机制，才能提高高校师德建设的实效性。而如何建立有效的师德建设长效机制，是当前亟待深入研究和解决的问题。构建高校师德建设长效机制，首先要厘清"长效机制"的概念、内涵、特征、标准等，明白何为"师德建设长效机制"，才能提高实践的针对性和有效性。

1. 长效机制的内涵

《辞海》中关于"机制"的解释主要有两方面，一是指有机体的构造、功能和相互关系；二是指一个工作系统的组织部分或部分之间相互作用的过程和方式。"机制"一词来源于机械学的概念，意指机器的内部构造、运转过程中各零部件之间的相互关系及工作原理，现已广泛应用于各学科研究。在社会科学领域，"机制"用以表示社会的政治、经济、文化活动各要素之间的相互关系、运行过程及其形成的综合效应或社会组织、机构的内部结构及其运行原理。[①]

从"机制"的定义中可以看出，"机制"强调部分与整体之间的关系，强调有机体内部各要素之间的相互联系，以及它们之间动态运行过程和运行原理。"长效机制"是指能够发挥长期效用的"机制"，具体体现为时间的长期延续性，运行状态和过程的稳定性、可持续性，以及运作效果的有效性。

陆庆壬首次将"机制"引入思想政治教育学研究领域，提出"思想政治教育的管理机制，是把思想政治教育的系统决策付诸实施，并取得预期效果的组织保证"[②]。邱伟光、张耀灿对思想政治教育机制做出系统阐释：第一，它是思想政治教育各构成要素的总和；第二，它的功能是各相关因素功能的耦合，其功能的发挥依赖于各构成要素之间的相互衔接、协调运转，依赖于各要素功能的健全；第三，它是一个按一定方式有规律地运行着的动态过程。[③] 高校师德建设工作，是高校思想政治教育工作体系的组成部分，理解思想政治教育机制的含义，

[①] 邱伟光、张耀灿主编：《思想政治教育学原理》，高等教育出版社1999年版，第205页。

[②] 陆庆壬：《思想政治教育学原理》，复旦大学出版社1986年版，第266页。

[③] 邱伟光、张耀灿主编：《思想政治教育学原理》，高等教育出版社1999年版，第206页。

对高校师德建设长效机制研究具有启发意义。

2. 高校师德建设长效机制的内涵

高校师德建设长效机制是高校师德建设系统内部各要素之间相互制约、相互作用、动态运行的工作体系，是常态化、长效化开展高校师德建设工作的制度保障。高校师德建设长效机制，主要包含组织领导机制与保障机制，宣传、教育、考核、监督、激励和惩处相结合的"六位一体"工作机制。高校师德建设长效机制，是一个内容丰富、结构合理、科学运作、体系严谨的动态系统。系统内部各子机制既充分发挥其功能和作用，又按照一定原理或规律动态运行，协同合作，形成合力，促进高校师德建设工作有序、有力、有效地开展。

高校师德建设长效机制，运用科学的系统思维，注重发挥各子机制的功能和它们之间的耦合作用，实现机制长期有效运行。高校师德建设长效机制，是当前做好高校师德建设工作的有力抓手和重要手段，能够有效推动高校师德建设可持续高质量发展，为全面深化教师队伍建设提供强大保障。

3. 高校师德建设长效机制的特征

高校师德建设长效机制，具有规范性、系统性、长期有效性的特征。这些特征集中体现出高校师德建设长效机制，随着形势的发展变化而不断改进完善，长期稳定运行，持续发挥效用的特性，具有鲜活的生命力和创造力。

（1）规范性

高校师德建设长效机制的规范性，主要体现在三个方面。

一是用科学的思想指导实践。高校师德建设长效机制，是以马克思列宁主义、毛泽东思想、邓小平理论、"三个代表"重要思想、科学发展观以及习近平新时代中国特色社会主义思想为指引，坚持用马克思主义中国化最新科学理论指导实践，坚持用马克思主义立场、观点、方法分析解决问题。

二是高校师德建设长效机制遵循和符合教育发展规律、教师成长规律、高校师德师风建设规律。尊重客观规律就是要发扬实事求是的精神，一切从实际出发。在机制设计的过程中，充分考虑本地本校实际。东部和中西部高校、省部属高校和地方高校，不同地区、不同层次的高校具有不同的特征和不同的实际情况，建立健全高校师德建设长效机制，要处理好普遍性与特殊性之间的关系，着眼于地方特色，因地制宜，从客观具体实际出发，提高机制的适用性，发挥机制的最大效用。

三是师德本身具有内在规范性，高校师德建设长效机制，通过建立完善的宣传教育、监督惩处等机制，促使师德规范内化为人的内在情感、意志、信念，规范人们的行为，从而提升高校教师道德素质。

（2）系统性

一是高校师德建设长效机制应是一个由各子机制、各组成要素构成的有机整体。机制内部各组成要素缺一不可，机制整体功能的发挥建立在每个组成要素充分发挥其作用的基础之上。通过各要素之间的协调合作、各子机制间的有机耦合，形成"组合拳"，获得系统的最大效益，发挥整体的最大功用。

二是强调运用系统思维构建高校师德建设长效机制。首先，高校师德建设是一项复杂的系统工程，既需要国家和政府的参与和主导，也需要高校与社会协同发力，共同解决。在社会大系统中，要处理好高校与其他社会力量之间的相互协调关系，处理好高校师德建设长效机制与其他社会机制的外在联系，使之相互融洽，避免出现冲突。其次，在高校师德建设长效机制内部，要处理好部分与整体的关系，部分与部分之间的关系。在机制设计上，突出整体协调性，理清各子机制之间的内在逻辑关系，避免重叠混杂，优化机制内部各组成要素之间的内在互动联系，实现总体设计的科学性。

（3）长期有效性

长期有效性是指高校师德建设长效机制在规范教师职业道德行为，提高教师职业道德水准，有效缓解高校师德失范问题频发等方面发挥长期效用。长期有效性主要从三个具体维度来衡量，一是时间具有长期延续性；二是运行状态和过程具有长期稳定性和可持续性；三是运行效果具有持续有效性。

机制本身强调有机体内部各要素之间，按照一定的运行规律和运行原理，协同合作，动态运行。机制内部各要素之间形成相互联系、相互制约的长期稳定关系，运行顺畅，以达到最佳整体效果。稳定性并不意味着高校师德建设长效机制固定僵化或静止不变，而是要求其不断根据具体实际情况，整体或部分适时作出动态调整，以适应新形势的变化。高校师德问题并非一成不变，随着社会形势的发展变化，不断呈现出新问题和新的发展趋势。高校师德建设长效机制，是一个与时俱进、开放创新的机制，随着时间、条件等客观实际的变化而不断丰富、发展、完善。

发挥高校师德建设长效机制的长期有效性，要处理好长期效应和短期效应之间的关系，致力于长期效应。一方面，在机制设计上，要避免脱离客观实际，动态调整机制内容；另一方面，要着眼于长期效果，良好师德的养成是一个长期发展的过程，并非一蹴而就，要用长远发展的眼光看待问题。

总之，高校师德建设长效机制，是高校教师良好职业道德的"外铄"力量，通过"外铄"最终实现高校教师职业道德"内化"，发挥道德主体自觉，形成良好的道德认识、道德情感、道德意志、道德信念和道德行为。

第二节 高校师德建设长效机制理论探源

思想是行动的指南，科学理论是行动的先导。高校师德建设长效机制的构建，要以科学的理论为指导，既要根植于中华优秀传统文化，吸收借鉴古代师德理论资源；又要以马克思主义立场、观点、方法为指导，做到"两个结合"。"把马克思主义思想精髓同中华优秀传统文化精华贯通起来、同人民群众日用而不觉的共同价值观念融通起来，不断赋予科学理论鲜明的中国特色。"① 只有做到"两个结合"，才能创造出具有中国特色的师德理论体系，使高校师德建设更加符合中国实际，更有实效性。

一 中国古代传统师德理念

"中华优秀传统文化是我们党创新理论的'根'"②，中国传统师德思想源远流长，是构建高校师德建设长效机制的思想根基。中国自古以来就有尊师重教的传统，教师有着崇高的社会地位。唐代著名思想家、哲学家韩愈在其名篇《师说》中，阐明了教师的重要地位。"道之

---

① 习近平：《高举中国特色社会主义伟大旗帜 为全面建设社会主义现代化国家而团结奋斗——在中国共产党第二十次全国代表大会上的报告》（2022年10月16日），人民出版社2022年版，第18页。

② 《习近平在陕西延安和河南安阳考察时强调，全面推进乡村振兴 为实现农业农村现代化而不懈奋斗》，《人民日报》2022年10月29日第1版。

所存，师之所存也"（《师说》），教师是"传道、授业、解惑者"。学高为师，身正为范，教师不仅是知识的传授者，还是言行、品德的典范。

（一）先秦时期：儒家师德观念

以孔子为代表的古代教育家们，在教育实践活动中积累了丰富的教育经验，形成了科学的教育理念。这些教育思想是中华优秀传统文化的重要组成部分，尤其是师德观念，对后世影响深远。"至圣先师"孔子，为后人如何教书育人做了良好表率，是后人为师的榜样，被尊为"万世师表"。

司马迁在《史记》中记载了孔子的生平、办学理念及教育思想。"孔子以诗书礼乐教，弟子盖三千焉，身通六艺者七十有二人。"（《史记·孔子世家》）孔子从"文""行""忠""信"，即从学问、德行、忠恕、信义四方面教导学生。同时，他也非常注重自身的道德修养，从这四个方面严格要求自己。"学而不厌，诲人不倦""因材施教""循循善诱"是其秉持的教育态度和理念。"汝为君子儒，无为小人儒"（《论语·雍也》），他教导学生要做有道德的知识人。"其身正，不令而行，其身不正，虽令不从"（《论语·子路篇》），当权者要"正其身"，命令才得以施行，教师亦是如此，教育者先要"正其身"，"不能正其身，如正人何"（《论语·子路篇》）。孔子对弟子"无隐无私"，像对待自己的小孩，没有任何私心，倾囊授予知识。孔子因其高尚的道德品行，赢得了学生们的敬佩与爱戴。"以力服人者，非心服也，力不赡也。以德服人者，中心悦而诚服也。如七十子之服孔子也。"（《孟子·公孙丑上》）孔子用他的德行，让弟子们发自内心地佩服他。孔子的品行深刻地影响着他的学生，"夫子循循然善诱人，博我以文，约我以礼，欲罢不能"（《史记·孔子世家》）。

孟子把教师的地位提高到与君子相提并论，并对教师的道德规范提出五点要求，"君子之所以教者五：有如时雨化之者，有成德者，有达财者，有答问者，有私淑艾者"（《孟子·卷十三》）。荀子认为教师应具备四个条件："庄重有尊严；年长有经验、威信；诵读解说经典循序渐进不紊乱、不违背礼法；能洞察精微、缜密的道理且能讲解清楚。"① 其中，"不违背礼法"即要求教师自觉遵守礼法。

（二）两汉时期：官方办学师德理念

两汉时期，教育有了较大发展。汉武帝创办了中国古代国立最高学府——太学，在中国教育史上具有重要意义。太学的创办使儒学教育官方化和制度化，儒家思想在汉代成为封建社会的正统思想，儒家崇尚师德的传统教育思想在汉代得到了传承和弘扬。

董仲舒设计了求贤的具体方案，具体践行了官方办学的师德要求。"兴太学，置明师，以养天下之士。"（《汉书·卷五十六》）"明师"即太学教师，被称为"五经博士"。朝廷为"五经博士"配置固定名额的弟子，其主要职责是掌教弟子，以教学为主。两汉挑选博士非常严格，素有严于择师的传统，博士选拔、任用趋于制度化。儒学在当时是官方学术，因此，博士选拔的首要条件是尊崇儒学。官方教育体制内的教师必须维护官方统治，体现官方意志，这是师德最基本的要求。

博士必须德才兼备，"博士应精通经学、博通百家、德操坚贞、行为正直、身体健康，年龄在50岁以上，且有教授门徒50人以上的教学经历"②。"是故善为师者，既美其道，有慎其行"（《春秋繁露·玉

---

① 张振鹏：《传统文化里的教育智慧》，青岛出版社2019年版，第87页。
② 白毅：《中国古代教育史概要》，西安交通大学出版社2018年版，第66页。

杯第二》），为人师者既要讲道德，有良好的道义，又要言行举止谨慎，以身作则。"师者，人之模范也"（《法言·学行》），"以身教者从，以言教者讼"（《后汉书·第五伦传》），教师在言行方面，要做学生的表率。韩婴在孝文帝时被任命为博士，他认为教师的标准应是"智如泉源，行可以为表仪者"（《诗外传·卷五》）。

（三）宋明时期：程朱理学师道观

宋朝著名的教育家、儒学集大成者朱熹，在长达50多年的教育实践中积累了丰富的教育经验和教育智慧。他将伦理道德与政治融为一体，提出"修身、齐家、治国、平天下"（《朱子全书》卷十五）的教育模式。朱熹非常注重道德教育，认为教育的目的在于"明人伦"。"指引者，师之功也"（《小学集注卷五》），教师是学生的引路人。"学校必选实有道德之人，使为学官以来实学之士"（《大学衍义补卷七十》），办学最为关键的是要选择有道德修养的人任教职。"器资浑厚，操履端方"（《晦庵别集卷六》），方为合格的教师。"其必有以率厉化服之，使躬问学，蹈绳矩，出入不悖所闻"（《晦庵集卷七十七》），教师既要有渊博的知识，具备春风化雨的能力，还要为人师表，善尽职守。

"才者，德之资也；德者，才之帅也。"（《资治通鉴·周威烈王二十三年》）北宋政治家司马光认为，德行是才能的统帅，才能是德行的支撑，教师应做到德才兼备，以德为先。高尚的师德对学生起到润物细无声、潜移默化的教育作用，影响他们的言行举止，浸润他们的心灵，涵养他们的品格。

王守仁则不赞成传统的师道尊严，反对传统教育束缚学生个性的做法，反对灌输和背诵的教学方法，提倡师生之间直言相谏，以朋友之道相待。

古代师德思想影响深远，塑造着人们的师德观念。教师的师德形象深入人心，人们对教师职业道德的认知、对教师这一角色的社会期待延续至今。教师不仅向学生授予知识，还要做讲道德、守道德的典范。进德修业是教师的基本要求，遵循师德始终是教师最为基本的行为准则。

二 马克思主义人学理论基础

马克思主义是科学的世界观、方法论，在中国意识形态领域占据主导地位。"马克思主义科学揭示了人类社会发展规律，指明了人类寻求自身解放的道路，推进了人类文明进程，是我们认识世界、改造世界的强大思想武器。"[1] 马克思主义人学理论是马克思主义的核心内容，马克思的人学思想贯穿于马克思主义理论的始终，学习马克思主义必须掌握马克思主义人学理论的内涵与实质。高校师德建设工作实际上是做人的工作，高校师德建设必须以马克思主义人学理论为指导。

所谓人学，就是以人这一特殊社会存在物为研究对象，探讨其生存和发展的最一般规律的科学。[2] 人学是在各种"人的科学"的基础上，揭示人的存在中的自然因素、社会因素和精神因素的辩证统一，以及它们之间相互作用的机制，揭示人的行为中的生理需要、社会需要和精神需要的辩证统一，以及它们之间相互作用的方式。[3] 马克思在《1844年经济学哲学手稿》中指出，"自然科学往后将包括关于人的科

---

[1] 《习近平向世界马克思主义政党理论研讨会致贺信》，《人民日报》2021年5月28日第1版。
[2] 袁贵仁：《马克思主义人学理论研究》，北京师范大学出版社2012年版，第1页。
[3] 袁贵仁：《马克思主义人学理论研究》，北京师范大学出版社2012年版，第3页。

学，正像关于人的科学包括自然科学一样：这将是一门科学"①。马克思主义人学是一门科学，由马克思、恩格斯创建，并由列宁、毛泽东等之后的马克思主义经典作家不断丰富发展。

马克思从"现实的人"出发，终其一生都在探索人类社会的发展及其规律，致力于实现人的自由而全面的发展，为全人类解放而奋斗。"现实的人"是有欲望、有需求的人，是在一定社会物质条件下从事具体实践活动的人，这种活动包括物质生产、精神生产和人自身的生产三个方面。马克思主义在唯物史观的基础上，关心人的问题，研究人的学说，形成了丰富的人学思想。唯物史观是"关于现实的人及其历史发展的科学"②。马克思主义人学理论，主要包含人的本质理论、人的主体性理论、人的价值及其评价理论、人的权利与义务理论、人的自由而全面的发展理论等方面内容。

(一) 人的本质理论

人的本质是人学理论的核心问题，马克思关于人的本质的科学解答奠定了马克思人学理论的科学基础。③ 关于人的本质的问题，马克思批判黑格尔将"人的本质本身仅仅被看作抽象的、思维着的本质，即自我意识"④的颠倒说法。他在批判费尔巴哈将宗教的本质归结为人的本质时，提出"人的本质不是单个人所固有的抽象物，在其现实上，它是一切社会关系的总和"⑤，揭示了人的本质是一切社会关系的总和。

"人的本质是人的真正的社会联系，所以人在积极实现自己本质的

---

① 《马克思恩格斯文集》第一卷，人民出版社2009年版，第194页。
② 《马克思恩格斯文集》第四卷，人民出版社2009年版，第295页。
③ 袁贵仁：《马克思主义人学理论研究》，北京师范大学出版社2012年版，第74页。
④ 《马克思恩格斯全集》第三卷，人民出版社2002年版，第332页。
⑤ 《马克思恩格斯文集》第一卷，人民出版社2009年版，第505页。

过程中创造、生产人的社会联系、社会本质，而社会本质不是一种同单个人相对立的抽象的一般的力量，而是每一个单个人的本质，是他自己的活动，他自己的生活，他自己的享受，他自己的财富。"① 马克思反对"抽象的人""一般的人"的概念，他关注的是在特定历史条件下，从事现实活动的、具体的人。他强调人与人之间，人与社会之间的相互互动关系。人在交换物品的过程中，形成了相互关系；在实践活动中，产生了社会联系。人通过社会实践活动塑造和实现自己，因此，人的实践活动必须在一定社会关系中进行。

正确认识人的本质问题，是开展一切社会科学研究的根本前提。在社会交往中，人与人之间不可避免地产生矛盾，而道德则是调节个人与他人、个人与社会的关系，维持正常社会秩序的重要手段。具体而言，师德就是调节教师与学生、教师与教师、教师与社会关系的重要手段。

(二) 人的主体性理论

马克思在"社会也是由人生产的"②"人始终是主体"③"主体是人，客体是自然"④ 等一系列论断中，表明了人在社会实践活动中的主体地位思想，强调人是劳动的主体，是社会活动和社会关系的主体。"主体性以实践为基础，实践是人作为主体所从事的实践，实践表现了主体性。"⑤ 在实践活动中，主体作用于客体，表现出人的主观能动性。同时，客体也对主体有制约作用。人的主体性作用，主要体现为"能

---

① 《马克思恩格斯全集》第四十二卷，人民出版社1979年版，第24页。
② 《马克思恩格斯文集》第一卷，人民出版社2009年版，第187页。
③ 《马克思恩格斯全集》第三卷，人民出版社2002年版，第310页。
④ 《马克思恩格斯文集》第八卷，人民出版社2009年版，第9页。
⑤ 袁贵仁：《马克思主义人学理论研究》，北京师范大学出版社2012年版，第96—97页。

动性""自主性"以及"自为性"。①

人的主体性对内表现为"人格"和"个性"。"'人格'是人的主体性在主体身上的集中表现,是人作为活动主体的一种资格。"② 只有当人作为活动主体时,才具有"人格"。马克思在《黑格尔法哲学批判》中,批判黑格尔的"抽象人格",提出"人格和主观性只是人和主体的谓语,那么它们只有作为人和主体才能存在,而且人就是一""人格脱离了人,当然只是一个抽象,但人也只有在自己的类存在中,只有作为人们,才是人格的现实的观念"③。

"道德人格"是"人格"的组成部分。道德人格是指"个体稳定的道德面貌与特征。其实质是人在道德上区别他人和动物界的规定性。"④ 教师的道德人格是指"个体作为教师这一特定社会角色所表现出的道德面貌与特征"。⑤ 在教育实践活动中,教师占据主体地位,要充分发挥教师"人格"的感化作用。

人的个性与人的主体性相联系,马克思主义人学理论重视人的个性发展。人的个性主要是指人的活动的自主性、能动性、创造性。马克思批判资产阶级社会对人的个性的扼杀,认为"在资产阶级社会里,资本具有独立性和个性,而活动着的个人却没有独立性和个性"⑥,追求人的个性解放。人的主体性和人的个性相统一,人的主体性越强,人的个性就越强,人的个性解放有利于提高人的主体性。⑦

---

① 袁贵仁:《马克思主义人学理论研究》,北京师范大学出版社2012年版,第98页。
② 袁贵仁:《马克思主义人学理论研究》,北京师范大学出版社2012年版,第119页。
③ 《马克思恩格斯全集》第三卷,人民出版社2002年版,第36页。
④ 檀传宝:《教师伦理学专题——教育伦理范畴研究》,北京师范大学出版社2010年版,第137页。
⑤ 檀传宝:《教师伦理学专题——教育伦理范畴研究》,北京师范大学出版社2010年版,第138页。
⑥ 马克思、恩格斯:《共产党宣言》,人民出版社2018年版,第44页。
⑦ 袁贵仁:《马克思主义人学理论研究》,北京师范大学出版社2012年版,第127页。

社会主义道德建设的目的在于完善人格，提高人格修养，充分发挥人的主体性，实现人的个性自由和解放。在高校师德建设长效机制的构建过程中，要充分尊重和解放教师的个性，发挥教师的主体性，用教师的人格魅力感化学生。

（三）人的需要理论

人的需要是人对其生存、享受和发展的客观条件的依赖和需求。[①]马克思在《德意志意识形态》中指出，"他们的需要即他们的本性，以及他们求得满足的方式，把他们联系起来"[②]。他把人的需要与人的本性、人的本质相联系，在《1844年经济学哲学手稿》中阐释了人的需要以及在资本主义社会的异化现象。马克思批判资本主义社会，利己需要的满足建立在对他人剥削的基础之上，"每个人都力图创造出一种支配他人的、异己的本质力量，以便从这里面找到他自己的利己需要的满足"[③]。他进一步批判需要异化的现象，"一方面所发生的需要和满足需要的资料的精致化，另一方面产生着需要的牲畜般的野蛮化和最彻底的、粗陋的、抽象的简单化"[④]，即人的需要萎缩、退化，处在维系肉体存在的最低水平上，趋近于动物的需要。他把工人的需要归结为"维持最必需的、最悲惨的肉体生活，……人无论在活动方面还是在享受方面再没有别的需要了"[⑤]，而"在社会主义的前提下，人的需要的丰富性"[⑥]得到发展。共产主义就是"把生产发展到能够满足所有人的需要的规模；结束牺牲一些人的利益来满足另一些人的

---

① 袁贵仁：《马克思主义人学理论研究》，北京师范大学出版社2012年版，第139页。
② 《马克思恩格斯全集》第三卷，人民出版社1960年版，第514页。
③ 《马克思恩格斯全集》第三卷，人民出版社2002年版，第339页。
④ 《马克思恩格斯全集》第三卷，人民出版社2002年版，第340页。
⑤ 《马克思恩格斯全集》第三卷，人民出版社2002年版，第341页。
⑥ 《马克思恩格斯全集》第三卷，人民出版社2002年版，第339页。

需要的状况"①。

马克思主义将人的需要层次归纳为生存需要、享受需要、发展需要。人只有满足了低层次的需求才会逐渐追求高层次的精神需求。我们在批判市场经济带来功利主义、消费主义等负面影响的同时，也应看到教师作为普通的社会一员，必须满足吃穿住行等最基本的生活需要，维持最基本的经济保障。高校教师只有满足了最基本的生存需求，才能追求更高层次的精神需要。在不同的阶段，高校教师有不同的职业道德需求，出现不同的道德困惑，高校师德建设长效机制应致力于满足不同阶段教师的不同职业道德需求，帮助高校教师纾解各种道德困惑。

(四) 人的价值及其评价理论

人的价值问题，主要探讨人在世界上的地位和人的生活使命，实际上是人在社会关系中对于自己生命活动的反思。② 在资本主义社会，雇佣劳动制度"金钱确定人的价值"③，劳动力作为一种商品，在市场上售卖给资本家，市场价格受到劳动力供给与需求等情况影响。"金钱是一切事物的普遍的、独立自在的价值。因此它剥夺了整个世界——人的世界和自然界——固有的价值。"④ 金钱和货币成为衡量人的价值的唯一标准。

在以公有制为基础的社会主义社会，劳动决定人的价值，是衡量人的价值的尺度，人的价值的评价标准在于人的劳动对社会的贡献度。马克思强调人应该在贡献社会中实现自身的价值。他终其一生都在为

---

① 《马克思恩格斯文集》第一卷，人民出版社2009年版，第689页。
② 袁贵仁:《马克思主义人学理论研究》，北京师范大学出版社2012年版，第162页。
③ 《马克思恩格斯文集》第一卷，人民出版社2009年版，第477页。
④ 《马克思恩格斯文集》第一卷，人民出版社2009年版，第52页。

工人阶级的解放而斗争，为全人类的解放而奋斗。他写道："在选择职业时，我们应该遵循的主要指针是人类的幸福和我们自身的完美。"①一个人如果只为自己劳动，则无法成为伟大的人物，只有将个人价值与社会价值相统一，为大多数人带来幸福的人，为人类牺牲自己的人，才能成为伟大高尚的人。高校教师承担着传播人类优秀文化、研究解决人类技术难题、培养社会主义建设的接班人、为社会服务等使命任务，对促进人类社会发展，推动人类社会进步具有重要价值。

人的价值和评价理论要求高校师德建设长效机制必须正确制定价值评价规则，充分发挥价值评价的"指挥棒"作用，引导教师自觉形成良好的道德品质。当前，高校教师价值评价机制或多或少地存在问题，容易引发师德失范问题。在"非升即走"的考核制度下，要求科研成果"速成"，导致高校教师陷入普遍焦虑的情绪，出现学术浮躁、学术不道德行为，甚至有的教师陷入"囚徒困境"的道德危机。"囚徒困境"即一些教师通过不正当手段跨越自身局限取得高职称、进修机会、行政职位等，对于那些自觉遵守职业道德规范的教师而言，这些原本可以通过公平竞争获得的利益受损，使得他们陷入遵循规则还是打破规则的价值选择两难境地。②因此，建立健全高校师德建设长效机制，必须健全科学的师德评价机制，细化师德评价规则，完善师德评价体系，通过师德考核、奖惩结合等方式，充分发挥价值评价的正确导向作用。

(五) 人的权利与义务理论

人的权利实际上是对一定社会经济条件下，人们的一定行为及其

---

① 《马克思恩格斯全集》第一卷，人民出版社1995年版，第459页。
② 檀传宝等：《走向新师德——师德现状与教师专业道德建设研究》，北京师范大学出版社2009年版，第29页。

方式的价值确认，表现为"人在社会中的地位"①。马克思认为人权是人的基本权利。马克思在《论犹太人的问题》中，揭露了资产阶级民主、自由、人权的虚伪性，提出唯有消灭私有制，并对社会进行革命性改造，才能实现人的解放，获得真正的民主、自由和人权。公民只有参与政治生活才享有政治权利，"这种人权一部分是政治权利，只是与别人共同行使的权利。这种权利的内容就是参加共同体，确切地说，就是参加政治共同体，参加国家"②。在资本主义政治体制中，劳动人民并不享有广泛的权利和自由，只有在共产主义社会，人们才真正享受权利和自由。

权利与义务是辩证统一的关系，马克思反对将两者割裂，他强调"没有无义务的权利，也没有无权利的义务"③。每个人的权利和义务是平等的，"一个人有责任不仅为自己本人，而且为每一个履行自己义务的人要求人权和公民权"④。在阶级社会，权利和义务处于分裂的状态。只有权利没有义务是阶级的特权，只有义务没有权利是阶级的压迫和奴役。在《社会民主党纲领草案》的修改中，恩格斯提议："把'为了所有人的平等权利'改成'为了所有人的平等权利和平等义务'等等。平等义务，对我们来说，是对资产阶级民主的平等权利的一个特别重要的补充，而且使平等权利失去道地资产阶级的含义。"⑤

人的权利和义务的理论要求高校师德建设长效机制健全教师主体权益保障机制，维护教师的合法权益，充分保障教师的知情权、参与权、表达权和监督权等合法权利。同时，还要明确规定教师的道德义

---

① 袁贵仁：《马克思主义人学理论研究》，北京师范大学出版社2012年版，第181页。
② 《马克思恩格斯文集》第一卷，人民出版社2009年版，第39页。
③ 《马克思恩格斯选集》第三卷，人民出版社2012年版，第172页。
④ 《马克思恩格斯选集》第三卷，人民出版社2012年版，第1047页。
⑤ 《马克思恩格斯全集》第二十九卷，人民出版社2020年版，第285页。

务，要求教师自觉规范言行举止，履行道德义务，遵守道德行为准则。

（六）人的自由而全面的发展理论

人的自由而全面的发展是马克思主义的最高命题。"自由是可以做和可以从事任何不损害他人的事情的权利。"① 马克思、恩格斯在《共产党宣言》中写道："代替那存在着阶级和阶级对立的资产阶级旧社会的，将是这样一个联合体，在那里，每个人的自由发展是一切人的自由发展的条件。"② 人的自由而全面的发展是共产主义社会的重要特征。在共产主义社会的高级阶段，脑力劳动与体力劳动的对立随着分工的消失而消失，"在劳动已经不仅仅是谋生的手段，而且本身成了生活的第一需要之后；在随着个人的全面发展，他们的生产力也增长起来，而集体财富的一切源泉都充分涌流之后"③，才真正达到了各尽所能，按需分配。马克思把生产力的发展、集体财富的极大丰富和人的全面发展视为共产主义的基本条件。

人的全面发展与社会政治、经济、文化的发展密切相关，与社会发展具有辩证关系。"推进人的全面发展，同推进经济、文化的发展和改善人民物质文化生活，是互为前提和基础的。人越是全面发展，社会的物质文化财富就会创造得越多，人民的生活就越能得到改善，而物质文化条件越充分，又越能推进人的全面发展。"④ 科学的发展观是在经济发展的基础上，推动社会进步和促进人的全面发展。人的全面发展是人的思想道德、科学文化素质等各方面素质全面提升的全方位发展。社会要为人的全面发展，创造有利条件和有利环境。

---

① 《马克思恩格斯文集》第一卷，人民出版社2009年版，第40页。
② 《马克思恩格斯文集》第二卷，人民出版社2009年版，第53页。
③ 《马克思恩格斯选集》第三卷，人民出版社2012年版，第365页。
④ 《江泽民文选》第三卷，人民出版社2006年版，第295页。

高校师德建设长效机制的构建，同样要致力于促进教师自由而全面的发展。一是要加大人员、资金、场地等投入，为高校教师的自由而全面发展创造有利条件。为教师提供良好的发展平台，通过完善教师培养制度，通过鼓励教师参与培训、学术交流、进修深造等方式促进教师的全面发展。二是健全教师发展制度，构建完整的职业发展体系及教师发展支持服务体系，激发教师的活力，发挥教师的主观能动性，促进教师的全面发展和进步。

马克思主义人学理论是高校师德建设长效机制研究的理论基础。高校师德建设工作应高度重视"人"的重要因素，坚持"以人为本"的思想，突出人文关怀和"人性化"。从人学理论出发关照和指导高校师德建设长效机制的构建，有利于满足高校教师的道德需求，维护和保障教师的合法权益，激发教师的创造力和活力，尊重教师的个性发展，促进教师的自由而全面发展。通过一系列改革举措，健全高校教师发展支持体系，完善教师待遇保障机制，优化管理评价制度，从而促进教师队伍治理体系和治理能力现代化。让师德建设工作更加贴近教师，服务于教师。正如檀传宝教授所言，"师德建设的本意应该是为教师道德成长和教师专业生活质量的提升服务的，而不应成为教师的负担"[①]。

三 教师伦理学理论基础

伦理学是研究道德的学问，教育伦理学和教师伦理学是与师德研究密切相关的两个学科。它们都属于伦理学的分支，两者在内容上有一定交集，在学界也有将两者混同使用的情况，厘清两者的界限，有

---

① 檀传宝等：《走向新师德——师德现状与教师专业道德建设研究》，北京师范出版社2009年版，第45页。

利于科学开展研究。学界关于教育伦理学的定义以及学科性质的认识并不一致。有的学者认为，教育伦理学是研究教师职业劳动领域内道德意识、道德关系和道德活动的科学。[①] 有的学者认为，教育伦理学是研究教育的伦理道德价值和教师职业道德的科学。[②] 仅将教育伦理学理解为研究教师职业道德，或仅仅理解为研究道德教育的学问，都难以确切地把握教育伦理学的伦理本质。教师伦理学是一门关于教师道德的学问。教师伦理学相较于教育伦理学，研究范畴更为狭窄，研究对象更为具体明确。因此，教师伦理学是高校师德建设长效机制的主要理论基础。

教师伦理学是关于教师职业道德的现象以及规律的学说，是规范伦理学和应用伦理学的一部分。教师伦理学主要研究教师道德意识、教师道德规范、教师道德活动。其中，教师道德意识主要包含师德观念、情感、意识等方面；教师道德规范主要包含师德规范和范畴，处理教学实践活动中人与人之间的道德关系；教师道德活动主要包含教师道德的评价、修养等方面。[③] 教师伦理学的基本研究框架有三方面：教师职业道德的基本理论、教师职业道德的规范体系、教师道德实践。

（一）教师职业道德的基本理论

教师职业道德基本理论，主要涉及教师职业道德的起源与发展规律，教师职业道德的本质、特征、功能与社会意义等基础理论。教师职业道德的起源，源自社会生产力的发展。生产社会化导致社会分工，随着劳动专业化、职业化，产生教师这一职业，教师职业道德作为职业行为规范和准则，伴随教师职业的产生而产生发展。高校教师职业

---

① 王正平：《教育伦理学》，人民教育出版社2019年版，第45页。
② 李春秋：《教育伦理学概论》，北京师范大学出版社2018年版，第3页。
③ 杨燕钧主编：《教师伦理学》，华东师范大学出版社1997年版，第3页。

道德的发展，归根到底受到社会经济关系的制约，同时受到政治、文化等上层建筑的影响，其发展遵循一定的内在规律。教师伦理学致力于揭示和探究教师职业道德发展的内在规律。

高校教师职业道德既有一般职业道德的共性特征，与一般职业道德、中小学教师职业道德相比，又有其特殊性。高校教师职业道德批判和继承传统教师职业道德，并在长期的教育实践活动中，不断适应中国社会的发展变革而不断演进完善，具有一定的内生逻辑。科学认知和准确把握高校师德建设的本质和规律，是构建高校师德建设长效机制的重要前提。教师职业道德基本理论，揭示了高校师德建设的内在规律，为高校师德建设长效机制的构建提供了理论支撑和学理依据。

（二）教师职业道德的规范体系

教师职业道德规范体系，主要涉及师德范畴、师德的核心与原则、师德的基本规范等方面。教师职业道德由一系列规范构成，形成了一个体系。教师伦理范畴或"师德范畴"是教师伦理学最关键的重心之一。广义上的师德范畴，包括教师道德原则、规范中所有的基本概念，也包括教师反映教师个体道德品质的基本概念，还包括教师道德评价、道德修养和道德教育等方面的基本概念。狭义上的师德范畴，是反映教育劳动中教师与学生、教师与同事、教师与集体、教师与教育事业、教师与社会之间，最本质、最主要、最普遍的道德关系的基本概念，体现社会对教师职业的根本要求。① 檀传宝从幸福、公正、仁慈、义务、良心、人格等伦理学基本概念出发，阐述教师职业道德的基本范

---

① 檀传宝：《教师伦理学专题——教育伦理范畴研究》，北京师范大学出版社2010年版，第18页。

畴，围绕教师的幸福论、公正论、仁慈论、义务论、良心论、人格论等方面展开论述。

教师幸福论探究教师在教育实践活动中，如何培养和获得幸福感，提高幸福能力。教师公正论探究教师在处理人际关系时，如何体现公平正义的伦理原则。教师仁慈论主要探究教师在教育实践中如何实现仁慈。教师义务论则主要分析教师的劳动自由和道德义务的关系，教师道德义务的形态、教师道德践行等方面内容。教师良心论主要探究教师良心的形成与修养。教师人格论主要研究教师的道德人格、教师人格修养的方法路径等问题。

（三）教师职业道德实践

教师职业道德实践，主要涉及师德建设、教师良好师德的养成与培育、教师师德评价、教师师德修养等方面内容。教师职业道德实践的核心内容是师德师风建设问题，如何对教师进行职业道德教育，培养教师职业道德品质，提高教师职业道德素养，形成良好的师德师风。教师职业道德品质的形成是一个循序渐进的过程，主要由职业道德认识、情感、意志、行为四方面的因素构成。[1] 这四个因素决定了教师职业道德教育过程的基本环节，各环节之间相互联系又相互制约。高校师德建设长效机制通过制度约束、榜样示范、情感陶冶、警示教育等方式，对教师进行职业道德教育，达到提升教师职业道德品质的目的。构建高校师德建设长效机制，要了解教师职业道德品质的形成过程及特征，要清楚教师职业道德教育的各环节，才能增强措施的针对性。

教师职业道德教育与教师自身职业道德修养相辅相成。教师职业

---

[1] 杨燕钧主编：《教师伦理学》，华东师范大学出版社1997年版，第106页。

道德修养,是指教师为培养良好的职业道德品质所进行的自我锻炼、自我陶冶、自我教育、自我改造的过程和功夫。① 通过教师职业道德教育,促进职业道德内化,从而提升教师自身职业道德修养。构建高校师德建设长效机制,要充分调动教师的参与性,发挥教师的主体性和自觉性,促进师德内化,提升自我道德修养。

教师职业道德评价,是教师职业道德活动或实践的重要方面,在教师职业道德体系中起着"指挥棒"的重要作用。"教师职业道德准则和规范作用的发挥,教师职业道德风尚的改善以及教师个体职业道德品质的形成,都需要靠职业道德评价来实现。"② 高校师德建设长效机制的构建,要善于发挥教师职业道德评价的导向性作用,制定正确的道德评价标准,促进道德"他律"转化为道德"自律",引导教师形成良好的道德品质。

教师伦理学是关于教师职业道德的专门学科,具有科学理论性和全面系统性。教师伦理学揭示了教师职业道德的本质和规律,是高校师德建设长效机制的理论指导,也是开展高校师德建设长效机制研究的重要理论基础。

---

① 杨燕钧主编:《教师伦理学》,华东师范大学出版社1997年版,第105页。
② 杨燕钧主编:《教师伦理学》,华东师范大学出版社1997年版,第149页。

第二章　高校师德建设长效机制的价值意蕴

当前，世界百年未有之大变局加速演进，新一轮科技革命和产业变革悄然发生，世界经济秩序与格局正在重塑。在国际格局"大洗牌"之际，中国吹响了向全面建成社会主义现代化强国奋进的号角。在"两个一百年"重要的时间交汇点，在实现中华民族伟大复兴的关键时期，高等教育发挥着更为重要的作用。"高等教育发展水平是一个国家发展水平和发展潜力的重要标志"①，高等教育事业的发展事关中华民族伟大复兴中国梦的顺利实现。社会主义现代化强国的建设对高等教育现代化、对高校教师队伍的建设提出新的更高要求。

"强国要以强教为支撑，强教要以强师为保障"②，高等教育事业的发展要以高质量教师队伍的建设为保障。师德师风是评价高校教师队伍素质的第一标准，加强高校教师队伍的建设，师德师风要放在首位。教育部多次发文明确要求，各地各高校要根据实际情况，建立健

---

① 教育部课题组：《深入学习习近平关于教育的重要论述》，人民出版社2019年版，第25页。
② 朱旭东：《新时代教师队伍建设的新价值》，《中国教师》2018年第2期。

全高校师德建设长效机制。思想是行动的先导,建立健全高校师德建设长效机制,首先要在思想上提高认识,深刻认识到建立健全高校师德建设长效机制的重要性和紧迫性,了解其功能及作用,科学把握其价值意蕴,才能更好地发挥主观能动性,从而增强行动自觉。从价值论角度而言,建立健全高校师德建设长效机制,无论在社会层面还是在个体层面都具有十分重要的价值,发挥着重要的作用。

第一节 高校师德建设长效机制社会层面的价值

长期以来,党和国家高度重视教师队伍的建设,尤其重视加强师德师风建设。习近平总书记多次对师德建设作出重要指示,对教师提出具体要求,并从国家和社会发展的高度深刻阐释了教师队伍建设的重要性。他强调,"一个民族源源不断涌现出一批又一批好老师则是民族的希望。国家繁荣、民族振兴、教育发展,需要我们大力培养造就一支师德高尚、业务精湛、结构合理、充满活力的高素质专业化教师队伍,需要涌现一大批好老师。"[①] 由此可见,教师队伍的建设与发展关乎国家的富强、民族的希望、社会的发展以及教育的未来。从社会发展层面而言,建立健全高校师德建设长效机制,加强高校教师的师德师风建设,打造一支师德高尚的高校教师队伍,在推动国家和社会经济发展,推进社会主义精神文明建设,在促进高校内涵式发展、高质量发展等方面发挥着重要作用。因此,必须从国家发展的战略全局高度,深刻认识建设高素质高校教师队伍的重要性,将建立健全高校师德建设长效机制作为高校当前和今后一段时间的紧迫任务和

---

① 习近平:《做党和人民满意的好老师——同北京师范大学师生代表座谈时的讲话》(2014年9月9日),人民出版社2014年版,第4页。

重要工作。

一　高校师德建设长效机制国家层面的价值

兴国必先强师，高校教师队伍的建设关乎国家的繁荣昌盛和社会未来的发展。作为科技创新排头兵的高校科研人员，在推动国家科技进步方面发挥着重要的作用；作为培养时代新人的主力军，高校教师承担着重要的使命。党的二十大报告指出，"科技是第一生产力、人才是第一资源、创新是第一动力，深入实施科教兴国战略、人才强国战略、创新驱动发展战略"①。一支师德高尚、业务精湛、结构合理、充满活力的高素质专业化高校教师队伍是推动社会发展的不竭动力，是国家实施科教兴国、人才强国、创新驱动发展战略的重要力量。"我们要把全面加强教师队伍建设作为一项重大政治任务和根本性民生工程，建设一支政治素质过硬、业务能力精湛、育人水平高超的高素质教师队伍。"②

（一）高校师德建设长效机制是实现中华民族伟大复兴的战略需要

中华民族伟大复兴的中国梦是全体中国人民共同的理想追求，是人们对国家发展和未来生活的美好愿景。习近平总书记强调，"'两个一百年'奋斗目标的实现、中华民族伟大复兴中国梦的实现，归根到底靠人才、靠教育"③。2021年新修订的《中华人民共和国教育法》阐

---

① 习近平：《高举中国特色社会主义伟大旗帜　为全面建设社会主义现代化国家而团结奋斗——在中国共产党第二十次全国代表大会上的报告》（2022年10月16日），人民出版社2022年版，第33页。
② 教育部课题组：《深入学习习近平关于教育的重要论述》，人民出版社2019年版，第5页。
③ 习近平：《做党和人民满意的好老师——同北京师范大学师生代表座谈时的讲话》（2014年9月9日），人民出版社2014年版，第3页。

明了教育在治国理政中的重要地位,"教育是社会主义现代化建设的基础,对提高人民综合素质、促进人的全面发展、增强中华民族创新创造活力、实现中华民族伟大复兴具有决定性意义"①。在实现中华民族伟大复兴中国梦的历史进程中,"教育的基础性、先导性、全局性地位和作用更加突显"②,教育始终处于优先发展的战略位置。高等教育为中国梦的实现提供重要的人才支撑、智力支撑、创新支撑,起着关键的作用。

高校教师有着多重角色和身份,他们既是国家培养的高素质、高层次、高学历人才,是推动国家科技创新、社会繁荣发展的生力军,同时他们还承担"为党育人,为国育才"的重要使命,是为党和国家培养德智体美劳全面发展的社会主义建设者和接班人的主力军。高校教师的思想政治素质和师德师风状况,决定着其以怎样的精神风貌从事党和国家的教育事业,为国家做出怎样的贡献,培养出怎样的人才。因此,建立健全高校师德建设长效机制,加强高校师德师风建设,是实现中华民族伟大复兴中国梦的战略需要。

首先,人才之师是国之重器,国家的发展离不开人才的支撑。科研院所和研究型大学是科技创新人才的摇篮,高校集中了全国大部分的科技创新人才和哲学社会科学的领军人物。高校教师是推动国家发展的重要人才资源,他们既是高校教师,承担教书育人的职责;同时也是科学家、社会学家,是推动国家科技创新的主体力量,是繁荣国家哲学社会科学事业,推动社会各项事业进步的重要力量。

在国家科技创新方面,高校教师是国家科技创新的排头兵。国家

---

① 《中华人民共和国教育法》,http://www.moe.gov.cn/jyb_sjzl/sjzl_zcfg/zcfg_jyfl/202107/t20210730_547843.html。

② 习近平:《做党和人民满意的好老师——同北京师范大学师生代表座谈时的讲话》(2014年9月9日),人民出版社2014年版,第3页。

重大科技创新项目，如"北斗"组网、月球首次采样、港珠澳大桥建设、C919 大飞机制造等，高校教师积极参与研发，在攻克"卡脖子"的科学难题上发挥着重要作用。据教育部数据统计，2012—2022 年，高校获得 60% 的国家自然科学一等奖和 90% 的国家技术发明一等奖[①]，高校已经成为重大科技突破的策源地，高校教师是基础研究的主力军。在哲学社会科学方面，高校教师在引领社会思潮、繁荣社会文化方面也发挥着重要作用。新时代十年，高校牵头建设了 38% 的国家高端智库，承担了超过 90% 的国家社会科学基金项目。[②] 高校为国家重大战略的实施和经济社会发展提供了强大智力支撑，是党的理论创新和重大战略决策的"思想库""智囊团"。高校的战略科学家和领军人才，在推动国家科技创新发展，促进经济社会发展方面作出了突出贡献。

"人才是实现民族振兴、赢得国际竞争主动的战略资源。"[③] 当今世界的竞争，本质上是人才的竞争，高精尖人才是各国争夺的对象。中华民族伟大复兴中国梦的实现，最为关键的是必须充分发挥人才的核心作用。高校教师作为高精尖人才，是否具备优良的思想政治素质和师德师风，事关中华民族伟大复兴的战略全局。优良的师德师风，主要体现为具有坚定的政治立场，高尚的爱国情怀，忠诚和热爱党和国家的科技事业、教育事业、文化事业，把推动国家富强、民族振兴，实现人民幸福作为毕生追求，竭尽才智促进中国特色社会主义事业的发展。因此，从国家发展、民族振兴的角度而言，建立健全高校师德

---

① 教育部：《教育这十年 1+1 系列发布会第 15 场》，http://www.moe.gov.cn/fbh/live/2022/54875/。
② 教育部：《教育这十年 1+1 系列发布会第 15 场》，http://www.moe.gov.cn/fbh/live/2022/54875/。
③ 《习近平谈治国理政》第三卷，外文出版社 2020 年版，第 50 页。

建设长效机制,加强高校教师队伍的思想政治教育和师德师风建设,具有重要意义,有利于确保人尽其才,才尽其用。

其次,中华民族伟大复兴中国梦的实现,需要一代又一代具有爱国热忱、德才兼备的有志青年接续奋斗。"我们党立志于中华民族千秋伟业,必须培养一代又一代拥护中国共产党领导和我国社会主义制度、立志为中国特色社会主义事业奋斗终身的有用人才。"① 高校教师承担着培养能够担当民族复兴大任的时代新人的重要任务。"一个学校能不能为社会主义建设培养合格的人才,培养德智体全面发展、有社会主义觉悟的有文化的劳动者,关键在教师。"② 高校教师是教育事业的主体,是教书育人事业的直接承担者。高校教师队伍素质的高低直接影响人才培养质量的高低,尤其是高校教师的道德修养、价值观念对学生产生深远的影响。

目前,中国已经形成了世界上规模最大的高等教育体系,全国各类高等教育在学总规模达到 3779 万人。③ "今天的学生就是未来实现中华民族伟大复兴中国梦的主力军,广大教师就是打造这支中华民族'梦之队'的筑梦人。"④ 这支"筑梦人"队伍的建设关系中华民族伟大复兴中国梦能否顺利实现。建立健全高校师德建设长效机制,加强高校教师的师德师风建设,不断增强广大高校教师的时代使命感和社会责任感,培养高尚的道德情操,使高校教师以饱满的精神状态和敬业奉献的满腔热情,为国家培养出德智体美劳全面发展的社会主义建设者和接班人,为实现中华民族伟大复兴的中国梦提供重要人才支撑。

---

① 《习近平谈治国理政》第三卷,外文出版社 2020 年版,第 328—329 页。
② 《邓小平文选》第二卷,人民出版社 1994 年版,第 108 页。
③ 习近平:《思政课是落实立德树人根本任务的关键课程》,《求是》2020 年第 17 期。
④ 习近平:《做党和人民满意的好老师——同北京师范大学师生代表座谈时的讲话》(2014 年 9 月 9 日),人民出版社 2014 年版,第 14 页。

当前，中华民族伟大复兴进入了关键时期，"我们对高等教育的需要比以往任何时候都更加迫切，对科学知识和卓越人才的渴求比以往任何时候都更加强烈"①。培养一支忠于党和人民的教育事业，乐于服务和奉献社会主义事业，具有高尚道德情操和爱国情怀的高校教师队伍，关乎党和国家的事业后继有人，关乎科教兴国战略、人才强国战略、创新驱动发展战略的有效实施。因此，必须站在实现中华民族伟大复兴的战略全局高度，建立健全高校师德建设长效机制，不断加强高校教师的思想政治教育和师德师风建设。

（二）高校师德建设长效机制是推进中国式教育现代化的内在要求

"加快教育现代化，是我国教育事业发展的总要求和目标。建设具有中国特色、世界水平的现代教育，是中国特色社会主义迈入新时代的重要使命。"② 中国式教育现代化是中国式现代化的重要组成部分，是全面建成社会主义现代化强国，实现"两个一百年"奋斗目标的基础性工程。中国式现代化的进程也是中国式教育现代化的进程，在中国式现代化发展的过程中，教育现代化起着重要的支撑作用。新技术革命和信息技术革命对高等教育产生了巨大影响，引发了教育发展形态的变革，高等教育只有不断适应新形势的发展变化，提高教育治理体系和治理能力现代化水平，推进教育现代化发展，才能在激烈的国际教育竞争中立于不败之地，才能不断推动中国式现代化向前发展。

党的十九大报告明确提出，"深化教育改革，加快教育现代化，办

---

① 《习近平在全国高校思想政治工作会议上强调　把思想政治工作贯穿教育教学全过程　开创我国高等教育事业发展新局面》，《人民日报》2016年12月9日第1版。

② 教育部课题组：《深入学习习近平关于教育的重要论述》，人民出版社2019年版，第8页。

好人民满意的教育"的总要求。教育现代化是中国迈向教育强国，实现人才强国、科技强国的关键一步，是全面建成社会主义现代化强国的重要保障。习近平总书记强调，要"在加快推进教育现代化的新征程中培养担当民族复兴大任的时代新人"[①]。中国进入了新的历史发展阶段，人的全面发展和社会的全面进步对高等教育提出更高要求，必须加快推进教育现代化，建设符合国家发展需要，满足人民群众期待的现代高等教育。2019年，中共中央、国务院针对中国式教育现代化，特别印发《中国教育现代化2035》，提出"到2035年，总体实现教育现代化，迈入教育强国行列……为到本世纪中叶建成富强民主文明和谐美丽的社会主义现代化强国奠定坚实基础"[②]的建设目标。

教育现代化是根据新形势、新变化，结合教育实际情况，创新教育体制机制改革，创新教师队伍管理模式，提高教育治理体系和教育治理能力现代化的过程。教师是教育发展的第一资源，教师队伍建设是教育现代化的基础性工作。教育现代化的基础是教师队伍的现代化，"没有高水平的教师队伍，就没有高质量的教育"[③]，建立健全高校师德建设长效机制，对推进教师队伍现代化，促进高等教育现代化发展具有重要意义。

首先，建立健全高校师德建设长效机制，是推进高等教育现代化的内在要求。《中国教育现代化2035》着眼于中国教育事业的长远发展，聚焦当前教育发展中的突出问题和薄弱环节，重点部署了面向教育现代化的十大战略任务。其中，建设高素质专业化创新型教师队伍

---

① 《习近平谈治国理政》第四卷，外文出版社2022年版，第339页。
② 《中国教育现代化2035》，http：//www.moe.gov.cn/jyb_xwfb/s6052/moe_838/201902/t20190223_370857.html。
③ 胡锦涛：《在全国优秀教师代表座谈会上的讲话》（2007年8月31日），人民出版社2007年版，第4页。

是一大战略任务，要"大力加强师德师风建设，将师德师风作为评价教师素质的第一标准，推动师德建设长效化、制度化"①，为推动教育现代化提供重要人才支撑。《中国教育现代化2035》明确提出，教师队伍建设的重点是加强师德师风建设，教师队伍建设的方向是形成长效化、制度化的师德建设体系。因此，建立健全高校师德建设长效机制，是中国教育现代化的内在要求。

其次，社会现代化的本质是人的现代化，教育现代化的基础和关键是教师队伍的现代化，建立健全高校师德建设长效机制，有利于促进高校教师队伍的现代化发展。教师队伍现代化要求打造一支高素质专业化创新型教师队伍，其中高素质为首要要求。在教师的素质构成中，师德占首位，这是由中国特色社会主义教育事业的性质所决定的，也是由高等教育事业落实立德树人的根本任务所决定的。"师德素养重于教育教学技能，中国式教师队伍现代化的鲜明特征是强调'师德第一标准'"②，提高高校教师师德修养是教师队伍现代化的首要任务。因此，建立健全高校师德建设长效机制，提高高校教师的道德素养，是高校教师队伍现代化发展的内在要求。

最后，教师队伍管理的现代化是高等教育现代化的重要方面，建立健全高校师德建设长效机制，有利于促进高校教师队伍管理科学化、制度化、规范化，从而提升高校教育治理体系和教育治理能力现代化水平。教育现代化就是要坚持问题导向，聚焦教育治理中的难点问题，不断改革创新体制机制，以适应新形势的新变化、新要求。高校师德建设长效机制是应对当前高校师德领域出现的问题而提出的长效化、

---

① 《中国教育现代化2035》，http：//www.moe.gov.cn/jyb_xwfb/s6052/moe_838/201902/t20190223_370857.html。
② 龙宝新：《中国式教师队伍现代化：内涵、特征与走向》，《教师发展研究》2022年第4期。

系统化、制度化的体制机制,是高校师德建设现代化的集中体现,也是创新高校教师管理体制机制的重要体现。高校师德建设长效机制遵循高校教师的成长规律及高校师德建设的内在规律,以教师为中心,坚持以教师为本的理念,以促进高校教师的全面发展为目标,关心关怀高校教师的成长,充分尊重教师的道德诉求,纾解教师的道德困惑,体现了高校教师队伍管理理念的现代性和先进性。

因此,建立健全高校师德建设长效机制,不仅是塑造一支高素质专业化新型高校教师队伍的内在要求,是教育治理体系和治理能力现代化的体现,也是推进具有中国特色、世界水平的中国式教育现代化的需要。

(三) 高校师德建设长效机制是社会主义精神文明建设的客观要求

"社会主义精神文明是社会主义社会的重要特征,是社会主义现代化建设的重要组成部分。"[①] 党中央高度重视精神文明建设,改革开放以来,一直坚持物质文明和精神文明"两手抓、两手都要硬"。党的二十大报告指出,中国式现代化是物质文明和精神文明相协调的现代化,要"把精神文明建设贯穿改革开放和现代化全过程、渗透社会生活各方面"[②],不断加强社会公德、职业道德、家庭美德、个人品德建设,在全社会弘扬崇德向善的社会风气。社会主义思想道德建设是社会主义精神文明建设的重要方面,高校师德师风建设是社会主义思想道德建设体系的重要内容。建立健全高校师德建设长效机制,加强高校师德师风建设,有利于推动社会主义精神文明建设,促进社会主义道德整体水平的提升,为实现中华民族伟大复兴中国梦凝聚强大精神力量,

---

① 本书编写组:《不忘初心——坚守中国共产党人的精神家园》,人民出版社2016年版,第157页。

② 《习近平谈治国理政》第二卷,外文出版社2017年版,第324页。

提供有力道德支撑。

首先,高校教师从事精神生产的实践活动,他们既是文明的传承者、马克思主义道德观的坚守者,也是社会主义核心价值观的主要传播和积极践行者。高校教师的劳动直接作用于精神生活领域,学生通过接受教育提高自身的知识文化水平和精神文明水平。高校教师承担着培育时代新人的使命任务,"育新人,就是要坚持立德树人、以文化人,建设社会主义精神文明、培育和践行社会主义核心价值观,提高人民思想觉悟、道德水准、文明素养,培养能够担当民族复兴大任的时代新人"[1]。高校教师通过教育实践活动,将自身的道德观念传递给学生,进行道德教化,大力弘扬马克思主义道德观,改造学生的精神世界,提高大学生的思想道德水平,从而培养坚定信仰并积极践行社会主义核心价值观的时代新人。

青年学生是国家和民族事业未来的建设者和接班人,"青年的价值取向决定了未来整个社会的价值取向"[2],对整个社会的风气产生深远影响。从长远发展来看,高校教师不仅是学生良好道德品格的塑造者,更是社会主义精神文明建设的建设者。高校教师道德水平的高低,直接影响学生的思想观念和道德品行,从而影响整个社会的文明水准。

因此,推动社会主义精神文明建设,必须建立健全高校师德建设长效机制,加强高校教师的师德师风建设,将社会主义核心价值观融入师德师风建设的全过程,促使高校教师培育和践行社会主义核心价值观。高校教师用自身良好的道德修养教育和影响学生,提高青年学生的思想道德水平,从而促进全民道德水平的提升。

其次,高校是社会主义精神文明的高地,是社会的灯塔,加强高

---

[1] 《习近平谈治国理政》第三卷,外文出版社2020年版,第312页。
[2] 《习近平谈治国理政》第一卷,外文出版社2018年版,第172页。

校师德师风建设，对社会主义精神文明建设具有促进作用。首先，高校教师承担着社会服务的重要职责，他们通过开展文艺创作、科学知识普及、社会主义核心价值观的宣传教育、广大群众的宣传思想教育等方式，促进社会不良风气的改变，弘扬时代新风，推进公民道德建设。高校教师还通过开展社会调查研究，以著书立说，发表评论文章等形式，针砭时弊，批判和抨击社会不良风气和不良道德现象，在社会上广泛倡导正确的道德观念，弘扬正气，不断促进社会主义精神文明的建设。

其次，职业道德建设是社会主义道德建设体系中的重要内容，加强和规范高校教师的职业道德建设，有利于促进社会主义职业道德建设。职业生活是人们生活的重要组成部分，加强职业道德建设，促使各行各业规范有效、社会关系和谐稳定，对社会主义道德整体水平的提升起到重要的促进作用。在众多社会职业中，高校教师是一个特殊的崇高的职业，其职业道德建设的状况和水平，对社会其他职业的道德建设起着榜样示范作用，引领着社会职业道德的建设与发展。

再次，高校教师是一个特别的道德主体，他们的道德行为在社会上发挥重要的示范效应。在古代，教师是道德的象征和化身，是普通百姓学习的榜样。在现代社会，高校教师是具有一定知识涵养和较高道德水平的先进知识分子。他们在人民群众心目中具有较高的威望，拥有较高的社会地位和社会期待，他们的行为举止在社会上极易产生较大影响。在社会的广泛交往中，高校教师的行为很容易成为人们效仿的对象，高校教师良好的道德修养、高尚的行为品行，对人们的行为起到示范作用，有利于在全社会形成良好的道德风尚。反之，高校教师出现不良道德行为，不仅有损高校教师的形象，还会在社会上起到负面效应。

因此，建立健全高校师德建设长效机制，要引导高校教师自觉成为社会主义核心价值观的模范践行者和率先垂范者，充分发挥高校教师的行为感召力和群众引领力，"积极引导人们讲道德、尊道德、守道德，追求高尚的道德理想，不断夯实中国特色社会主义的思想道德基础"①。

最后，加强高校师德师风建设，有利于在全社会形成尊师重教的良好风气。中国自古以来就有尊师重教的传统，但近年来由于一些负面的师德事件影响，导致高校教师的形象在人民群众心目中有所改变，社会上对高校教师的敬意有所降低。教师如果自身品行不端，不能很好地履行社会责任及义务，没有发挥教师应有的社会角色作用，尊师重教将无从谈起。要赢得人们的尊敬，高校教师自身必须先提高道德修养，以高尚的道德情操、良好的行为品行，赢得人民群众的良好评价，获得良好社会信誉。因此，建立健全高校师德建设长效机制，加强高校师德师风建设，有利于尊师重教的良好风气在社会上得以弘扬，从而促进社会主义精神文明建设的发展。

"丰富人民精神世界，实现全体人民共同富裕"②，是党的二十大报告中提出的中国式现代化的本质要求。加强社会主义精神文明建设，是丰富人民的精神世界，满足人民日益增长的美好生活需要，实现全体人民精神共同富裕的主要手段。建立健全高校师德建设长效机制，有利于推动社会主义精神文明建设，提高全民道德素质，丰富人民的精神世界，促进中国式现代化发展。

---

① 《习近平谈治国理政》第一卷，外文出版社2018年版，第163页。
② 习近平：《高举中国特色社会主义伟大旗帜 为全面建设社会主义现代化国家而团结奋斗——在中国共产党第二十次全国代表大会上的报告》（2022年10月16日），人民出版社2022年版，第23—24页。

二　高校师德建设长效机制高校层面的价值

一流的高等教育离不开一流的高校教师队伍，高校教师队伍建设水平的高低直接决定着高等教育发展的高度，高校师德师风建设的重要性不言而喻。教师占据着高校办学的主体地位，其职业道德水平的高低，直接影响高校能否落实好"立德树人"的根本任务，能否为党和国家的事业培养出合格建设者和可靠接班人，能否发挥好高校应有的社会职能，推动社会经济发展与进步。正如教育家梅贻琦所言："所谓大学者，非谓有大楼之谓也，有大师之谓也。"[①] 高校教师不仅要有渊博的学识，高超的育人本领，善于向学生传授知识和思想，更要有高尚的道德情操，以其独特的人格魅力感染和教育学生。建立健全高校师德建设长效机制，加强高校教师的师德师风建设，是高校落实"立德树人"根本任务、提高办学治校水平、推动内涵式发展、提高人才培养质量的内在要求，也是办好人民满意的大学的迫切需要。

（一）高校师德建设长效机制是办好中国特色社会主义高校的现实需要

"我国有独特的历史、独特的文化、独特的国情，决定了我国必须走自己的高等教育发展道路，扎实办好中国特色社会主义高校。"[②] 中国的国情决定了中国办什么样的高校，如何办好高校。中国特色社会主义高校与西方高校有着本质区别，中国特色社会主义高校承担着"为人民服务，为中国共产党治国理政服务，为巩固和发展中国特色社

[①] 中共中央文献研究室：《十八大以来重要文献选编》中，中央文献出版社2016年版，第9页。

[②] 《习近平谈治国理政》第二卷，外文出版社2017年版，第376页。

会主义制度服务,为改革开放和社会主义现代化建设服务"① 的重要职责。中国高等教育的根本任务是"培养一代又一代拥护中国共产党领导和我国社会主义制度、立志为中国特色社会主义事业奋斗终身的有用人才"②。中国高校的特殊属性决定了高校教师承担着最庄严、最神圣的使命,同时也对高校教师的师德师风提出更为严格的要求。建立健全高校师德建设长效机制,提高高校教师的师德素养,促使高校教师认清自身肩负的重要职责,自觉承担起时代所赋予的使命任务具有重要意义。

首先,建立健全高校师德建设长效机制,加强高校教师的师德师风建设,不断增强高校教师的政治素养,使其坚定正确的政治方向,忠于党和国家的教育事业,有利于确保党对高等教育事业的全面领导,促进中国特色社会主义高校向前发展。"坚持党对教育事业的全面领导,是办好我国教育事业的根本保证。"③ 提高高校教师的政治素养是加强高校教师师德建设的首要要求,高校教师从事党和国家的教育事业,必须做中国共产党执政的坚定拥护者和支持者,遵守党的政治纪律。如果高校教师政治素质不过硬,不具备一定的政治觉悟和政治素养,不拥护党的执政地位,在课堂内外公然宣扬错误的思想观念和政治偏见,党和国家的教育事业将面临变质变色的危险,不利于下一代接班人的培养。

在中国,高校教师是马克思主义的传道者,这就要求高校教师要自觉做马克思主义的坚定信仰者、忠实传播者和积极践行者,先明道、信道而后才更好地传道,尤其是党员教师更要做到"在党爱党、在党

---

① 《习近平谈治国理政》第二卷,外文出版社 2017 年版,第 377 页。
② 习近平:《思政课是落实立德树人根本任务的关键课程》,《求是》2020 年第 17 期。
③ 教育部课题组:《深入学习习近平关于教育的重要论述》,人民出版社 2019 年版,第 4 页。

言党、在党为党"。① 作为承担高校思想政治理论课这一关键课程的思政课教师,更应率先垂范做马克思主义的坚定信仰者,做党的创新理论的积极宣传者。思政课教师政治要强、情怀要深、思维要新、视野要广、自律要严、人格要正,做高校教师的榜样示范,引领高校教师队伍的建设与发展。

其次,建立健全高校师德建设长效机制,有利于中国特色社会主义高校落实立德树人根本任务。社会主义高校以落实立德树人为根本任务,立德树人是高校的立身之本。习近平总书记强调,"要把立德树人的成效作为检验学校一切工作的根本标准,……要把立德树人内化到大学建设和管理各领域、各方面、各环节,做到以树人为核心,以立德为根本"②。立德树人突出德育在学校教育中的核心位置,强调教育的首要任务是促进人的德行成长。高校教师要树立立德树人的育人观,将育人放在人才培养的首位,善于用自己的学识点燃学生对真善美的向往,用社会主义核心价值观浸润学生的心灵,在学生的心中种下真善美的种子。加强高校师德师风建设,使高校教师深刻认识立德树人的科学内涵,自觉树立育人为本的教师职业观,不断增强育人本领和能力,丰富育人实践。

高校教师以德服人、以德育人的前提是其自身拥有高尚的师德,为学生树立良好的道德榜样,成为学生品格、品行、品位的"大先生"。高校教师只有自觉遵守职业道德,做到"四个相统一",才能真正做到"以德立身、以德立学、以德施教"③,培养出具有高尚道德情操的、德智体美劳全面发展的社会主义事业建设者和接班人;才能以

---

① 《习近平谈治国理政》第二卷,外文出版社2017年版,第379页。
② 习近平:《在北京大学师生座谈会上的讲话》(2018年5月2日),人民出版社2018年版,第7页。
③ 《习近平谈治国理政》第二卷,外文出版社2017年版,第379页。

崇高的使命感和责任感，自觉担负起大学生健康成长的指导者和引路人的责任。

高校教师的政治素养和道德水平的高低，直接影响其在教育教学活动中是否充分发挥主观能动性，自觉将思想政治工作贯穿到教育教学全过程。加强高校师德师风建设，引导教师自觉用社会主义核心价值观教育学生，使学生树立正确的世界观、人生观、价值观；用科学的思维和方法启迪学生，让学生深刻感悟马克思主义的真理力量，学会用马克思主义立场、观点、方法认识世界和改造世界；用自身高尚的道德品行，言传身教影响和教育大学生。

最后，建立健全高校师德建设长效机制，有利于中国高等教育顺利推进"双一流"建设。目前中国正在积极推进"双一流"建设，"双一流"建设首先要有一流的师资，而一流的师资首先体现为教师具有良好的师德修养，其次才是深厚的学术造诣。可以说，高校教师队伍的素质直接决定着高校办学能力和水平的高低。建立健全高校师德建设长效机制，是高校长期、有效、持续开展师德建设的重要手段，是保障高校办学质量和水平，促进教育现代化发展的有力保证，同时也是中国高校推进"双一流"建设的重要保障。

当前，"我国高等教育正处于内涵发展、质量提升、改革攻坚的关键时期和全面提高人才培养能力、建设高等教育强国的关键阶段"[①]，必须以建立健全高校师德建设长效机制为重要抓手，建设一支师德高尚、素质优良、业务能力精湛的一流师资队伍，促进中国高等教育事业的发展，办好中国特色社会主义高校。

---

① 《教育部关于加快建设高水平本科教育全面提高人才培养能力的意见》，http：//www.moe.gov.cn/srcsite/A08/s7056/201810/t20181017_351887.html。

（二）高校师德建设长效机制是做好新时代高校思想政治工作的内在要求

党的十八大以来，党中央高度重视高校思想政治教育工作，强调"思想政治工作是学校各项工作的生命线"①。"思想政治工作从根本上说是做人的工作"②，具体而言，高校的思想政治工作就是要做好教师和学生这两大群体的思想政治教育工作，用习近平新时代中国特色社会主义思想武装高校师生的头脑。2016 年，中共教育部党组发布的《关于学习贯彻落实全国高校思想政治工作会议精神的通知》明确指出，"加强和改进高校思想政治工作，要紧紧围绕教师和学生两大群体，做到齐头并进，学生抓灌输、教师抓培训、干部抓表率、领导抓责任"③。高校教师既是高校思想政治教育工作的主体，也是高校思想政治教育工作的对象。建立健全高校师德建设长效机制，提高高校教师思想政治素养和师德师风水平，不仅是做好高校教师思想政治工作的需要，也是做好大学生思想政治教育工作的要求，有利于从整体上推进新时代高校思想政治工作，增强高校思想政治工作的实效性。

首先，建立健全高校师德建设长效机制，是加快构建高校思想政治工作体系的内在要求。习近平总书记强调，"加强党的领导和党的建设，加强思想政治工作体系建设，是形成高水平人才培养体系的重要内容"④，加强思想政治工作体系建设，确保党对教育事业的全面领导。

---

① 《坚持中国特色社会主义教育发展道路 培养德智体美劳全面发展的社会主义建设者和接班人》，《人民日报》2018 年 9 月 11 日第 1 版。
② 《习近平在全国高校思想政治工作会议上强调 把思想政治工作贯穿教育教学全过程 开创我国高等教育事业发展新局面》，《人民日报》2016 年 12 月 9 日第 1 版。
③ 《中共教育部党组关于学习贯彻落实全国高校思想政治工作会议精神的通知》，http：//www.moe.gov.cn/srcsite/A13/moe_772/201612/t20161223_292849.html。
④ 习近平：《在北京大学师生座谈会上的讲话》（2018 年 5 月 2 日），人民出版社 2018年版，第 10 页。

2020年,《教育部等八部门关于加快构建高校思想政治工作体系的意见》提出,加快推进构建全员、全程、全方位的育人系统体制机制,提高高校思想政治工作的质量和水平。高校思想政治工作体系贯穿教育教学活动的始终,主要包括理论武装体系、学科教学体系、日常教育体系、管理服务体系、安全稳定体系、队伍建设体系、评价督导体系等方面。其中,队伍建设体系要求"构建全校齐抓教师思想政治素质的工作体系""推动师德建设常态化长效化"①,建设一支高水平教师队伍。可见,建立健全高校师德建设长效机制,加强高校教师的队伍建设,是加快构建高校思想政治工作体系的重要内容,是做好高校教师思想政治教育工作的内在要求。

一方面,高校是重要的思想文化阵地,处于意识形态阵地的前沿,是各种错误思潮争相抢滩登陆的地方,"我国高校容纳了哲学社会科学70%以上的研究人员和2/3的研究成果"②。高校教师人员构成复杂,思想活跃。在全球思想文化交流争锋的背景下,高校面临着更为严峻的意识形态渗透的压力,这就要求我们必须牢牢掌握高校思想政治工作的主动权、领导权,尤其要高度重视高校教师的思想政治教育工作,加强高校师德师风建设,帮助高校教师坚定理想信念,坚定正确的政治方向。在学术研究的过程中,引导高校教师正确处理探索性学术问题和严肃政治问题的关系,避免出现意识形态问题。

另一方面,高校教师作为教育者,要先接受教育。加强高校教师的政治理论学习,提高高校教师的政治素养,既是高校教师思想政治

---

① 《教育部等八部门关于加快构建高校思想政治工作体系的意见》,http://www.moe.gov.cn/srcsite/A12/moe_1407/s253/202005/t20200511_452697.html。
② 教育部课题组:《深入学习习近平关于教育的重要论述》,人民出版社2019年版,第36页。

教育工作的重要内容，也是高校师德师风建设的首要方面。建立健全高校师德建设长效机制，要建立常态化、规范化的教师政治理论学习制度，不断提高高校教师的政治素养和师德水平。要以党建为引领，通过加强教师党支部建设，规范高校教师党支部政治理论学习制度，发挥党员教师的示范引领作用，带动全体教师不断提高自身政治素养。

其次，高校教师作为高校思想政治教育工作的行为主体，在提升高校思想教育工作实效方面发挥着重要作用。建立健全高校师德建设长效机制，提高高校教师的师德素养和水平，有利于充分发挥高校教师在思想政治教育工作中的主动性、积极性和创造性，有效推动高校思想政治教育工作增质提效。

2017年，教育部颁布《高校思想政治工作质量提升工程实施纲要》，要求将高校思想政治工作贯穿于办学治校各领域，教育教学各环节，人才培养各方面，切实构建"十大育人"体系，实行全员、全过程、全方位育人。以往大学生思想政治教育工作主要由专门从事该项工作的专职人员进行，如辅导员、思政课教师、党群工作人员等，而"十大育人"体系的构建、"三全育人"理念的提出，则要求挖掘高校各群体、各岗位的育人元素，对不同岗位的人员，都提出做好思想政治教育工作的具体要求，全员参与思想政治教育工作，自觉将思想政治教育工作贯穿于自身所从事的教育教学、管理服务的实践中。

"十大育人"体系的构建及"三全育人"理念的提出，对高校教师的思想政治素养、师德师风、育人能力和本领均提出更高的要求。各专任教师要按照"课程育人"的要求，将思想政治教育工作与课程教学相结合，深入挖掘各门课程中的思想政治教育元素和所承载的思想政治教育功能，推动"课程思政"建设。科研人员要按照"科研育人"的要求,将价值取向与学术取向相结合,在科学研究的实践中,培养师生的爱国热情、至诚报国的理想信念、敢为人先的科学精神、开拓创新的进取精神和严谨求实的科研作风。管理人员要落实"管理育人"的要求,转变管理思维和模式,不断提高师生管理服务水平,发挥管理育人功效。各类服务岗位的人员要落实"服务育人"的要求,在服务师生中提高育人能力,在服务人中教育人、引导人。

高校不同岗位的工作人员如果不具备一定的思想政治素质和育人能力,则很难落实"三全育人"的要求。因此,为顺利推进"十大育人"体系的构建、落实"三全育人"的要求,高校必须建立健全师德建设长效机制,不断提高全体人员的思想政治素养,加强师德师风建设,不断增强育人本领和能力,教育和引导高校教师将思想政治教育工作贯穿于自身所从事的具体工作中。

(三) 高校师德建设长效机制是大学文化建设的重要部分

大学文化是"高校师生在长期的办学过程中培育形成并共同遵循的目标追求、价值标准、基本信念和行为准则"[1],是一所大学的独特标志和精神内核,是大学办学治校的思想根基。大学文化在师生价值认同、情感陶冶、心灵感化、行为养成等方面发挥着重要育人功效,对师生的价值观培育、人格塑造和个性养成,起到润物细无声的教化和引导作用。推进大学文化建设,发挥大学文化育人功能,必须"把培育良好师德师风作为大学校园文化建设的核心内容"[2],将师德师风

---

[1] 戴小明:《师德:大学文化之魂》,《湖北民族学院学报》(哲学社会科学版) 2012年第3期。
[2] 《教育部关于建立健全高校师德建设长效机制的意见》,http://www.moe.gov.cn/srcsite/A10/s7002/201409/t20140930_175746.html。

建设放在校园文化建设的首位。

首先,教师文化是大学文化的重要组成部分,培育高尚的教师文化是推进大学文化建设的重要方面。高校教师文化是高校教师在一定的大学文化氛围中,形成的相对稳定的教育教学思想观念、价值理念和角色认同等,并基于此形成一套行为模式。每个高校都有着其自身独特的教师文化,影响着高校教师的教育教学行为。教师文化归根到底是师德文化,师德文化是教师文化的核心。建构高校教师文化的本质要求是加强高校师德师风建设,良好的师德师风能促进高尚的教师文化养成,从而推动大学文化的建设与发展。建设先进大学文化,涵育崇高的教师文化,必须建立健全高校师德建设长效机制,持之以恒地加强高校师德师风建设。

其次,加强高校师德建设,对高校净化校风、教风、学风具有促进作用。对一所大学而言,校风、教风、学风是其大学文化的灵魂所在,是大学文化的直接体现。教师的师德师风影响良好校风、教风、学风的形成,影响健康向上的校园文化的塑造,进而影响其育人成效。当前,中国高等教育存在"教育重知识、轻素质状况尚未得到根本扭转,教风、学风亟待进一步净化"[①]的突出问题。校风、教风、学风三者相互影响,共同促进,其中教风起着关键作用。教风是教师在长期的教育教学实践中形成的稳定的风气,主要涉及教学精神、教学态度、教学作风等方面,是教师队伍的道德素养、行为作风的集中体现。教风是校风的重要组成部分,好的教风是学校的一面精神旗帜,教师的整体精神风貌对学生的学风、学校的校风起着重要促进作用。教风不严会导致学风不浓、校风不正。因此,解决当前高校存在的教风、学

---

① 《习近平谈治国理政》第三卷,外文出版社2020年版,第347页。

风亟须净化的突出问题,要从教风抓起,从高校教师的师德师风建设抓起。

建立健全高校师德建设长效机制,在净化高校教风、学风,营造良好的校园文化氛围方面具有重要意义。教风是高校师德建设的重要内容,加强高校师德师风建设,涵养高尚的教风、学风,充分发挥教风、学风的引领作用,从整体上改善校风,促进先进大学文化的建设,推动高校的高质量发展。

再次,高校教师是大学文化的创造者、传承者和弘扬者,教师的精神风貌影响大学文化的塑造。一般认为,大学文化是由物质文化、制度文化、行为文化和精神文化四部分组成,建立健全高校师德建设长效机制,加强师德师风建设,应从以上四个不同层面丰富大学文化。物质文化是大学文化的物质形态,其主要表现形式是具有浓厚人文气息的校园环境。高校师德建设长效机制的构建,要求丰富和完善师德宣传教育方式,通过打造具有师德文化特色的校园精神文明建设标志物、德育文化标志、师德文化长廊等,丰富物质文化,充分发挥物质文化的环境熏陶、教化作用。高校师德建设长效机制,是大学制度文化建设的重要内容,通过完善高校师德建设的各项体制机制,进一步丰富大学制度文化。加强高校师德师风建设,促使高校教师自觉养成良好的行为习惯,用自身的行动,丰富和塑造高校健康向上的行为文化。大学精神是大学文化最深层次的内核,是被"大学人广泛认可的理想信念、价值追求、办学理念、道德准则、思维方式等的集中体现"[①]。建立健全高校师德建设长效机制,培育和涵养高校教师认真严谨的教学精神,"甘为孺子牛"的

---

① 张立学:《以文化人:大学文化育人研究》,人民出版社2019年版,第29页。

敬业奉献精神，勇攀科学高峰、不懈追求真理的科研精神，不断丰富大学精神文化的内涵。

最后，结合本地本校实际，建立健全高校师德建设长效机制，创建独具特色的师德文化，有利于推进高校校园文化品牌建设。大学文化具有历史继承性，每所大学在其发展历程中都形成了具有自身特色的大学文化。虽然各个大学文化的内涵有所不同，但是都包含高尚的师德文化。大部分高校教师具有较为崇高的师德，他们在各自的工作岗位上兢兢业业，为党和国家教育事业培养合格的接班人而殚精竭虑。高校对身边涌现的真人真事加以宣传包装，创建师德品牌文化，不仅有利于广泛弘扬人民教师的崇高品格、起到模范带头作用，而且有利于推进大学文化的品牌建设。近年来，高校教师的工作越来越受到重视，各高校不断加强师德师风品牌建设，打造名师品牌，弘扬高尚师德，在社会上引起高度关注。

世界一流大学的建设，需要先进大学文化的支撑。在大学文化的场域中，高校教师是大学文化的建设主体。建立健全高校师德建设长效机制，加强高校师德师风建设，充分发挥高校教师的主体作用，丰富大学先进文化，发挥大学文化的育人功能，涵养师生的心灵，涵育师生的品行，全面提升人才培养质量。

（四）高校师德建设长效机制是深化教师队伍建设改革的重要内容

国家繁荣、民族振兴、教育发展，离不开一支"师德高尚、业务精湛、结构合理、充满活力的高素质专业化教师队伍。"[①] 一直以来，党中央都高度重视教师队伍的建设发展，把教师队伍的建设当成基础工程

---

① 习近平：《做党和人民满意的好老师——同北京师范大学师生代表座谈时的讲话》（2014年9月9日），人民出版社2014年版，第4页。

来抓。2018年，全国教育大会就教育改革发展提出一系列新理念、新思想、新观点，"九个坚持"①是对教育事业规律性认识的深化，是中国在长期办学实践中得出的宝贵经验和总结。"坚持把教师队伍建设作为基础工作"②，是"九个坚持"的基本立足点。

《中共中央 国务院关于全面深化新时代教师队伍建设改革的意见》是新中国成立以来，党中央出台的第一份专门针对教师队伍建设的文件，具有里程碑意义，是新时代深化教师队伍建设改革的思想指南和行动纲领。该意见分析了当前教师队伍建设状况，认为当前教师队伍的建设还不能完全适应新方位、新征程、新使命的需要。为适应新形势的发展需要，必须深化高校教师队伍建设改革，聚焦和切实解决当下高校教师队伍建设中的难题。教师思想政治素质和师德师风问题，是摆在教师队伍改革建设中的突出问题，"有的教师素质能力难以适应新时代人才培养需要，思想政治素质和师德水平需要提升，专业化水平需要提高"③，要"把提高教师思想政治素质和职业道德水平摆在首要位置"④。该意见强调要"健全师德建设长效机制，推动师德建设常态化长效化，创新师德教育，完善师德规范"⑤。对于高校而言，更要高度重视教师队伍的建设，建立健全高校师德建设长效机制，不断"深化高校人才队伍建设改革，建设高素质教师队伍，培养更多

---

① 《习近平在全国教育大会上强调 坚持中国特色社会主义教育发展道路 培养德智体美劳全面发展的社会主义建设者和接班人》，《人民日报》2018年9月11日第1版。
② 《习近平在全国教育大会上强调 坚持中国特色社会主义教育发展道路 培养德智体美劳全面发展的社会主义建设者和接班人》，《人民日报》2018年9月11日第1版。
③ 《中共中央 国务院关于全面深化新时代教师队伍建设改革的意见》，人民出版社2018年版，第3页。
④ 《中共中央 国务院关于全面深化新时代教师队伍建设改革的意见》，人民出版社2018年版，第5页。
⑤ 《中共中央 国务院关于全面深化新时代教师队伍建设改革的意见》，人民出版社2018年版，第9页。

一流人才"①。

2020年，教育部等六部门颁布《关于加强新时代高校教师队伍建设改革的指导意见》（以下简称《指导意见》）。《指导意见》就新时代加强高校教师队伍建设改革提出明确的指导意见，是新时代深化高校教师队伍建设改革的具体行动指南。《指导意见》针对当前高校教师思想政治工作实效性有待提高、师德建设长效机制不够完善等问题，提出新时代深化高校教师队伍建设改革，要"以强化高校教师思想政治素质和师德师风建设为首要任务"②。通过加强思想政治引领、培育弘扬高尚师德、强化师德考评等措施，建立健全高校师德建设长效机制，不断提升高校教师的思想政治素质和师德素养。

《中共中央 国务院关于全面深化新时代高校教师队伍建设改革的意见》提出，新时代深化高校教师队伍建设改革，到2035年，要实现教师管理体制机制更加科学高效，教师队伍治理体系和治理能力现代化的目标③。要实现这一目标，必须不断创新教师队伍管理的体制机制，优化教师队伍管理的顶层设计。建立健全完善的高校师德建设长效机制，不断提高教师管理的科学化水平，破解高校师德师风建设中的瓶颈问题。

深化高校教师队伍改革，要始终将师德师风建设放在首位，以师德师风建设为深化教师教育改革的突破口和着力点；要以教育评价改革为牵引，将师德师风作为评价教师的第一标准，不断深化教师管理综合改革，提升高校教师的师德素养和教书育人能力素质。建立健全

---

① 《习近平谈治国理政》第四卷，外文出版社2022年版，第340页。
② 《教育部等六部门关于加强新时代高校教师队伍建设改革的指导意见》，http://www.moe.gov.cn/srcsite/A10/s7151/202101/t20210108_509152.html。
③ 《中共中央 国务院关于全面深化新时代教师队伍建设改革的意见》，人民出版社2018年版，第6页。

高校师德建设长效机制,加强师德监督和惩戒,对出现严重师德问题的教师,予以严厉惩处,实行师德严重违规全行业禁止准入制度,将害群之马清理出高校教师队伍,纯洁和净化高校教师队伍,建设一支高素质专业化创新型教师队伍。

新时代中国教师队伍建设进入了攻坚期和深水期,当前高校师德师风建设面临着许多新情况和新问题。随着时代的发展,高校教师的师资队伍结构发生了很大变化。随着高等教育扩招,高校教师人数急剧增加,而高校教师管理体制机制不够完善,导致高校教师的质量参差不齐。同时高校还面临着新老教师更替的局面,越来越多具有优良品质和高尚情怀的老一辈教育家由于年龄的原因,退出了高校教师岗位,越来越多的"90后"加入高校教师队伍。由于成长背景、知识学历背景不同,"90后"高校教师与老一辈教育家相比,呈现出一些新的特点。"90后"高校教师是在市场经济的大潮中伴随互联网长大的一代,他们的思维更为活跃、思想更为多元、观念更为开放、自我意识更强。"90后"高校教师的职业道德观念发生了很大变化,他们对职业的看法更为多样,不再一味追求"铁饭碗",社会上也曾经出现"90后"频繁跳槽的现象。新时代深化高校教师队伍建设改革,要时刻关注新情况、新变化,分析解决新问题。

如今,随着高校教师职业道德环境的改变,高校教师的职业道德观念也发生了很大的变化,可能会出现新的师德问题。近年来,高校师德失范问题的频繁发生,说明当前师德建设的措施和手段,不能完全适应新的形势的要求。建立健全长效化、制度化、规范化的高校师德建设长效机制,是解决当下高校教师师德失范问题的有效办法。因此,深化高校教师队伍改革,必须建立健全高校师德建设长效机制,根据新情况、新问题,采取新措施,不断提升高校师德建设的现代化、科学化水平，使高校教师真正"成为先进思想文化的传播者、党执政的坚定支持者、学生健康成长的指导者"①。

（五）高校师德建设长效机制是师德师风建设的有效手段

中国在长期的高等教育办学实践中，尤其在高校师德师风建设领域方面，进行了许多有益的探索，总结出了许多宝贵的经验。建立健全高校师德建设长效机制，就是在不断深化对高校师德问题的科学认识的基础上提出的有效解决措施。师德问题是高校常抓不懈的问题，建立健全常态化、高效化的高校师德建设长效机制，是当前做好高校师德师风建设工作的重要抓手。

建立健全高校师德建设长效机制，运用马克思主义立场、观点、方法分析解决高校师德问题，集中体现了矛盾、联系、发展的辩证法思想。

首先，建立健全高校师德建设长效机制，是运用矛盾分析方法分析解决高校师德问题。主要体现在以下三点。

一是坚持两点论和重点论，善于抓住主要矛盾。主要矛盾决定着事物的发展方向，加强高校师德师风建设，最主要的矛盾就是建立健全高校师德建设长效机制。没有一个长效化、规范化、制度化的师德建设长效机制，没有一个科学有效的高校师德管理体系，则不能从根本上解决高校师德师风的问题。当前部分高校没有建立健全高校师德建设长效机制，没有完善强有力的领导组织机制和问责机制，没有完善的宣传教育机制、监督机制、奖惩机制、保障机制，使得高校师德师风建设流于形式，陷入"一阵风，走过场"的尴尬境地，不能有效

---

① 教育部课题组：《深入学习习近平关于教育的重要论述》，人民出版社2019年版，第79页。

遏制高校师德失范现象的发生。

二是建立健全高校师德建设长效机制，善于抓住矛盾的主要方面，找准关键核心问题所在。矛盾的主要方面决定着事物的性质，高校师德建设长效机制是由若干个子机制构成的，其中领导组织机制起着核心作用，是矛盾的主要方面。没有坚强有力的领导核心和组织机构，高校师德师风建设将是纸上谈兵。加强和改进高校师德师风建设，关键在于领导。领导组织机制的建立，事关高校师德师风建设的成败。《教育部关于建立健全高校师德建设长效机制的意见》明确要求，要"建立和完善党委统一领导、党政齐抓共管、院系具体落实、教师自我约束的领导体制和工作机制，形成师德建设合力"①。高校是师德建设的责任主体，要建立学校党委领导下的，学校主要负责人为师德建设第一责任人，高校党委教师工作部为主要牵头部门，各相关部门责任落实到位的领导组织机制。学校党委要将师德问题作为高校教师队伍建设的首要问题来抓，作为事关教育工作全局的大事来抓，不断完善考核机制和问责机制，切实压紧压实责任落实，层层传导压力，将责任落实到人。学校领导和二级单位领导班子要将师德师风建设情况作为年度考核的重要内容，一旦出现师德失范行为，严格追究相关第一责任人的责任，从而不断推动高校师德师风建设工作落地见效。

三是建立健全高校师德建设长效机制，坚持运用对立统一的矛盾分析方法。完善奖惩制度，既要注重发挥奖励激励的正面作用，又要对师德失范行为采取严厉的惩戒手段，予以警戒。划清红线、底线，对触碰"红十条"的高校教师，予以严惩。坚持他律与自律相结合，既要健全外部监督机制，完善多元监督体系，起到他律的作用，同时

---

① 《教育部关于建立健全高校师德建设长效机制的意见》，http：//www.moe.gov.cn/srcsite/A10/s7002/201409/t20140930_175746.html。

又要注重激发高校教师的自主性和自觉性，使"他律"转化为"自律"，鼓励高校教师自重、自省、自警、自励，自觉养成良好的师德师风。坚持榜样示范与警示教育相结合。通过完善宣传教育机制，加强对师德先进人物的宣传，起到示范引领的作用，同时对师德失范的行为予以公开通报批评，进行警示教育。正向引导与反面警示相结合，充分发挥正反案例教育的作用，使得高校教师树立正确的师德观。坚持德治与法治相结合。高校师德建设长效机制注重通过宣传教育、示范引领、实践养成相统一的方式对高校教师进行师德教育，同时强化法治，对严重违法违纪的师德失范行为，移交相关部门，运用法律手段处理。

其次，建立健全高校师德建设长效机制，是用普遍联系的观点分析解决高校师德问题。高校师德师风问题不仅关涉高校，还关乎社会的方方面面，师德失范问题的发生有着深刻的社会渊源。高校师德建设长效机制运用普遍联系的观点，将高校师德建设置于社会的普遍广泛联系之中，注重发挥机制的内外联动作用，以及社会各系统的协调与合作。同时，在长效机制内部，注重各子机制之间建立互动联系，各机制之间相互配合，学校内部各职能部门、各二级单位之间加强沟通联系，相互"补台"，以发挥整体的最大功效。

再次，建立健全高校师德建设长效机制，是用发展的观点看待和解决高校师德师风问题。一方面，高校师德师风问题不是固定僵化的，而是随着时代的发展，社会形势的变化，不断呈现新的问题和新的挑战。高校师德建设长效机制坚持改革创新的原则，与时俱进，随着形势的发展变化不断做出动态调整。另一方面，高校师德师风建设是一个长期持续的过程，不是短期内能够有效解决的问题，长效机制的建立符合良好道德行为形成的规律。高校师德建设长效机制着眼于长期效应，通过建立长期的、规范化的体制机制，致力于高尚师德师风的长期养成，注重发挥环境潜移默化的教化作用，激发道德主体的内生动力。同时，高校师德建设长效机制通过严密的体制机制设计，强调常态化的师德教育，防止"一阵风"走过场的形式主义，有效遏制高校师德师风问题的反弹。

最后，建立健全高校师德建设长效机制，是用系统的观点、注重整体性的原则加强师德师风建设的顶层设计，增强工作的系统性、协同性，有效解决高校师德问题。高校师德建设长效机制拒绝采用"补丁"式的方法，哪里有问题"补"哪里，而是注重从全局出发，"突出全员全方位全过程师德养成"①。高校师德建设长效机制通过发挥各局部的作用，打好"组合拳"，形成完整的制度体系，织紧织牢高校师德建设之网，有效防范和预防高校师德失范问题的发生，提高高校教师道德修养，增强师德师风建设工作的实效性。

第二节 高校师德建设长效机制个体层面的价值

建立健全高校师德建设长效机制，对社会的发展、对党和国家的教育事业具有重要意义。在个体层面，加强高校师德师风建设，完善相关体制机制，不管是对教师，还是对学生都具有重要意义。对高校教师而言，"建立健全高校师德建设长效机制，从根本上遏制和杜绝高校师德失范现象的发生，切实提高高校师德建设水平，全面提升高校教师师德素养"②。高校师德建设长效机制既是教师职业行为的重要规

---

① 《中共中央 国务院关于全面深化新时代教师队伍建设改革的意见》，人民出版社2018年版，第5页。

② 《教育部关于建立健全高校师德建设长效机制的意见》，http://www.moe.gov.cn/srcsite/A10/s7002/201409/t20140930_175746.html。

范与约束，也是教学实践活动中各种复杂关系的重要调节手段。它不仅有利于提高高校教师的个人道德素养及职业道德水平，而且有助于构建良好和谐的师生关系、社会关系，维护良好的师表形象。对学生而言，高校教师思想政治状况、道德品行对其具有强烈的教育性和示范性，良好的师德师风有利于帮助学生树立正确的世界观、人生观、价值观，完善健全的道德人格，助力学生成长成才。

一　高校师德建设长效机制教师层面的价值

高校师德建设长效机制在高校教师的道德养成方面发挥着重要的作用，是高校教师加强自身道德建设的重要手段。高校师德建设长效机制，通过建立和完善一系列体制机制，强化外在的道德规范的约束和引导作用，进一步转化为高校教师的内在自我约束，成为自身的意志约束，为自身道德"立法"，从而促进高校教师的道德养成，提高高校教师的道德修养。高校教师的德行成长，有利于促进其专业能力的发展，促使高校教师成为全面发展的人。一名拥有专业技能但师德缺位的高校教师，不是一名合格的人民教师。在高校教师综合素质中，道德素质始终排在首位。建立健全高校师德建设长效机制，对高校教师健全道德人格的养成和高校教师队伍的现代化发展具有重要意义。

（一）高校师德建设长效机制有助于提高教师的职业道德修养

良好的职业道德是教师从教的立身之本，是高校教师最基本的素养。党中央高度重视师德建设，新时代对教师提出"四有好老师""四个引路人""四个相统一""六个要""大先生"等明确要求。高校师德建设长效机制是加强教师师德师风的有效手段，有利于提高高校教师的职业道德修养，真正做到以德立身，以德立学，以德施教。

高校教师职业道德修养，是"高校教师通过自我解剖、自我教育、自我磨炼、自我提高、自我改造等活动及通过这些活动所达到的职业道德状态和水平"[①]。高校教师职业道德修养并非天生形成的，而是依靠后天养成的。高校教师职业道德修养的形成，一般要经历他律、自律、理想人格三个时期。"唯物辩证法认为外因是变化的条件，内因是变化的根据，外因通过内因而起作用。"[②] 高校教师职业道德修养，经过教育、评价、监督等外在的他律力量，不断提高高校教师对职业道德的认知，增强职业道德情感，磨炼职业道德意志，坚定职业道德信念，最终自觉形成良好的职业道德行为。因此，高校教师职业道德修养是通过他律实现自律的过程，体现了知行相统一。高校师德建设长效机制的构建，以提高高校教师职业道德修养为目的，强化外在的他律力量，通过系统的、长期的、规范化的制度约束和影响，促进高校教师自觉形成良好的职业道德行为，提高职业道德修养，实现他律向自律的升华转变，将职业规范内化为高校教师内在的道德观念。

首先，建立健全宣传教育机制，增强高校教师的职业道德认知，提高职业道德认同感。道德认知是提高高校教师职业道德修养的前提和现实起点，高校教师只有对其所从事的教育行业有正确的职业道德认知，对职业道德内容有所了解，对其从事行业承担的重要职责使命有深刻理解和把握，才能更好地在岗位上履职尽职，才能自觉提高自身的职业道德修养。高校师德建设长效机制强调创新师德教育的方式方法，推进师德教育常态化，将师德教育贯穿于高校教师职业生涯全

---

① 刘卫平：《新时期高校教师职业道德修养与评价研究》，人民出版社2016年版，第94页。
② 《毛泽东选集》第一卷，人民出版社1991年版，第302页。

过程。通过开展入职培训、师德专题教育、教师道德模范宣讲、新教师入职宣誓及老教师荣休仪式等活动，加强对高校教师的师德教育，提高教师的职业道德认知。

其次，通过完善师德奖励激励机制，增强高校教师的职业道德情感。教师职业道德情感，是指教师在教育活动中，对于他人和自己行为举止是否符合教师职业道德要求所产生的内心体验。[①] 教师职业道德情感是建立在职业道德认知的基础之上，增强高校教师职业道德情感，有利于促进其自觉养成良好的职业道德行为。完善师德奖励激励机制，是增强高校教师职业情感的重要手段。奖励激励以精神奖励为主，以物质奖励为辅，更加注重精神层面的表彰。对在教育教学实践中，师德表现突出的教师予以表彰，以召开先进表彰会、先进事迹报告会、专题宣传报道等方式，弘扬高尚的师德事迹，让高校教师接受精神的洗礼和心灵的涤荡，引发情感的共鸣。教育部每年评选全国教书育人楷模，对全国教育系统涌现出来的教书育人楷模、"最美教师"、模范教师等进行表彰，宣传"人民教育家"卫兴华、高铭暄，"时代楷模"李保国、黄大年等高校教师，起到良好的示范引领作用，有利于增强高校教师的职业认同感，发挥奖励激励的正面效应。

再次，建立健全高校师德考评机制、监督机制、惩处机制，有利于磨炼高校教师的职业道德意志，树立正确的师德观，避免师德失范行为的发生。教师职业道德意志，是指教师在履行职业道德义务的过程中，自觉地克服困难并作出行为抉择的毅力和坚持精神。[②] 高校教师如果道德意志薄弱，则容易在各种诱惑或困难面前做出错误的行为选择，导致师德失范行为的发生。师德考核、评价机制具有价值引领

---

① 马志行：《教师职业道德导论》，人民出版社2000年版，第126页。
② 马志行：《教师职业道德导论》，人民出版社2000年版，第129页。

的作用，师德评价形成外在舆论压力，使得高校教师做出正确的行为选择。师德考核则对高校教师的道德行为规范实行硬性规定，凡是师德考核不合格者在年度考核、职称（职务）评审、岗位聘用、评优奖励等环节中均认定为不合格。"一票否决"制的实行，为高校教师敲响警钟，时刻提醒高校教师要严于律己，稍有不慎将影响职业生涯。师德监督机制和师德惩处机制，通过发挥外在的监督力量，发挥制度规范和约束作用，进一步规范高校教师的职业行为。教育部明确师德师风"红十条"，建立负面清单制度，通过惩处惩戒，警示教育，增强高校教师的底线意识，时刻紧绷一根弦，不踩红线，避免触碰底线，引导广大高校教师自重、自省、自警、自励，增强道德意志。

最后，在强化高校教师的职业道德教育中，坚定高校教师的职业道德信念。教师职业道德信念，是教师对职业道德规范和要求的正当性、合理性等发自内心的坚定信心。[①] 在对高校教师进行职业道德教育的过程中，注重职业道德理想和职业信念的教育和培养。一方面，利用教师节等重大节庆日、纪念日，多渠道、多媒体、全方位开展优秀教师的师德宣传教育，营造崇尚师德的良好文化氛围，弘扬高尚的职业理想，增强高校教师的职业认同感和归属感。另一方面，通过加强学生的感恩教育，培养学生对教师的感恩情感和行为，在师生的情感交流和互动中，增强教师的获得感。让高校教师在美好的职业体验中，收获深厚的师生情谊，切身感受教育事业的崇高性，意识到自身不仅肩负着党和国家的光荣使命，肩负着无数家庭的希望，更肩负着无数学生的未来，从而更加坚定高校教师的职业道德信念。

---

① 马志行：《教师职业道德导论》，人民出版社2000年版，第128页。

"师德是深厚的知识修养和文化品位的体现。师德需要教育培养,更需要老师自我修养。"① 高校师德建设长效机制强调发挥高校教师的主体性作用,注重激发高校教师自觉性,要求广大高校教师"充分认识自己所承担的庄严而神圣的使命,发扬主人翁精神,自觉捍卫职业尊严,珍惜教师声誉,提升师德境界"②。广大高校教师通过自主学习、自我改进、自觉提高师德践行能力等方式,养成师德自律的行为习惯。

高校师德建设长效机制,注重宣传教育、示范引领、实践养成相统一,在提高职业道德认知,增强职业道德情感,磨炼职业道德意志,坚定职业道德信念的基础上,有效激发高校教师的职业道德行为自觉,将师德规范转化为稳定的内在信念和行为品质,在师德实践中不断提升高校教师的职业道德修养。

(二) 高校师德建设长效机制有助于教师构建和谐的社会关系

高等教育是个复杂的系统,存在各种各样矛盾的关系,高校教师在这一系统中,不可避免地与他人发生千丝万缕的联系。道德具有调节社会关系的重要作用,对于高校教师而言,教师职业道德是一瓶润滑剂,起到调节教师与教育事业的关系、个人与集体的关系、教师的人际关系等的重要作用。良好的道德情操,能帮助教师正确处理好自己与他人、与集体、与国家的关系,使高校教师在轻松愉悦的氛围与和谐美好的关系中开展教育实践活动。建立健全高校师德建设长效机制,加强高校教师的师德师风建设,有利于构建和谐的社会关系。

---

① 习近平:《做党和人民满意的好老师——同北京师范大学师生代表座谈时的讲话》(2014年9月9日),人民出版社2014年版,第7页。
② 《教育部关于建立健全高校师德建设长效机制的意见》,http://www.moe.gov.cn/srcsite/A10/s7002/201409/t20140930_175746.html。

首先,高校师德建设长效机制的建立,有利于帮助高校教师正确认识自身与教育事业的关系,清晰职业定位,做出正确的职业选择和行为。热爱党和国家的教育事业是高校教师最基本的师德素养,加强师德师风建设,有利于高校教师树立职业理想,坚定职业信念。师德高尚的高校教师必定是十分热爱自身所从事的教育事业,甘愿将时间和精力无私奉献在精心培养和教育学生身上,竭尽才智为党和国家的事业培养接班人。教育事业是讲究奉献、不求回报的事业。高校教师如果不热爱自身所从事的教育事业,将很难有足够的耐心和毅力,几十年如一日,甘坐冷板凳专心钻研学术;将很难沉下心,甘为孺子牛,全心全意培养和教育学生;将很难在充满诱惑的物质世界中,甘于清贫,坚守内心的理想信念。因此,高校加强师德师风建设,强化教师的职业道德教育,培养高校教师对教育事业的情感,增强高校教师的崇高使命感和职业认同感,有利于高校教师正确认识并处理好个人与教育事业的关系。

　　其次,培养高尚的师德师风,有利于引导高校教师正确处理好教师个人与集体的关系。个人与集体的关系主要包括个人与单位、个人与教师集体之间的关系。社会主义职业道德以集体主义原则为首要原则,当个人利益与集体利益发生冲突时,个人利益应当服从集体利益,这也是高尚师德的体现。加强师德师风建设,使高校教师树立正确的大局观和义利观,要有舍小家为大家的情怀,始终以集体的利益作为出发点和落脚点,多讲贡献少索取。高校教师如果凡事仅从自身的利益出发,心胸狭隘,眼界短浅,将处理不好个人与集体的关系,便难以在单位立足,难以融入集体生活,不利于个人事业的发展,同时也不利于集体事业的发展。良好的师德素养能调节高校教师个人与集体的关系,引导高校教师正确处理个人利益与集体利益,构建和谐的个人与集体关系。

最后,"道德规范实际上是处理特定人际关系的工具"①,高尚的师德师风能帮助高校教师正确处理好职场中的各种人际关系。高校教师人际关系主要包括教师与领导、教师与教师、教师与学生、教师与学生家长之间的关系。高尚的师德体现为具备良好的职业态度,在岗位上兢兢业业、勤勤恳恳,爱岗敬业;在日常的工作中,充分尊重他人,团结协作,建立友好的上下级以及同事关系。职业道德具有规范职业行为、调节同事关系的重要作用,高校教师在开展教学实践、科学研究等过程中,不可避免地与他人的利益产生冲突,此时要充分发挥职业道德的重要调节作用,规范各自的言行举止,共同构建友好联系的学术共同体。

在教师的人际关系中,最为关键的是处理好教师与学生之间的关系。师生关系是教育活动中最为重要的关系,教师与学生的关系既包括教师个体与学生群体的关系,也包括教师个体与学生个体的关系。师生关系是否融洽,直接影响教师的教育教学效果,影响学生价值观的形成,以及学生健康心理的成长和发育。师德高尚的高校教师,始终将学生放在心中,关心关爱学生,精心教育培养学生。"好老师要用爱培育爱、激发爱、传播爱,通过真情、真心、真诚拉近同学生的距离,滋润学生的心田,使自己成为学生的好朋友和贴心人。好老师应该把自己的温暖和情感倾注到每一个学生身上"②,这是习近平总书记对好老师的要求。师生关系是双向互动的,教师的用心付出会得到学生的尊敬和爱戴,赢得学生的信任和肯定,获得良好的评价,从而建

---

① 檀传宝等:《走向新师德:师德现状与教师专业道德建设研究》,北京师范大学出版社2009年版,第7页。

② 习近平:《做党和人民满意的好老师——同北京师范大学师生代表座谈时的讲话》(2014年9月9日),人民出版社2014年版,第10页。

立亦师亦友的师生关系。

  高校教师要做学生敬仰爱戴的品行之师、学问之师。"亲其师,信其道",良好的师生关系,是教育成功的关键,有助于学生愿意接近老师,从而激发学习兴趣,变被动学习为主动学习。高校教师唯有树立高尚的师德师风榜样,与学生建立融洽的师生关系,才能通过言传身教、耳濡目染,用高尚的人格魅力教育和影响学生,使学生树立正确的世界观、人生观、价值观,坚定政治信仰,坚定理想信念。当前,高校教师队伍中存在个别教师师德败坏的现象,严重影响了师生关系,使得师生关系淡化、恶化、变质,甚至出现了"利用型""雇佣型"等异化的师生关系,严重影响正常教育教学秩序。高校教师应该自觉加强自身的道德修养,构建和谐美好的师生关系。

  因此,建立健全高校师德建设长效机制,加强高校师德师风建设,对高校教师而言,能够帮助其正确处理好各种复杂的职场关系,使各种矛盾迎刃而解,营造和谐融洽的社会关系,使高校教师在舒心安心的工作环境中更好地履行职责。

  (三) 高校师德建设长效机制有助于维护良好的教师道德形象

  教师道德形象,是指教师在社会公众面前所呈现出来的具有道德意蕴的人格特质、仪容仪表、职业素养等要素的综合。[①] 高校教师道德形象的建构,受到多方因素的影响,高校教师自身的师德素养起决定作用,同时还受到媒体报道、社会文化环境等外在因素的影响。高校教师良好师德形象的塑造,最根本的是从高校教师自身做起,建立健全高校师德建设长效机制,加强高校师德师风建设,提高高校教师的

---

  ① 檀传宝等:《走向新师德:师德现状与教师专业道德建设研究》,北京师范大学出版社2009年版,第93页。

道德修养，培养高尚的道德情操。同时，还要加强先进师德标兵的榜样宣传，改善媒介环境，营造浓厚的尊师重教的社会氛围。

自古以来，高校教师在人们心目中的形象就是道德之师、品行之师、学问之师、责任之师，是道德的榜样、社会的良知、知识的象征和行为的楷模，是学生为学、为事、为人的大先生。人们常常用"红烛""园丁""人梯""孺子牛"等词来形象地描述高校教师的崇高师德形象。2014年，习近平总书记在同北京师范大学师生代表座谈会上，提到教师的形象，他认为好老师没有统一的模式，但有一些共同的、必不可少的特质。他将这些必不可少的特质归结为"有理想信念""有道德情操""有扎实学识""有仁爱之心"。① "四有好老师"是习近平总书记对新时代好老师的形象做出的阐释和提出的要求。

如今，个别高校教师思想政治意识淡薄、政治信仰不坚定、理想信念缺失、个人私欲膨胀、道德败坏，未能自觉按照教师职业道德的要求严格规范自身的言行，导致各种师德失范行为的发生，严重损害了高校教师高尚的师德形象。近年来，随着教育领域反腐败斗争的推进，一些高校领导落马的新闻层出不穷，一些学者甚至学术带头人因学术不端、学术腐败问题而被曝光，有的院士德不配位被撤销院士头衔等负面新闻，在社会上引起广泛关注。"象牙塔"不再纯洁，高校教师的群体声誉受损。

社会上有关高校教师的负面新闻日益增多，有的是基于事实的客观报道，有的则是炒作。例如，某些不良媒体或自媒体为了"眼球经济"炒作，故意丑化、妖魔化高校教师形象，将个别高校教师的行为推而广之至整个高校教师群体，将大学教师冠以"砖家""叫兽"等

---

① 习近平：《做党和人民满意的好老师——同北京师范大学师生代表座谈时的讲话》（2014年9月9日），人民出版社2014年版，第4—9页。

污名，引发公众对高校教师的不良情绪，形成不利于高校教师成长的社会舆论环境。在人人都是记者的自媒体时代，高校教师面临着更为严格的社会监督，行为稍有偏差，将会有可能被放大到网络而被炒作，引起网络舆情和社会关注。当前的媒介环境对高校教师的师德师风提出了更多的挑战。

传统教师道德形象主要通过自身的内化、外在的教化、社会的制度化等途径形成。[①] 内化是提高师德形象的内在要求；教化是通过外在的制度约束和宣传教育，提高教师的师德素养；制度化的师德建设是塑造良好师德形象的有力保障。教化和制度化是外部力量，通过外在影响促进师德内化，有效提升师德形象。因此，在当前的社会环境下，塑造良好的高校教师师德形象，加强高校师德师风建设刻不容缓，建立健全高校师德建设长效机制势在必行。

一是通过建立健全高校师德建设长效机制，加强对高校教师的思想政治教育和师德教育，切实提高高校教师的思想政治素养和师德素养。通过加强师德教育，引导高校教师明大德、守公德、严私德，自觉做社会主义道德的示范者，诚信风尚的引领者，公平正义的维护者。通过加强师德教育，使高校教师严于律己，自觉遵守师德规范，以高尚的师德形象示人，用自身高尚的道德情操和良好的师德行为，获取社会对高校教师的良好师德评价，有效改善高校教师的师德形象。

二是通过有组织、有计划地开展专题教育、师德培训等宣传教育活动，不断增强高校教师对自我师德形象的认知，深化高校教师对高尚师德形象的认同，从而增强高校教师维护良好师德形象的行动自

---

① 张家军、龙玉雕：《传统教师的道德形象、形成路径及其启示》，《教育科学研究》2020 年第 3 期。

觉。高校教师应自觉树立和维护立学为民、治学报国的爱国形象，无私奉献、不求回报的敬业形象，淡泊名利、志存高远的廉洁形象，学识渊博、治学严谨的学者形象，爱生如子、潜心育人的良师益友形象。

三是创设良好的媒介环境，为高校教师营造良好的师德成长环境。主流媒体要自觉承担起社会责任，主动宣传策划，大力弘扬师德高尚的高校教师先进典型事迹。宣传主管部门对没有现实依据、故意歪曲伪造事实、恶意抹黑高校教师形象的不良媒体予以惩戒，在全社会营造尊师重教的浓厚社会氛围，为高校教师的成长营造良好的道德环境。

（四）高校师德建设长效机制有利于教师的成长与发展

良好的教育事业不仅应关注学生的成长成才，还应关注教师自身的成长与发展，因为教师的成长发展关系教育事业的成败。每个高校教师都有其自身的成长历程，在其职业成长历程中，影响其成长的因素很多。高校加强师德师风建设，不仅对教育事业具有重要意义，对高校教师自身的职业成长以及高校教师的全面发展，也具有重要的促进作用。正如习近平总书记所说的："好老师不是天生的，而是在教学管理实践中、在教育改革发展中锻炼成长起来的。"① 在教育改革发展中，教育管理者不断创新教师管理体制机制，建立健全高校师德建设长效机制，加强高校教师的师德师风建设，为教师的职业成长提供制度保障，创造良好的成长环境，促进高校教师自我成长和全面发展。

---

① 习近平：《做党和人民满意的好老师——同北京师范大学师生代表座谈时的讲话》（2014年9月9日），人民出版社2014年版，第12页。

首先，建立健全高校师德建设长效机制，有利于全面提高高校教师的道德素养，促进高校教师形成健全的人格。师德师风是教师的职业道德，通过加强高校教师的职业道德修养，有利于促进高校教师提高个人道德修养。高校教师职业道德与其他行业的职业道德有着显著的差别，主要体现为高校教师的职业道德与个人道德密不可分。虽然个人道德侧重于"私德"，体现在教师的个人生活中，而职业道德侧重于"公德"，体现在教师的职场生活中，两者不能完全等同，却有着不可分割的关系，甚至有的时候人们习惯于将两者相提并论。"教师职业道德实际上也可以说是个人道德修养的一部分"①，因为教师的个人道德与职业道德统一于教师个体一身，无法将两者清晰地划清界限。教师个人道德与职业道德的特殊关系，使得加强高校教师职业道德的建设，在一定程度上有利于高校教师个人道德修养的提升。高校教师的特殊使命和崇高职责，要求高校教师除了要遵守基本的职业道德，还要具备较高的个人道德素养和完善的道德人格，自觉培育和践行社会主义核心价值观，在个人道德方面身体力行，做学生的榜样。

建立健全高校师德建设长效机制，通过精神引领、制度规范、环境熏陶、典型示范等外在作用，促进高校教师自我修身、自我完善、自我成长，自觉培养高尚的道德情操，建立健全的人格，成为高尚的人。高校教师只有不断加强自身的个人道德和职业道德修养，才能真正做到"坚持教书和育人相统一，坚持言传和身教相统一，坚持潜心问道和关注社会相统一，坚持学术自由和学术规范相统一"②，真正

---

① 檀传宝：《教师职业道德》，北京师范大学2015年版，第19页。
② 《习近平在全国高校思想政治工作会议上强调 把思想政治工作贯穿教育教学全过程 开创我国高等教育事业发展新局面》，《人民日报》2016年12月9日第1版。

"成为先进思想文化的传播者、党执政的坚定支持者,更好担起学生健康成长指导者和引路人的责任"①。

其次,建立健全高校师德建设长效机制,有利于促进高校教师全面发展。每个人都有自我发展的需要,人的全面发展是"人以一种全面的方式,也就是说,作为一个完整的人,占有自己的全面的本质"②。在马克思看来,人的全面发展是人的劳动能力的多方面发展,人的智力、体力得到充分发挥,人们不只局限于某一领域某一专业,而是全方位发展。"人的全面发展表现为人的劳动及其能力的全面发展、人的社会关系的全面丰富和人的个性的自由发展。"③人的全面发展是社会全面发展的基础,党的二十大将促进人的全面发展写入了报告。在人的全面发展中,"精神生活的全面发展,是人的全面发展的核心内容"④。高校师德建设长效机制,在促进高校教师的精神生活的全面发展方面起着重要的作用。

一方面,高校师德建设长效机制始终以高校教师为中心,以促进高校教师的全面发展为目标,充分尊重和发展高校教师的个性,发挥高校教师的主体性地位,激发教师的内驱动力,使高校教师自觉形成良好的道德品行,提高道德修养和水平。另一方面,"德性成长是人的全面发展的根本保障"⑤,通过建立健全高校师德建设长效机制,提高高校教师的师德素养和水平,促进高校教师不断提升自身的专业素质,发展高校教师的劳动能力,提高高校教师的综合素质,促进高校教师

---

① 《习近平在全国高校思想政治工作会议上强调 把思想政治工作贯穿教育教学全过程 开创我国高等教育事业发展新局面》,《人民日报》2016年12月9日第1版。
② 《马克思恩格斯全集》第四十二卷,人民出版社1979年版,第123页。
③ 袁贵仁:《马克思主义人学理论研究》,北京大学出版社2012年版,第270页。
④ 沈壮海:《思想政治教育的文化视野》,人民出版社2005年版,第21页。
⑤ 教育部课题组:《深入学习习近平关于教育的重要论述》,人民出版社2019年版,第48页。

的全面发展，使高校教师成为全面发展的人。此外，高校师德建设长效机制关心关注高校教师在不同职业生涯阶段的道德成长需求，及时纾解高校教师的道德困惑，帮助高校教师以更好的精神状态投入职业生涯，不断提高高校教师的精神生活质量。

高校教师只有不断加强自身的道德修养，促进自身的全面发展，才能够不断适应新时代、新形势的发展要求。一方面，当前以人工智能为代表的信息科技革命迅猛发展，对高等教育带来极大冲击，引发了教育形态、教育方式、教育内容的变革，促进了教育现代化发展。高校教师如果故步自封，不主动追求自我的现代化发展、全面发展自身的能力，将容易被时代所淘汰。另一方面，近年来中国人口生育率逐年下降，人口红利时代已经结束，在适龄人口下降与高等教育规模不断扩大的背景下，高等教育的"供需矛盾"将会越来越突出，未来高等教育将面临转型升级，甚至一些高校将面临"关停潮"。在这样的发展趋势下，高校教师唯有不断加强自身的道德修养，提高自身的综合素质水平，实现自身的现代化发展，才能在激烈的竞争中赢得主动地位。

最后，建立健全高校师德建设长效机制，有利于高校教师实现自身的人生价值。高校教师承担着多项社会职责，体现了多方面的社会价值。由于职业的特殊性，高校教师的人生价值不以创造物质财富的多寡、劳动能力的高低来评判，而是以高校教师是否将有限的生命投入无限的为人民服务的事业，是否将自我价值与社会价值相统一来评判。高校教师实现人生价值的形式表现为，通过参与教育教学实践活动，培养出符合党和国家事业需要的高素质人才；通过参加科学研究，攻克技术难题，推动国家科学技术的发展，实现科技报国的志向；通过参与社会服务活动，将自身的才学应用于社会服务中，服务人民、服务社会；等等。在世俗社会中，高校教师是一个"良心活"，既没有丰厚的物质收入，也带不来功名利禄，更不能享有特殊权力。

建立健全高校师德建设长效机制，不断提高高校教师的道德修养，使高校教师自觉树立正确的价值导向，将自身价值的实现与社会价值相统一，以高尚的爱国情怀和教育情怀投入教育事业。加强高校师德师风建设，有利于高校教师提高思想觉悟，增强职业良心和职业责任感，在教书育人、科学研究、文化传承、社会服务中实现自身的人生价值和人生抱负，无私地为人民服务，为社会服务。

二　高校师德建设长效机制学生层面的价值

对于大学生而言，"老师是学生道德修养的镜子。好老师应该取法乎上、见贤思齐，不断提高道德修养，提升人格品质，并把正确的道德观传授给学生"[①]。大学阶段是大学生价值观、道德观形成的关键时期，高校教师要将知识传授、能力培养与理想信念、价值理念、道德观念的教育有机结合，帮助大学生树立正确的价值观和道德观。高校教师自觉建立良好的师德师风，对学生而言就是最好的道德教育，高校教师用自身言行开展"沉浸式教育"，对学生起到启发和引导的作用，促进学生树立正确的人生观、价值观、道德观。

（一）良好的师德对大学生具有教育和示范意义

教育劳动具有劳动主体和工具相统一的特性，决定了高校教师的师德具有教育性和示范性，因此，加强高校教师的师德师风建设具有

---

① 习近平：《做党和人民满意的好老师——同北京师范大学师生代表座谈时的讲话》（2014年9月9日），人民出版社2014年版，第7页。

必要性。檀传宝教授指出:"教育劳动的特质之一是教育劳动主体与工具的同一性。所谓'主体与工具的同一性'指的是劳动者本人既是劳动者又是劳动的工具。"① 教师作为劳动者,用自己的身体作为教育的工具,言传与身教相结合,教师的一言一行对学生有着深刻的影响,起到"上行下效"的作用。正因为劳动教育的主体和教育工具具有同一性,所以师德具有教育性和示范性,师德既是教育的重要内容,也影响着教育的效果。高校教师的道德人格和道德行为,会成为大学生的学习对象,形塑大学生的道德品质和行为习惯。"人无德不立,育人的根本在于立德"②,高校教师落实立德树人根本任务,首先自身要先立德。加强教师的师德师风建设,是提高人才培养质量的重要前提。

高校教师对大学生开展思想政治教育和道德教育,既有显性教育也有隐性教育。高校教师的思想政治状况和师德师风状况,影响教师的授课内容和教育教学态度。在课堂内外的知识传授和交流讨论的过程中,高校教师向学生明确表达自己的观点,传达自身的价值观念,这属于显性教育的范畴。而隐性教育则主要体现为,高校教师将自身的道德观、价值观隐藏在授课的内容中,通过循循善诱的引导方式影响学生的思想观念。另外,更为重要的是高校教师的言行举止、高校教师的道德状况和精神风貌,耳濡目染地影响着学生,正所谓"身教重于言传"。因此,高校教师要自觉规范自身的言行,要求学生做到的,自己首先做到;要求学生不做的,自己也坚决不做,言行相统一。师德具有示范性,学生具有"向师性",在师生双向的互动中潜移默化

---

① 檀传宝等:《走向新师德——师德现状与教师专业道德建设研究》,北京师范大学出版社2009年版,第4页。
② 习近平:《在北京大学师生座谈会上的讲话》(2018年5月2日),人民出版社2018年版,第7页。

地影响着学生价值观念的形成。因此，高校教师要做大学生道德和学识的双重模范，尤其在道德方面做好榜样示范。

教育对象的特殊性对高校教师的道德修养也提出更高的要求。一方面，大学生不同于中小学生，他们有着自身的道德观念，具有一定的自我意识，有情感、有理智、有意志、有思维、会思考。在教育活动中，他们并非被动地全盘接受教育者教育的内容，而是自身具有一定判断力，自主选择接受或不接受，并且他们往往对显性的知识灌输表现出一定的排斥心理。另一方面，在自媒体时代，大学生接收信息的渠道更加多元，由于自身的信息鉴别能力较弱，他们很容易受到网络上多元信息和各种不良社会思潮的影响，这就使得大学生思想政治教育面临着更加复杂严峻的形势。高校教师唯有不断提高自身的育人本领，增强育人能力，才能在复杂的教育形势下，做好大学生的思想政治教育工作。高校教师"必须围绕学生、关照学生、服务学生，不断提高学生思想水平、政治觉悟、道德品质、文化素养，让学生成为德才兼备、全面发展的人才"[①]。教育对象的特殊性对高校教师的师德师风提出更高的要求，道德教化、道德灌输的方式已经完全不能适应当前教育形势的需要，高校教师要更加注重运用隐性教育的方式，不断提高自身的道德修养，通过言传身教的"沉浸式教学"的方式，为大学生做良好的榜样示范，在无形之中教育和影响大学生。

（二）良好的师德有利于促进大学生塑造正确的价值观

高校教师对大学生的影响不可估量，加强高校师德师风建设，使

---

① 《习近平在全国高校思想政治工作会议上强调　把思想政治工作贯穿教育教学全过程　开创我国高等教育事业发展新局面》，《人民日报》2016年12月9日第1版。

高校教师用高尚的道德品行教育和感染学生。高校教师是"塑造灵魂、塑造生命、塑造人的工作"①,高校教师不仅要将自身的才学和知识传授给学生,更重要的是教会学生为人处世,把好人生的方向盘,扣好人生的第一粒纽扣,这充分体现了育人与育才相统一的人才培养辩证法。高校教师要重视学生价值观的塑造,用自身良好的道德修养,教育和引导学生树立正确的价值观。

"老师在学生心目中具有重要位置,老师无意间的一句话,可能造就一个天才,也可能毁灭一个天才。"② 正如著名教育家加里宁所言:"教师的世界观,他的品行,他的生活,他对每一现象的态度都这样或那样地影响着全体学生,……他应该感觉到,他的一举一动都处在最严格的监督之下,世界上任何人也没有受着这样严格的监督。"③ 高校教师对学生的影响是全方位的,不仅仅体现为教师在教育教学活动中呈现的精神风貌——对工作的积极态度,对科研严谨求实的精神,对学生关心关爱,对同事友好谦让,等等,甚至教师对生活的态度、对家庭的观念,个人的生活作风等也会对学生产生影响。因此,高校教师要自觉培养高尚的师德师风,陶冶高尚的道德情操,用崇高的人格魅力影响学生。

对于大学生而言,在大学阶段,不仅要掌握知识和技能,更为重要的是要树立正确的世界观、人生观、价值观,厚植深厚的爱国情怀,树立远大的人生理想和抱负,自觉将"小我"融入"大我",培养强烈的社会责任感,形成健全的人格,把自己培养成为有理想、

---

① 习近平:《做党和人民满意的好老师——同北京师范大学师生代表座谈时的讲话》(2014年9月9日),人民出版社2014年版,第4页。
② 习近平:《做党和人民满意的好老师——同北京师范大学师生代表座谈时的讲话》(2014年9月9日),人民出版社2014年版,第11页。
③ [苏]米·伊·加里宁:《论共产主义教育和教学》,人民教育出版社1957年版,第177页。

有道德、有文化、有纪律的"四有"新人。"对教师来说，想把学生培养成什么样的人，自己首先就应该成为什么样的人。"① 习近平总书记强调，高校教师"要在加强品德修养上下功夫，教育引导学生培育和践行社会主义核心价值观，踏踏实实修好品德，成为有大爱大德大情怀的人"②。要把学生培养成为大爱大德大情怀的人，高校教师自身首先应该"有言为士则、行为世范的自觉，不断提高自身道德修养，以模范行为影响和带动学生，做学生为学、为事、为人的大先生"③。

（三）良好的师德有利于促进大学生形成良好的道德品质

个体道德结构由个体道德意识、个体道德行为和个体道德品质三个部分组成。个体道德品质又称为个人品德或德行，是个体道德意识和道德行为共同作用的结果。个体道德品质既作为内在的主观的素质而存在，又通过客观的外化的活动来展现。④ 个体道德意识主要包括道德认知、道德情感、道德意志等方面。个体道德行为是基于道德意识的道德行为过程和道德行为倾向。建立健全高校师德建设长效机制，可以增强高校教师的道德意识，促使高校教师自觉养成高尚的道德行为，对大学生也具有重要的教育意义。

第一，道德认知过程包括道德直观、道德体验、道德思维、道德想象等⑤，建立健全高校师德建设长效机制，不仅能够提高高校教师的

---

① 《习近平在中国人民大学考察时强调 坚持党的领导传承红色基因扎根中国大地 走出一条建设中国特色世界一流大学新路》，《人民日报》2022年4月26日第1版。
② 《习近平在全国教育大会上强调 坚持中国特色社会主义教育发展道路 培养德智体美劳全面发展的社会主义建设者和接班人》，《人民日报》2018年9月11日第1版。
③ 《习近平在中国人民大学考察时强调 坚持党的领导传承红色基因扎根中国大地 走出一条建设中国特色世界一流大学新路》，《人民日报》2022年4月26日第1版。
④ 伦理学编写组：《伦理学》，高等教育出版社、人民出版社2021年版，第120页。
⑤ 伦理学编写组：《伦理学》，高等教育出版社、人民出版社2021年版，第119页。

道德认知，对大学生具有正向教育引导作用。对大学生，尤其是在校师范生而言，教师职业道德表现实际上可能成为学生当前与未来道德生活的样板，是一种道德教育的隐性课程，通过道德直观和道德体验，提高大学生的道德认知水平，形成正确的道德观念。

第二，道德情感过程包括道德情绪和道德情操的发生、发展、确立等过程①，建立健全高校师德建设长效机制，培养高校教师深厚的道德情感，有利于引起师生的道德情感共鸣。高校教师对教育事业的热爱、爱生如子的情感，会对学生产生积极的心理暗示，感染并影响学生培养高尚的道德情操，同时促使学生以更加积极的热情和饱满的精神状态投入学习，从而促进大学生自身的成长。

第三，道德意志过程包括道德决策、道德执行、道德自制、道德坚持等过程②，建立健全高校师德建设长效机制，磨炼高校教师道德意志的同时，对大学生也起到激励作用。道德意志过程能增强大学生的道德判断力，提高大学生分辨是非曲直的能力，从而形成正确的道德价值取向。当大学生面对种种道德诱惑时，能坚定道德意志、坚守正确的道德原则、坚持道德自律，从而做出正确的道德决策和道德行为选择。

第四，道德行为是指个体基于某种道德意识，遵循社会道德准则、履行道德义务、调节道德关系的具有善恶价值的行为。③建立健全高校师德建设长效机制，促使高校教师自觉养成良好的道德行为。高校教师良好的道德行为对学生起到榜样示范作用，使大学生耳濡目染，在道德实践中自觉养成高尚的道德行为。

---

① 伦理学编写组：《伦理学》，高等教育出版社、人民出版社2021年版，第119页。
② 伦理学编写组：《伦理学》，高等教育出版社、人民出版社2021年版，第119页。
③ 伦理学编写组：《伦理学》，高等教育出版社、人民出版社2021年版，第119页。

大学生的道德品质是"个体道德意识和个体道德行为的综合反映，体现着个人道德的发展程度与社会道德教育和个体道德活动的成效"①，道德品质通过道德意识和道德行为发生作用，是道德意识和道德行为的结果。大学生良好道德意识的生成和发展，促使大学生养成良好的道德行为，而道德意识和道德行为又共同构成大学生良好的道德品质。建立健全高校师德建设长效机制，对大学生具有道德教育的作用，促进大学生道德意识发展，使大学生形成良好的道德行为，最终养成健全的道德人格，形成优秀的道德品质。

良好的教师职业道德对学生的成长具有重要意义，建立健全高校师德建设长效机制，有利于高校教师引导广大青年"把正确的道德认知、自觉的道德养成、积极的道德实践紧密结合起来，不断修身立德，打牢道德根基，在人生道路上走得更正、走得更远"②。教育具有双向互动性，高校教师在形成自身良好道德品行的同时，也以其自身作为教育的内容教育着学生。

总而言之，建立健全高校师德建设长效机制，加强高校师德师风建设，不管是在社会层面抑或是在个人层面，都具有重要意义。深入实施科教兴国、人才强国、科技强国、创新驱动发展战略，亟须一流的高等教育作为支撑，国家的发展也对高等教育提出新的更高要求。中国高等教育进入了高质量发展的阶段，教育国际化、教育现代化、教育大众化，对高质量的高校教师队伍建设提出新的更高要求。"教师是立教之本、兴教之源"③，高素质的教师队伍是高等教育高质量发展的有力支撑。从根本上说，打造"大国良师"，对推进社会主义现代化

---

① 伦理学编写组：《伦理学》，高等教育出版社、人民出版社2021年版，第120页。
② 《习近平谈治国理政》第三卷，外文出版社2020年版，第337页。
③ 《习近平向全国广大教师致慰问信》，http：//cpc.people.com.cn/n/2013/0910/c64094-22864548.html。

强国建设，对实现中华民族伟大复兴中国梦具有重要战略意义。

在"两个一百年"奋斗目标的新征程上，在中华民族伟大复兴的关键时期，高校唯有建立健全高校师德建设长效机制，不断加强高校教师的师德师风建设，才能不断适应百年未有之大变局的时代变化，才能担负起时代赋予高校教师的使命任务，才能满足人民群众对高质量高等教育的期待，才能办好中国特色社会主义高等教育，在激烈的国际教育竞争中占得一席之地。

第三章 高校师德建设长效机制的生成逻辑

任何事物的发展都是从低级向高级阶段不断发展演变螺旋上升的过程,全面科学地认识一个事物,应该从其发展历史的进程开始考察。正如列宁所说:"在社会科学问题上有一种最可靠的方法……那就是不要忘记基本的历史联系,考察每个问题都要看某种现象在历史上怎样产生、在发展中经过了哪些主要阶段,并根据它的这种发展去考察这一事物现在是怎样的。"① 人类社会道德的建设具有历史继承性和发展性,是一个长期发展的过程。高校师德建设也是一个历史的范畴,不同历史时期师德建设有不同的时代要求,体现不同的时代特征,蕴含不同的时代内涵。高校师德建设长效机制在中国高校长期办学治校的实践中不断生成发展,在历史的继承中不断发展创新,并趋向成熟完善。高校师德建设长效机制的发展经历萌芽阶段、初步探索阶段、深化发展阶段,不同的发展阶段与不同历史时期的社会政治经济文化环境,与该阶段高等教育事业的发展紧密相关。从大历史观的视角,对高校师德建设长效机制进行考察分析,有助于全面深刻地理

---

① 《列宁全集》第三十七卷,人民出版社2017年版,第63页。

解其生成发展的内在逻辑,从而更好地把握其科学内涵,探明其内在发展规律。

第一节 高校师德建设长效机制的生发过程

高校师德建设长效机制的发展演变史,也是中国高校师德师风建设的发展史。中国在长期的高校师德建设实践中,逐步形成了高校师德建设长效机制。高校师德建设长效机制经历萌芽时期、初步探索期,目前正处于深化发展时期,并朝着不断成熟完善的趋势发展。随着实践的深入,高校师德建设长效机制不管在内容上还是形式上都不断发展完善。高校教师师德行为规范的规定从笼统变得清晰,高校教师的师德行为更加规范化。高校师德建设从强调外在制度约束到更加注重激发高校教师的内在驱动力,实现从"管理本位"到"以人为本"的转变,师德建设的理念更加科学化。通过出台一系列措施,不断完善高校师德建设的顶层制度设计,使得高校师德建设长效机制更具操作性和现实针对性。

一 高校师德建设长效机制的萌芽时期

任何时期,高校教师的职业道德建设都离不开其所处的政治经济文化环境,社会政治经济文化环境对高校师德建设的性质、内容、方向和进程等各方面起着决定性作用。中国高校师德建设是伴随着教育科学文化卫生事业的发展,尤其是高等教育事业的发展而不断发展的。新中国成立后,中国各项事业从无到有,教育科学文化卫生事业初步发展,初步建立起了中国高等教育体制,开始了高等教育事业的探索。1949—1966年,是高校教师师德建设长效机制的萌芽时期。这一时期的师德建设思想为中国今后高校师德建设奠定了主基调，打下了坚实的思想基础。

（一）新中国成立初期中国高校师德建设历程

新中国成立之初，中国面临着内外交困的局面，教育科学文化卫生事业不可避免地要为巩固新生政权而服务，高校教师职业道德建设也必然带有浓厚的政治色彩。1949—1956年是新民主主义社会向社会主义社会过渡时期，中国受苏联的教育思想影响较深，高等教育以新民主主义教育方针为指引，采取"一边倒"的政策，依照苏联模式，"以苏为师"，对旧中国的高等教育进行接管、接收、接办和改造。1956—1966年，为社会主义社会的十年建设时期。随着国际国内形势的发展变化，中国开始反思苏联的高等教育模式和体制，开始自主探索中国的高等教育体制。教育方针也从新民主主义教育方针向社会主义教育方针转变，出台"高教六十条"等政策，对具有中国特色，符合中国实情的高等教育进行了一些有益的探索。

1. 知识分子思想改造运动

1949—1956年，为新民主主义社会向社会主义社会过渡时期，中国主要采取新民主主义教育方针，这一教育方针在中国的教育工作中发挥着重要的作用。《中国人民政治协商会议共同纲领》明确规定："中华人民共和国的文化教育为新民主主义的，即民族的、科学的、大众的文化教育。人民政府的文化教育工作，应以提高人民文化水平，培养国家建设人才，肃清封建的、买办的、法西斯主义的思想，发展为人民服务的思想为主要任务。"[①] 这是新中国成立后第一个明确表述的教育方针，教育为工农服务，为生产建设服务。在这一方

[①] 《中国人民政治协商会议共同纲领》，人民出版社1952年版，第14—15页。

针指引下,中国教育事业开始了改造运动。

1949年12月,全国第一次教育大会胜利召开。会议明确改革旧教育、发展新教育的方向,"有步骤地谨慎地进行旧有学校教育事业和旧有社会文化事业的改革工作,争取一切爱国的知识分子为人民服务"①,对旧知识分子进行思想改造是这一时期的重要任务。1950年6月,毛泽东同志在一届政协二次会议上,号召文化教育战线和知识分子开展自我教育和自我改造运动。对旧知识分子的改造主要是思想改造,使旧知识分子通过自我改造,学习马克思主义,逐步抛弃资产阶级的世界观,树立无产阶级、共产主义世界观。对知识分子进行改造的目的是争取和团结一切爱国分子为人民服务,为社会主义事业服务。1951年8月,周恩来同志在《目前形势和任务》中指出,"从旧社会过来的知识分子,在过去不是受着封建思想的束缚,就是受着帝国主义奴化思想的侵蚀;现在,要为新中国服务,为人民服务,思想改造不可避免的"②。

经过思想改造运动,大部分知识分子"洗心革面",逐渐转变思想观念,摒弃旧思想,树立科学的世界观。1957年2月27日,毛泽东同志在《关于正确处理人民内部矛盾的问题》中指出,"我国知识分子的大多数,在过去七年中已经有了显著的进步。他们表示赞成社会主义制度。他们中间很多人正在用功学习马克思主义,有一部分人已经成为共产主义者。这部分人目前虽然还是少数,但是正在逐渐增多"③。

新中国成立之初,党之所以高度重视知识分子的思想改造工作是

---

① 《毛泽东文集》第六卷,人民出版社1999年版,第71页。
② 中共中央文献研究室编:《周恩来年谱(一九四九——一九七六)》上卷,中央文献出版社1997年版,第175页。
③ 《毛泽东文集》第七卷,人民出版社1999年版,第224—225页。

因为"知识分子又是教育者。我们的报纸每天都在教育人民。我们的文学艺术家,我们的科学技术人员,我们的教授、教员,都在教人民,教学生。因为他们是教育者,是当先生的,他们就有一个先受教育的任务"①,这是"教育者要先接受教育"理念的集中体现。因为"知识分子如果不把自己头脑里的不恰当的东西去掉,就不能担负起教育别人的任务。……要做好先生,首先要做好学生"②。

这一时期,党正确认识知识分子对国家建设的重要性,采取争取和团结一切爱国知识分子为社会主义事业服务的政策。人民教师具有一定社会地位,"工程师、教授、专家等,称为高级职员,其阶级成分与一般职员同"③,人民教师的成分为职员,是工人阶级的一部分。而后,随着反右派斗争扩大化,党中央对知识分子出现了重大失误的判断,"由和风细雨式的思想政治教育工作转变为急风暴雨式的阶级斗争"④,严重摧残了一大批知识分子的身心健康。被错划为右派的教师占比很大,无论对教育事业的发展还是对教师队伍的建设都产生了恶劣的影响,破坏性很大。"文化大革命"十年间,大多数知识分子被看成资产阶级的知识分子,被称为"臭老九",成为批斗的对象,全国各地掀起了"破师道尊严""批判修正主义教育路线回潮"的浪潮,教师在教育教学过程中的主导作用被全盘否定。这一历史时期的惨痛教训,对今后教育事业的发展和教师队伍建设起到重要的警示作用。

2. 师德建设坚持"又红又专"

三大改造完成后,中国进入了社会主义建设时期。1957 年,毛泽东

---

① 《毛泽东文集》第七卷,人民出版社 1999 年版,第 270—271 页。
② 《毛泽东文集》第七卷,人民出版社 1999 年版,第 271 页。
③ 苏渭昌、雷克啸、章炳良主编:《中国教育通史·中华人民共和国卷》(下)第 16 卷,北京师范大学出版社 2013 年版,第 28 页。
④ 苏渭昌、雷克啸、章炳良主编:《中国教育通史·中华人民共和国卷》(下)第 16 卷,北京师范大学出版社 2013 年版,第 31 页。

同志在《关于正确处理人民内部矛盾的问题》中指出,"我们的教育方针,应该使受教育者在德育、智育、体育几方面都得到发展,成为有社会主义觉悟的有文化的劳动者"①,对党的教育方针做了调整,由新民主主义教育方针向社会主义教育方针转变,集中体现了"又红又专"的教育主张。1958年9月,《中共中央 国务院关于教育工作的指示》中明确指出,"培养出一支数以千万计的又红又专的工人阶级知识分子的队伍,是全党和全国人民的巨大的历史任务之一"②。

新中国成立后,中国在一定时期内曾经犯过教育脱离生产劳动、脱离实际,并且在一定程度上忽视政治、忽视党的领导的错误。为团结全党,团结一切可能团结的教育工作者,克服和避免教育工作中的错误思想,《中共中央 国务院关于教育工作的指示》明确提出,"教育为无产阶级的政治服务,教育与生产劳动结合"③,要求"在一切学校中,必须进行马克思列宁主义的政治教育和思想教育,培养教师和学生的工人阶级的阶级观点(同资产阶级进行斗争),群众观点和集体观点(同个人主义观点进行斗争),劳动观点即脑力劳动与体力劳动结合的观点(同轻视体力劳动和体力劳动者、主张劳心劳力分离的观点进行斗争),辩证唯物主义的观点(同唯心主义和形而上学的观点进行斗争)"④。

在这一教育主张指引下,党中央针对当时知识分子和青年学生中出现思想政治工作被削弱的情况,提出"不论是知识分子,还是青年学生,都应该努力学习。除了学习专业之外,在思想上要有所进步,

---

① 《毛泽东文集》第七卷,人民出版社1999年版,第226页。
② 《中共中央 国务院关于教育工作的指示》,人民出版社1958年版,第1页。
③ 《中共中央 国务院关于教育工作的指示》,人民出版社1958年版,第3页。
④ 《中共中央 国务院关于教育工作的指示》,人民出版社1958年版,第4页。

政治上也要有所进步,这就需要学习马克思主义,学习时事政治"①。至此,中国教育方针与资产阶级教育方针划清了界限。"共产主义社会的全面发展的新人,就是既有政治觉悟又有文化的、既能从事脑力劳动又能从事体力劳动的人,而不是旧社会的只专不红,脱离生产劳动的资产阶级知识分子。"② 中国教育工作坚持加强和改善知识分子、青年学生的思想政治工作,用马克思主义世界观和共产主义道德教育人民和青年。

在高校师德建设方面,坚持"又红又专"的原则。"红"主要是对教师进行马克思列宁主义的政治教育和思想教育,培养教师的工人阶级观点。教育部对在高等教育领域开展思想政治教育提出三条规定:"不采取思想总结、思想检查、整风、坦白反省、斗争大会的形式;欢迎教职工自愿参加,不要规定或勉强;在教会学校不要刺激人们的宗教感情。"③ 这一时期的高校思想政治教育工作比较注重方式方法,坚持自愿为主的原则,以教育说服、积极鼓励的方式对教师进行思想改造。1961年,中共中央颁布《关于讨论和试行教育部直属高等学校暂行工作条例(草案)的指示》,继续强调"教师应该努力学习马克思列宁主义、毛泽东著作,自觉地进行思想的自我改造,不断提高自己的思想政治水平和业务水平"④。

"专"主要体现为学习知识文化,提高技能水平。1950年6月,中国召开了第一次全国高等教育工作会议。会议对中国高等教育的方针

---

① 《毛泽东文集》第七卷,人民出版社1999年版,第226页。
② 中共中央文献研究室编:《建国以来重要文献选编》(第十一册),中央文献出版社1995年版,第491页。
③ 苏渭昌、雷克啸、章炳良主编:《中国教育通史·中华人民共和国卷》(下)第16卷,北京师范大学出版社2013年版,第10页。
④ 何东昌主编:《中华人民共和国重要教育文献(1949—1975)》,海南出版社1998年版,第106页。

和建设方向进行了讨论，确立了高等教育要适应国家经济建设需要，要"培养具有高度民主文化水平的、掌握现代科学和技术成就的、全心全意为人民服务的、高级的国家建设人才"①的高等教育方针。高校要重视科学理论知识的教育，高校教师要积极开展科学研究工作，克服脱离实际的教条主义，克服轻视理论的经验主义和实用主义倾向。1961年，《中华人民共和国教育部直属高等学校暂行工作条例（草案）》规定："高等教育的基本任务，是贯彻执行教育为无产阶级的政治服务，教育与生产劳动相结合的方针，培养为社会主义建设所需要的各种专门人才。"②高等教育的方针提出后，教育部开始进行院系调整，中国高等教育朝着学科专业化的道路发展。这对高校教师的知识文化和技能水平提出更高要求，要求高校教师要成为专业型人才。

毛泽东同志认为，"红"与"专"是辩证统一的关系，"不注意思想和政治，成天忙于事务，那会成为迷失方向的经济家和技术家，很危险。思想工作和政治工作，是完成经济工作和技术工作的保证，它们是为经济基础服务的。思想和政治又是统帅，是灵魂"③。然而，在"文化大革命"中，这一辩证关系被"四人帮"恶意曲解，把两者形而上学地对立起来，只讲政治觉悟，不讲业务本领，使党的教育工作逐渐走向极端，将"培养有社会主义觉悟的有文化的劳动者"变成了"政治挂帅""宁要没文化的劳动者，不要有文化的剥削者"等。④

---

① 苏渭昌、雷克啸、章炳良主编：《中国教育通史·中华人民共和国卷》（下）第16卷，北京师范大学出版社2013年版，第11页。
② 何东昌主编：《中华人民共和国重要教育文献（1949—1975）》，海南出版社1998年版，第1060页。
③ 《毛泽东文集》第七卷，人民出版社1999年版，第351页。
④ 苏渭昌、雷克啸、章炳良主编：《中国教育通史·中华人民共和国卷》（下）第16卷，北京师范大学出版社2013年版，第40页。

以阶级斗争为纲，知识分子成了阶级斗争的对象，使高等教育事业受到重创，严重阻碍了高校师德的建设与发展，甚至出现历史倒退的现象。

3. 加强党对思想政治工作的领导

在师德建设的组织领导方面，党中央明确提出要加强党对思想政治工作的领导权。党中央在这时提出加强师生思想政治教育工作，加强党对思想政治工作的领导权，有着深刻的社会渊源。国际社会上"波兰事件"与"匈牙利事件"的发生，苏联和东欧国家在社会主义建设道路上的重大事件，引起了中共中央的高度关注。1956 年，毛泽东同志在《论十大关系》中，对苏联在建设社会主义过程中的缺点和错误进行了总结反思。党和政府决定加强师生的思想政治教育工作，加强党对思想政治工作的领导权。

1958 年，《中共中央 国务院关于教育工作的指示》强调，"党的教育工作方针，是教育为无产阶级的政治服务，教育与生产劳动结合；为了完成这个方针，教育工作必须由党来领导。"[①]。加强党的领导，以便团结一切可能团结的教育工作者，克服教育工作中的右倾思想和教条思想。《中共中央 国务院关于教育工作的指示》要求，"在一切高等学校中，应当实行学校党委领导下的校务委员会负责制。……学校党委应当在教师中经常注意进行思想改造的工作，注意培养新生力量。在提拔师资的时候，要首先注意政治思想条件、学识水平和解决实际问题的能力"。[②]

1957 年 3 月 7 日，毛泽东同志在普通教育工作座谈会上强调："学校要加强政治思想教育，每省要有一位宣传部长、一位教育厅长亲自

---

① 《中共中央 国务院关于教育工作的指示》，人民出版社 1958 年版，第 3 页。
② 《中共中央 国务院关于教育工作的指示》，人民出版社 1958 年版，第 6 页。

抓这项工作","党委应当指导青年的思想,指导教师的思想"①,并责成省委、地委、县委书记管思想工作。在《关于正确处理人民内部矛盾的问题》中,毛泽东同志指出,"思想政治工作,各个部门都要负责任。共产党应该管,青年团应该管,政府主管部门应该管,学校的校长教师更应该管"②。

4. 师德建设与群众路线相结合

这一时期,师德建设有一个重要特征——师德建设与群众路线相结合。"知识分子要劳动化,劳动人民知识化"③,毛泽东同志号召广大知识分子要到群众中去,到工厂中去,到农村中去,向生产者学习,向工人学习,向贫农下中农学习,向学生学习,同工农群众相结合。"知识分子如果同工农群众结合,和他们做了朋友,就可以把他们从书本上学来的马克思主义变成自己的东西。学习马克思主义,不但要从书本上学,主要地还要通过阶级斗争、工作实践和接近工农群众,才能真正学到。"④ 1942年5月,毛泽东同志在延安文艺座谈会上就强调,"只有做群众的学生才能做群众的先生"⑤。

1958年,毛泽东同志在一次谈话中指出,"教育必须为无产阶级政治服务,必须同生产劳动相结合"⑥。"两个必须"在很长一段时间内成为当时的教育指导思想。早在苏区的时候,毛泽东同志就已经提出教育要与生产劳动相结合的思想。苏维埃文化教育的总方针"在于以共产主义精神来教育广大的劳苦民众,在于使文化教育为革命战争与

---

① 《毛泽东文集》第七卷,人民出版社1999年版,第247页。
② 《毛泽东文集》第七卷,人民出版社1999年版,第226页。
③ 中共中央文献研究室:《建国以来重要文献选编》(第十九册),中央文献出版社1998年版,第514页。
④ 《毛泽东文集》第七卷,人民出版社1999年版,第273页。
⑤ 《毛泽东选集》第三卷,人民出版社1953年版,第864页。
⑥ 《毛泽东同志论教育工作》,人民教育出版社1992年版,第273页。

阶级斗争服务，在于使教育与劳动联系起来，在于使广大中国民众都成为文明幸福的人"①。知识分子只有走进工农群众，只有将教育与生产劳动相结合，才能牢固树立革命的人生观和世界观，才能与人民群众建立起友好的感情。毛泽东同志在《整顿学风》中指出，"有什么办法使这种仅有书本知识的人变为名副其实的知识分子呢？唯一的办法就是使他们参加到实际工作中去，变为实际工作者，使从事理论工作的人去研究重要的实际问题"②。

1957年3月7日，毛泽东同志在普通教育工作座谈会上强调，"学校要大力进行思想教育，进行遵守纪律、艰苦创业的教育""教师与学生同甘共苦，一起办好学校"。③ 1958年，毛泽东同志视察天津大学时指示：老师也要参加劳动，不能光动嘴，不动手""高等学校应该抓住三个东西：一是党委领导；二是群众路线，三是把教育和生产劳动结合起来。"④ 这一时期的高校教师师德建设要求高校教师要深入工农群众，到人民群众中，与人民群众打成一片，开展开荒种地、修建校舍等生产劳动，高校教师还积极参加土地改革和各种政治运动。

《中共中央 国务院关于教育工作的指示》强调，"办教育需要依靠专门的队伍，没有专门队伍是不行的。但是，教育工作的专门的队伍必须与群众结合，办教育更必须依靠群众""办教育应当在党委领导之下，把专业的教育工作者同群众结合起来，采取从群众中来、到群众

---

① 韩庆祥、亢安毅：《马克思开辟的道路——人的全面发展研究》，人民出版社2005年版，第78页。
② 《毛泽东同志论教育工作》，人民教育出版社1958年版，第132页。
③ 中华人民共和国教育部、中共中央文献研究室编：《毛泽东邓小平江泽民论教育》，中央文献出版社、人民教育出版社、北京师范大学出版社2002年版，第69页。
④ 《毛泽东同志论教育工作》，人民教育出版社1958年版，第67页。

中去的群众路线的方法，贯彻全党全民办学"。① 打破了专家包办，教条主义的做法。

与群众路线相结合的师德要求，还体现为建立民主平等的师生关系。学校领导人员要在生活和劳动中与学生打成一片，党团工作人员、政治课教师要与学生同吃、同住、同劳动，教师应主动接近学生、了解学生，做到"全面发展"与"因材施教"相结合。

(二) 新中国成立初期师德建设对高校师德建设长效机制的重要意义

新中国成立到"文化大革命"前的这段时间，是从新民主主义社会向社会主义社会的过渡时期和十年探索期，中国各项事业从百废待兴到发展起步，其中，中国高等教育事业也刚刚起步。中国高校师德建设在吸收革命战争时期探索的有益经验，延续和继承师德建设的优良传统基础之上，对高校师德建设进行了初步探索。这一时期是高校师德长效机制的萌芽时期，党在高校师德建设的探索中取得了正反两方面的经验教训，对今后高校师德建设长效机制的构建具有重要启示和教育意义。

一是强调党对教育事业的领导权，加强教师的思想政治教育。建立各级党委亲自管思想政治教育工作的模式，具有现实必要性，对确保教育坚持正确政治方向，确保政治稳定，具有重要意义。党委领导的理念为今后高校师德建设长效机制的构建奠定了良好的思想基础。二是"文化大革命"的反面教训，为高校师德建设长效机制提供了重要的警示作用。高校师德建设长效机制一定要遵循高等教育的发展规律，必须以教师为本，充分尊重教师在教育事业中的主体地位，把教

---

① 《中共中央 国务院关于教育工作的指示》，人民出版社1958年版，第10页。

师放在人民的对立面是错误而且非常危险的。高校师德建设长效机制要尊重教育自身发展规律，如果政治高度集中，过分强调政治手段，运用政治手段对师德建设进行干预，那么效果往往适得其反，甚至起到严重的破坏作用。三是在进行高校教师的思想政治教育过程中，要注重方式方法。新中国成立后党在对知识分子进行思想改造过程中，使用教育说服、积极鼓励、自愿参与的方法，取得了良好效果。建立健全高校师德建设长效机制，开展师德宣传教育要用高校教师所喜闻乐见的方式，激发教师的积极主动性，避免强迫、孤立的做法。四是师德建设必须建立在稳定的政治环境与良好的社会环境的基础之上，在全社会传承和弘扬尊师重教的优良传统，这是做好高校师德建设的重要前提条件，高校师德建设长效机制的构建要注重优化外部社会环境。

二 高校师德建设长效机制的初步探索期

高校师德的建设与社会经济文化发展水平、社会精神文明建设状况、高等教育事业的发展状况等密切相关。1978—2012 年，是中国高等教育事业的改革发展期，也是高校师德建设长效机制的初步探索期，这一时期高等教育事业以改革发展为背景，不断重视和加强高校师德建设，并取得一些进展，初步建立了高校师德建设长效机制。

（一）改革开放和社会主义现代化建设新时期高校师德建设历程

1978 年，党的十一届三中全会召开后，中国逐渐扭转了教育界的"左"倾思想路线，高等教育事业由全面拨乱反正进入了新的历史发展阶段。1980 年 1 月，全国教育工作会议提出实行"调整、改革、整顿、提高"的方针，但"两个必须"的教育总方针没有变。直到 1981 年，党的十一届六中全会通过《中国共产党中央委员会关于建国以来党的若干历史问题的决议》，对教育方针做出了调整："要加强和改善思想政治工作，用马克思主义世界观和共产主义道德教育人民和青年。坚持德智体全面发展、又红又专、知识分子与工人农民相结合、脑力劳动与体力劳动相结合的教育方针"①"两个必须"的方针才被取代，"左"倾革命思维被废除，但此时教育思想基本上仍然以毛泽东思想为指导。

1985年，中共中央颁布《关于教育体制改革的决定》，开始了教育事业的全面改革，标志着中国教育从传统的为政治服务转变为为社会主义现代化建设服务，教育服务于经济建设这一中心。加快教育体制的改革，"加强高等学校同生产、科研和社会其他各方面的联系，使高等学校具有主动适应经济和社会发展需要的积极性和能力"②。1992年10月，党的十四大提出建立社会主义市场经济体制，教育体制也进行相应改革，建立起与社会主义市场经济体制和政治体制、科技体制改革相适应的教育新体制。市场经济体制的转型，对高等教育事业的发展，尤其对高校师德建设产生了重要影响。党的十四大报告强调，"必须把教育摆在优先发展的战略地位，努力提高全民族的思想道德和科学文化水平，这是实现我国现代化的根本大计"③，教育被摆在国家重要优先发展位置。党的十四大报告还强调，要充分发挥知识分子的作用，加强师资队伍的培养和建设，"努力创造更加有利于知识分子施展聪明才智的良好环境，在全社会进一步形成尊重知识、尊重人才的

---

① 中共中央文献研究室编：《三中全会以来重要文献选编》下，中央文献出版社2011年版，第170页。
② 《关于教育体制改革的文件》，人民出版社1985年版，第11页。
③ 中共中央文献研究室编：《十四大以来重要文献选编》上，人民出版社1996年版，第25页。

良好风尚"。①

教育方针的转变,教育体制的改革,对高校师德建设产生了重要影响。主要体现为从过去单一强调高校教师的思想政治素质,到更加注重教师的专业素质和专业能力的提升,师德建设拓展到教学伦理、科研伦理等方面。随着高等教育改革的不断推进,以及市场经济带来的一些不利影响,使得高校师德领域出现了一些突出问题,国家开始制定相关师德规范,在制度上对高校教师的行为进行规范和约束,初步探索高校师德建设长效机制,师德建设开始走向规范化、制度化。

1. 深化高校教师思想政治素质教育

虽然随着教育体制的改革,国家对教育方针进行了调整,高等教育从传统的为政治服务转变成为社会主义现代化建设服务,面向经济主战场,为经济建设服务,但是并不意味着在高校教师的师德建设方面放松了对教师的思想政治素质的要求。随着社会的发展以及教育实践的不断深入,党和国家越来越认识到加强高校教师思想政治素质的重要性,通过一系列措施加强和提高高校教师的思想政治素养。

20世纪80年代末90年代初,国际社会主义运动陷入低潮,受国际社会上东欧剧变、苏联"八一九"事件和苏联解体等事件的影响,以及境外反动势力严重渗透,国内反对社会主义制度,搞资产阶级自由化等社会思潮涌现,社会上出现思想战线混乱的现象。少数别有用心的人,特别是党内少数知识分子对青年学生进行煽动,加上学校对青年学生的教育引导不力,被反动分子钻了空子,导致学生闹事行为

---

① 中共中央文献研究室编:《十四大以来重要文献选编》上,人民出版社1996年版,第26页。

发生。邓小平同志深刻分析了当时的形势，认为社会问题主要出在教育领域，具体在思想政治工作方面。"我们最近十年的发展是很好的。我们最大的失误是在教育方面，思想政治工作薄弱了，教育发展不够。"① 因此，邓小平同志尤为强调，"加强思想政治工作、说服教育工作，同社会不良风气包括特权思想进行斗争"②。

1987年5月，中共中央出台《关于改进和加强高等学校思想政治工作的决定》，指出："近几年从中央到许多地方在政治思想战线上存在着软弱混乱现象，许多高等学校程度不同地削弱了党的思想政治工作。思想政治教育的内容、形式和方法也不适应新形势的要求"。③ 由于高校教师思想政治教育弱化，导致"不少教师对建设和改革的实际了解不够，少数教师受到错误思潮的影响"④。该决定提出，要"加强教职工队伍的思想建设，大力倡导教师教书育人、服务育人"⑤，提高教师的政治和业务水平。同时，要建设一支坚强的马克思主义理论教师和思想政治工作队伍，不断提高高校领导班子的思想政治水平，加强和改善对思想政治工作的领导。

高校是意识形态的前沿阵地，是国外敌对势力搞破坏、搞颠覆的重要阵地之一。江泽民同志强调，"我们的学校是社会主义的学校。坚持四项基本原则，坚持改革开放，维护安定团结，这是学校的一项

---

① 中华人民共和国教育部、中共中央文献研究室编：《毛泽东邓小平江泽民论教育》，中央文献出版社、人民教育出版社、北京师范大学出版社2002年版，第195页。
② 中华人民共和国教育部、中共中央文献研究室编：《毛泽东邓小平江泽民论教育》，中央文献出版社、人民教育出版社、北京师范大学出版社2002年版，第186页。
③ 中共中央文献研究室编：《十二大以来重要文献选编》下，中央文献出版社2011年版，第329页。
④ 中共中央文献研究室编：《十二大以来重要文献选编》下，中央文献出版社2011年版，第335页。
⑤ 中共中央文献研究室编：《十二大以来重要文献选编》下，中央文献出版社2011年版，第334页。

重要政治任务"①。高校教师要成为热爱祖国，热爱人民，热爱社会主义的模范，要为人师表，严格要求，成为学生的榜样，身教重于言传。江泽民同志提醒教育战线的管理者和广大教师，要充分认识"思想政治教育，在各级各类学校都要摆在重要地位，任何时候都不能放松和削弱。要说素质，思想政治素质是最重要的素质"②。

胡锦涛同志非常重视思想政治教育工作，尤其是要求在全党开展思想政治教育工作。他强调，"学校既要传授知识，又要做人的思想政治工作"③，要充分发挥好学校做好思想政治教育的主阵地、主课堂、主渠道作用，"把社会主义核心价值体系融入国民教育全过程，深入推动中国特色社会主义理论体系进教材、进课堂、进头脑"④。他要求，广大人民教师必须"忠诚于人民教育事业，树立崇高的职业理想和坚定的职业信念，把全部精力和满腔真情献给教育事业，做爱岗敬业的模范"⑤。

2. 高校师德建设的内涵不断丰富

高校师德的要求随着时代的发展变化而不断丰富，社会经济的发展和高等教育事业的发展对高校师德的建设提出更高的要求。高校师德建设的内容也从单一的思想政治素质要求，拓展到教学、科研等方面，对高校教师的个人道德修养提出更高要求。

首先，在教育教学方面，高校师德建设更加注重增强教师的职业

---

① 中华人民共和国教育部、中共中央文献研究室编：《毛泽东邓小平江泽民论教育》，中央文献出版社、人民教育出版社、北京师范大学出版社2002年版，第213页。
② 中华人民共和国教育部、中共中央文献研究室编：《毛泽东邓小平江泽民论教育》，中央文献出版社、人民教育出版社、北京师范大学出版社2002年版，第275页。
③ 《胡锦涛文选》第一卷，人民出版社2016年版，第33页。
④ 《胡锦涛文选》第三卷，人民出版社2016年版，第420—421页。
⑤ 胡锦涛：《在全国优秀教师代表座谈会上的讲话》（2007年8月31日），人民出版社2007年版，第6页。

责任心，增强高校教师教书育人的使命感和责任感，要求高校教师自觉遵守教学规范和教学道德，规范自身的教学行为，并不断改进教学方式方法，创新教学内容和手段，增强高校教师的育人本领，提高育人能力。

一是高校教师要自觉遵守教学规范和教学道德，规范自身的教学行为。教学活动是高校教师的主要活动，高校教师在教学活动中要自觉遵守课堂纪律，遵守教学道德。1999年，中共中央在《关于加强和改进思想政治工作的若干意见》中，明确指出"要坚持以马克思主义指导教学工作，绝不能为错误思潮提供讲台和阵地"①。高校教师要"坚持学术研究无禁区、课堂讲授有纪律，严格教育教学纪律，切实加强教材管理，在讲台上和教材中不得散布违背宪法和党的路线方针政策的错误观点和言论"②。课堂是高校教师进行教育实践的重要场所，是学生接受信息和接受思想观点的主要场所，也是意识形态工作的重要阵地，高校教师要自觉增强政治意识，严格遵守课堂纪律，不踩红线、底线，规范教学。

二是高校教师要不断提升教学专业能力和水平，提高自身的育人本领和能力。在很长一段时间里，高校教师的教育理念、教育内容、方法和手段跟不上形势的发展变化，同社会主义现代化建设发展的需要不相适应的矛盾日益凸显。1985年，中共中央颁布的《关于教育体制改革的决定》特别指出，"在高等教育体制改革的同时，按照理论联系实际的原则，在辩证唯物主义和历史唯物主义的思想指导下，改革教学内容、教学方法、教学制度，提高教学质量，是一项十分重

---

① 中共中央文献研究室编：《十五大以来重要文献选编》中，人民出版社2001年版，第1045页。

② 中共中央文献研究室编：《十六大以来重要文献选编》中，中央文献出版社2006年版，第183页。

要而迫切的任务"①。邓小平同志要求,"把师资培训列入规划,列入任务。只有老师教得好,学生才能学得好"②。江泽民同志强调,高校教师"必须转变那种妨碍学生创新精神和创新能力发展的教育观念、教育模式,特别是由教师单向灌输知识,以考试分数作为衡量教育成果的唯一标准,以及过于划一呆板的教育教学制度"③。在全面深入实施素质教育阶段,胡锦涛同志又提出,广大教师要"遵循教育规律和人才成长规律,注重学思结合、知行统一、因材施教,创新教育教学方法,倡导启发式、探究式、讨论式、参与式教学"④。高校教师不仅要改善教学方式、方法,还要增强将思想政治教育工作与教学工作相结合的能力,善于在传授专业知识的过程中,加强大学生的思想政治教育,从而不断提高学生的思想政治素养和政治觉悟。

其次,高校师德建设要求高校教师要自觉遵守学术道德规范,规范学术研究行为,营造良好的学术风气。学术道德是科学研究人员开展科学研究的过程中,必须遵循的最基本的伦理行为规范,高校科研人员要学风端正,具备团结协作、开拓创新的精神。1995年,江泽民同志在全国科学技术大会上要求,广大科技工作者"要坚持党的基本路线,大力弘扬爱国主义精神、求实创新精神、拼搏奉献精神、团结协作精神。这四种精神,是我国数代科技工作者崇高品质的结晶,也是科技事业繁荣的重要保证,要作为科技界精神文明建设的重

---

① 《关于教育体制改革的文件》,人民出版社1985年版,第14页。
② 中华人民共和国教育部、中共中央文献研究室编:《毛泽东邓小平江泽民论教育》,中央文献出版社、人民教育出版社、北京师范大学出版社2002年版,第109页。
③ 中华人民共和国教育部、中共中央文献研究室编:《毛泽东邓小平江泽民论教育》,中央文献出版社、人民教育出版社、北京师范大学出版社2002年版,第278页。
④ 胡锦涛:《在全国教育工作会议上的讲话》(2010年7月13日),人民出版社2010年版,第16页。

要内容"①。1998年,教育部在《面向21世纪教育振兴行动计划》中,提出要"重视培养高层次创造性人才的团结、协作和奉献的精神"②。科研人员要以求实的态度开展科学研究,充分尊重客观规律,不断探索真理,拼搏奉献,艰苦奋斗。

  为了加强学术道德教育,规范高校教师的学术研究行为,在2006年前后,教育部先后颁布《关于加强学术道德建设的若干意见》《高等学校哲学社会科学研究学术规范(试行)》《关于树立社会主义荣辱观进一步加强学术道德建设的意见》等文件,对当时学术界出现的夸大研究成果、一稿多投、虚假署名、抄袭剽窃、伪造数据、篡改事实、系统造假,甚至是权学、钱学交易等严重师德失范,败坏学术风气,阻碍学术进步的恶劣行为予以严令制止。

  2011年,教育部颁布《关于切实加强和改进高等学校学风建设的实施意见》。实施意见明确指出,要坚决反对不良学风,遏制学术不端行为。在"十二五"期间开展高校学风建设专项教育和治理行动,对高校教师在教学科研活动中出现的急功近利、浮躁浮夸、抄袭剽窃、伪造篡改、买卖论文、考试舞弊等破坏高校教书育人的学术风气的行为予以坚决惩治,有效改善高校师生科研诚信现状。

  在国家大力实施"科教兴国""人才强国"的战略背景下,高校教师面向经济主战场打好科研攻坚战,在学术研究的过程中要自觉遵守学术道德规范,克服学术浮躁和学术不端行为,形成良好的学术风气,自觉涵养高校教师立志科技报国的情怀,培养不畏艰难、团结协作、务实创新、勇攀科学高峰的科研精神。

---

  ① 中共中央文献研究室编:《十四大以来重要文献选编》中,人民出版社1997年版,第1393页。
  ② 中共中央文献研究室编:《十五大以来重要文献选编》,人民出版社2000年版,第728页。

最后，这一时期高校师德建设除了对高校教师的教学、科研行为提出要求，还对高校教师的个人道德修养提出更高的要求。"教师是学生增长知识和思想进步的导师，他的一言一行，都会对学生产生影响，一定要在思想政治上、道德品质上、学识学风上，全面以身作则，自觉率先垂范。"① 高校教师通过提高自身的道德修养，以高尚的师德师风教育和影响学生，从而更好地做好大学生思想政治教育工作。

良好的师德师风是做好大学生思想政治教育工作的前提。党的十五大之后，中国深化教育体制改革，全面推进素质教育。素质教育的实施对高校教师的师德师风和综合素质提出新的要求，要求高校教师"要树立正确的教育观、质量观和人才观，增强实施素质教育的自觉性；要不断提高思想政治素质和业务素质，教书育人，为人师表，敬业爱生"②。2004年，中共中央、国务院出台的《关于进一步加强和改进大学生思想政治教育的意见》指出："思想政治教育工作队伍建设亟待加强，少数教师不能做到教书育人、为人师表。"③ 做好大学生思想政治教育工作，是所有高校教师肩负着的育人职责，"教师要提高师德和业务水平，爱岗敬业，教书育人，为人师表，以良好的思想政治素质和道德风范影响和教育学生"④。

20世纪90年代，改革开放初期，受到市场经济浪潮的影响，社会

---

① 中华人民共和国教育部、中共中央文献研究室编：《毛泽东邓小平江泽民论教育》，中央文献出版社、人民教育出版社、北京师范大学出版社2002年版，第282页。
② 中共中央文献研究室编：《十五大以来重要文献选编》中，人民出版社2001年版，第869页。
③ 中共中央文献研究室编：《十六大以来重要文献选编》中，中央文献出版社2006年版，第179页。
④ 中共中央文献研究室编：《十六大以来重要文献选编》中，中央文献出版社2006年版，第187—188页。

上存在一些没有理想、没有纪律的现象，金钱至上的拜金主义盛行，人们纷纷"下海"经商，高校教师队伍中也出现了"辞职潮"。高等教育改革办学体制，改变了原有政府包揽办学的格局，建立以政府办学为主体、社会各界共同办学的体制。学校的办学自主权有所增强，民办教育也逐渐兴起，随着资本的涌入，教育体制市场化改革，催生了一些教育领域腐败行为的发生，如挪用教育经费、乱收费等违法现象，对高校师德建设产生了十分不利的影响。

此时，高校师德建设要求高校教师要坚定职业理想、淡泊名利、敬业奉献、廉洁自律，不断加强自身的道德修养，自觉抵制社会上的不良风气，自觉做学生为学为事为人的榜样。广大教师要"自觉坚持社会主义核心价值体系，带头实践社会主义荣辱观，不断加强师德修养，把个人理想、本职工作与祖国发展、人民幸福紧密联系在一起，树立高尚的道德情操和精神追求"①。

加强高校教师的道德修养，还有利于构建平等和谐的师生关系。2005年，针对当时师德建设中出现教师讥讽、歧视、侮辱学生，体罚和变相体罚学生，向学生推销教辅资料及其他商品，索要或接受学生、家长财物等违反师德师风的突出问题，教育部出台《关于进一步加强和改进师德建设的意见》。意见明确指出，广大教师要"牢固树立育人为本、德育为先的思想，全面关心学生成长，热爱学生，尊重学生，公平公正对待学生"②。高校教师要充分尊重学生的人格和个性，"教师与学生之间要相互学习、相互切磋、相互启发、相互激励"③，形成

---

① 胡锦涛：《在全国优秀教师代表座谈会上的讲话》（2007年8月31日），人民出版社2007年版，第7页。
② 《关于进一步加强和改进师德建设的意见》，http：//www.moe.gov.cn/srcsite/A10/s7002/200501/t20050113_145826.html。
③ 中华人民共和国教育部、中共中央文献研究室编：《毛泽东邓小平江泽民论教育》，中央文献出版社、人民教育出版社、北京师范大学出版社2002年版，第278页。

师长爱护学生，学生尊敬老师的良好互动关系。邓小平同志曾评价这样的师生关系为"革命的同志式的关系"①。建立平等和谐的新型师生关系，既是高校教师师德建设的要求，也是"教学相长"促进高校教师自我成长的内在需要。

由此可见，随着社会政治经济文化和高等教育的发展，高校师德建设的内涵不断丰富，从新中国成立之初以加强政治思想教育为主线，强调政治素养的师德建设要求，转化为全方位的师德建设。以坚定的政治方向为基础，更加注重强化高校教师教书育人的社会责任感和使命感，增强高校教师的社会服务意识和敬业奉献意识，强化职业道德理想，提升个人道德修养，自觉遵守教学规范和学术道德等多方面师德建设要求。

3. 加强职业道德教育和行风建设

在经济体制由计划经济体制转向市场经济体制转变的过程中，由于受到商品经济的冲击，社会上出现了一些与社会主义精神文明建设不符合的道德失范行为，尤其是经济领域的犯罪行为呈现多发状态，资本主义自由化等社会思潮严重干扰人们的思想。党的十一届三中全会以来，党中央要求大力加强社会主义精神文明建设，抵制资本主义思想的腐蚀，使人民成为有理想、有道德、有文化、守纪律的社会主义公民。党的十二大报告提出，要建设高度的社会主义精神文明，"当前社会风气中还存在着许多严重问题。党中央下决心要在今后五年内实现社会风气的根本好转"②，提出要普及职业道德教育，"在各行各业加强职业责任、职业道德、职业纪律的

---

① 中华人民共和国教育部、中共中央文献研究室编：《毛泽东邓小平江泽民论教育》，中央文献出版社、人民教育出版社、北京师范大学出版社2002年版，第145页。
② 中共中央文献研究室编：《十二大以来重要文献选编》上，中央文献出版社2011年版，第27页。

教育"①，不断提高广大劳动者的政治和业务素质。党的十二届六中全会通过《关于社会主义精神文明建设指导方针的决议》，再次强调，"在我们社会的各行各业，都要大力加强职业道德建设"②。

1987年，中央纪委颁布《关于共产党员要模范地遵守职业道德的通知》，要求共产党员要发挥先锋模范带头作用，率先提倡和遵守职业道德的基本要求，维护行业纪律，纠正行业的不正之风。党的十四大报告要求，要重视精神文明建设，社会"各行各业都要重视职业道德建设，逐步形成适合自身特点的职业道德规范"③，通过试点逐步建立健全适合自身特点的职业道德行为规范。

为加强社会主义精神文明建设，加强社会主义思想道德建设，2001年，中共中央印发《公民道德建设实施纲要》，提出"要大力倡导以爱岗敬业、诚实守信、办事公道、服务群众、奉献社会为主要内容的职业道德，鼓励人们在工作中做一个好建设者"④。学校是进行道德教育的重要阵地，要"发挥教师为人师表的作用，把道德教育渗透到学校教育的各个环节"⑤，教师自身要加强职业道德建设。

在全国开展职业道德教育，加强职业道德建设之际，教育部要求"各级教育行政部门和全体教育工作者，要提高以德治教的自觉性，不断加强职业道德建设，为人师表，教书育人，管理育人，服务育

---

① 中共中央文献研究室编：《十二大以来重要文献选编》上，中央文献出版社2011年版，第26页。
② 《中共中央关于社会主义精神文明建设指导方针的决议》，人民出版社1986年版，第12页。
③ 中共中央文献研究室编：《十四大以来重要文献选编》上，人民出版社1996年版，第31页。
④ 中共中央文献研究室编：《十五大以来重要文献选编》下，人民出版社2003年版，第1985—1986页。
⑤ 中共中央文献研究室编：《十五大以来重要文献选编》下，人民出版社2003年版，第1987页。

人，环境育人。学校教育要坚持把德育工作摆在素质教育的首要位置"①。高校不断加强教师的职业道德教育，使高校教师对其自身所从事职业的道德规范有了更深刻的认识，教师队伍的整体素质得到了改善提升，高等教育的行风得到了有效整顿，有力地推动了高校职业道德建设的发展。

党的十三大以来，党中央要求加强党风廉政建设和开展反腐败斗争，将党风廉政建设与职业道德教育、加强精神文明建设和创建文明行业相结合，纠正行业的不正之风。教育系统迅速开展党风廉政建设和行风建设，通过开展教育系统的党风廉政建设，不断推动教育系统的师德师风建设。教育系统的腐败行为不仅违反法律法规，更是严重的师德师风失范行为，污染高校政治生态，破坏高校健康向上的校园文化。与其他行业相比，教育系统有其自身的特点，教育系统的党风廉政建设要根据教育系统的实际以及特征，完善教育系统惩治和预防腐败的体制机制，加大教育系统腐败行为的督查力度，严厉惩治教育系统的腐败行为，促使高校领导干部廉洁自律，规范高校招生考试收费等。

针对教育系统内部出现的各种腐败行为和突出问题，2004年教育部党组颁布《部直属高校党员领导干部廉洁自律的"六不准"规定》，加强普通高等学校领导干部的思想作风建设，划清底线，明确红线，使高校领导干部廉洁从教，依法治校。同年，针对当时部分直属高校中存在对外经济往来中违规收受回扣的现象和职务犯罪行为，教育部特别颁布《关于严禁直属高校在经济往来中违规收受回扣的通知》，严肃高校财经纪律，规范高等教育领域的经济秩序，避免经济犯罪和职

---

① 中共中央文献研究室编：《十五大以来重要文献选编》下，人民出版社2003年版，第1853页。

务犯罪行为的发生,净化校园文化环境。在此基础上,2010年,教育部党组印发《直属高校党员领导干部廉洁自律"十不准"》的通知,进一步规范高校党员领导干部的行为,有效净化高校风气。

2010年,《国家中长期教育改革和发展规划纲要(2010—2020年)》颁布,强调要"坚持标本兼治、综合治理、惩防并举、注重预防的方针,完善体现教育系统特点的惩治和预防腐败体系"①。通过开展教育系统的反腐败斗争,改善教育行业的风气,纠正损害群众利益的各种不正之风。教育系统要"大兴密切联系群众之风、求真务实之风、艰苦奋斗之风、批评和自我批评之风"②,改善行业风气,促进师德师风的建设。2011年,教育部出台《关于执行党风廉政建设责任制的实施办法》,进一步明确教育系统开展党风廉政建设的组织领导机构,完善责任落实制度和检查考核监督机制,强化责任落实。党的十七届六中全会要求,要"深化政风、行风建设,开展道德领域突出问题专项教育和治理"③。通过开展教育系统的专项教育和整治,有效改善行风,促进高校师德师风建设。

高等教育行业风气的整顿,还体现为改变学术界原有的不良风气。历史上,由于受到"文化大革命"的影响以及"四人帮"的破坏,在改革开放之初,学术界的学风、教育界的教风出现一些"后遗症",例如压制讨论、互相封锁等现象。学者们不敢发表不同言论,不敢为学术问题而争论。邓小平同志强调,要坚持"百家争鸣、百花齐放"的方针,要鼓励和促进学术讨论和交流,不同学派之间互相尊重,取长补短。学术界和教育界要改变原有不良风气,"支持和鼓励以科学研究

---

① 《全国教育工作会议文件选编》,人民出版社2010年版,第119页。
② 《全国教育工作会议文件选编》,人民出版社2010年版,第118—119页。
③ 《中共中央关于深化文化体制改革推动社会主义文化大发展大繁荣若干重大问题的决定》,人民出版社2011年版,第16页。

为基础的大胆探索和自由争论,使马克思主义的理论研究大大活跃起来,使各项决策建立在更加民主和科学的基础之上。……实行学术自由,创作自由,讨论自由,批评和反批评自由"[①]。

4. 初步建立师德建设长效机制

21 世纪初,中国高等教育进入了大众化阶段,党和国家高度重视高校教师队伍的建设,把高校教师队伍建设作为基础工程来抓,开始探索师德建设各项制度,师德建设长效机制初步建立。[②]

2005 年,教育部颁布《关于进一步加强和改进师德建设的意见》。该意见对如何加强师德建设提出一些具体措施,对探索高校师德建设长效机制具有重要意义。该意见主要从加强师德宣传、强化师德教育、严格考核管理、加强制度建设、切实加强党对师德建设的领导等具体方面就新时期如何加强和改进师德建设提出详细指导,具有前瞻性和开创性,对做好师德建设工作具有重要指导意义。该意见强调要加强制度建设,构建科学有效的师德建设和工作监督评估系统,研究制定合理的教师评价办法和指标体系,完善相关政策和制度,并要求各级教育行政部门和学校要因地因校制宜,制定可操作的实施办法,完善师德建设规章制度,建立师德建设长效机制。该意见首次提出要建立健全师德建设长效机制,开始了师德建设长效机制的初步探索。

2010 年,国家颁布出台《国家中长期教育改革和发展规划纲要(2010—2020 年)》,再次在加强教师师德建设方面提出要"采取综合措施,建立长效机制,形成良好学术道德和学术风气,克服学术浮躁,

---

[①] 中共中央文献研究室编:《十二大以来重要文献选编》下,中央文献出版社 2011 年版,第 133 页。

[②] 袁贵仁主编:《百年大计 教育为本——党的十六大以来教育事业改革发展回顾(2002—2012 年)》,人民出版社 2012 年版,第 249 页。

查处学术不端行为"①。建立健全长效机制,成为做好高校师德师风建设工作的重要抓手。

2012年,国务院颁布《关于加强教师队伍建设的意见》。该意见首次提出,要"建立健全教育、宣传、考核、监督与奖惩相结合的师德建设工作机制"②,构建师德建设长效机制。意见阐明了师德建设长效机制的内涵,指出师德建设长效机制是宣传、教育、考核、监督与奖惩相结合的工作机制。这为如何构建高校师德建设长效机制,构建什么样的高校师德建设长效机制指明了方向。该意见还对建立健全师德建设长效机制,提出具体工作要求:第一,开展各种形式的师德教育;第二,加大优秀师德典型宣传力度;第三,完善师德考评制度;第四,实行师德一票否决制;第五,完善师德监督机制;第六,健全学术不端行为惩治查处机制;第七,对有严重失德行为、影响恶劣者按有关规定予以严肃处理直至撤销教师资格。③

在相关文件的指导下,中国开始了师德建设长效机制的具体实践,初步建立师德建设长效机制。

一是在教师奖惩方面,常态化开展评选奖励活动。如通过实行"高等学校骨干教师资助计划",设立高等学校优秀青年教师科研和教学奖励基金等方式,从1999年起每年评选百名35岁以下取得重大科研和教学成果的青年教师,对其加大科研和教学的支持力度。2003年开始,教育部设立高等学校教学名师奖,对长期从事基础课程教学工作,注重教学改革与实践,教学方法先进,教学经验丰富,教学水平高超,

---

① 《全国教育工作会议文件选编》,人民出版社2010年版,第98页。
② 《国务院关于加强教师队伍建设的意见》,http://www.moe.gov.cn/jyb_xxgk/moe_1777/moe_1778/201209/t20120907_141772.html。
③ 《国务院关于加强教师队伍建设的意见》,http://www.moe.gov.cn/jyb_xxgk/moe_1777/moe_1778/201209/t20120907_141772.html。

教学效果良好的教授给予物质奖励,并每三年组织一次,形成常态化的奖励措施。自 21 世纪以来,"2001 年、2004 年、2007 年、2009 年先后 4 次开展大规模表彰活动,共表彰全国模范教师 2909 人,全国优秀教师 7200 人"①。仅"1993—2011 年,先后 6 次表彰'全国师德标兵'330 多人,表彰'全国师德先进个人'432 人"②,极大地激发了教师的积极主动性,并在全社会营造尊师重教的良好氛围。

二是加强师德宣传教育,对在全国教育一线工作中涌现出来的、全面贯彻党和国家教育方针的、忠于职守的、师德高尚的、无私奉献并在教育事业的改革发展中取得显著成绩的先进模范教师进行表彰,号召全国教育战线的教师向先进模范教师学习。2004 年评选霍懋征、邹有云、黄静华、盘振玉、林崇德五位师德模范先进人物,在全国教育战线进行学习宣传;2006 年评选孟二冬同志为"全国模范教师",并在全国掀起了学习宣传和贯彻落实胡锦涛同志给北大教师孟二冬女儿回信精神活动;2010 年,教育部会同有关中央新闻媒体和教育媒体组织开展"全国教书育人楷模"评选活动等。2002—2012 年,教育部先后 11 次组织全国优秀教师重大典型先进事迹报告活动③,通过开展报告活动等方式,在全国教育系统中广泛开展师德宣传教育。

三是开始逐步建立各项体制机制,加强顶层制度设计。完善教师管理制度,运用正确的政策导向,通过推动人事制度和分配制度的改革,对教职工实行岗位责任制和聘任制,打破原有的平均主义,在分

---

① 袁贵仁主编:《百年大计 教育为本——党的十六大以来教育事业改革发展回顾(2002—2012 年)》,人民出版社 2012 年版,第 247 页。
② 袁贵仁主编:《百年大计 教育为本——党的十六大以来教育事业改革发展回顾(2002—2012 年)》,人民出版社 2012 年版,第 247 页。
③ 袁贵仁主编:《百年大计 教育为本——党的十六大以来教育事业改革发展回顾(2002—2012 年)》,人民出版社 2012 年版,第 248 页。

配上按照工作实绩拉开差距。政策导向、思想教育和物质激励手段相结合，发挥价值引领作用，激发高校教师的积极主动性，不断促进高校教师形成良好的师德师风。完善教师考核（评价）机制，在教师职称评定等方面，坚持德才兼备的原则，鼓励教师从事德育工作，提出"教师从事德育工作和参加社会实践的成绩，应与其他工作成绩同等对待"[①]。不断完善师德考核（评价）机制，将师德评价作为教师评价的首要内容，实行师德"一票否决制"。逐步建立起学生、家长和社区共同参与的师德监督机制等。各项体制机制开始逐步确立，并应用于具体实践当中，在实践中进行了许多有益的探索，积累了大量宝贵的经验。

四是通过制定教育法律、法规，加快教育法治建设，建立和完善执法监督系统，逐步实现依法执教、依法治校，推动师德建设法治化。1995年，《中华人民共和国教育法》出台，明确规定国家保护教师的合法权益，改善教师的工作条件和生活条件，提高教师的社会地位。教师的工资报酬、福利待遇，依照法律、法规的规定办理。国家实行教师资格、职务、聘任制度，通过考核、奖励、培养和培训，提高教师素质。[②] 从法律层面，保障教师的合法权益，使师德建设有法可依。

五是建章立制，明确师德规范。2011年，教育部和中国教科文卫体工会全国委员会联合颁布《高等学校教师职业道德规范》，从"爱国守法，敬业爱生，教书育人，严谨治学，服务社会，为人师表"[③] 六个方面对高校教师提出师德要求。这是教育部颁布的第一个关于高校教

---

① 中共中央文献研究室编：《十四大以来重要文献选编》上，人民出版社1996年版，第78页。

② 全国人民代表大会常务委员会法制工作委员会编：《中华人民共和国法律汇编（1995—1999）》上，人民出版社2000年版，第132—133页。

③ 袁贵仁主编：《百年大计 教育为本——党的十六大以来教育事业改革发展回顾（2002—2012年）》，人民出版社2012年版，第249页。

师师德规范的正式文件，文件中除了对高校师德规范的内容进行了规定，还对应该禁止的行为作出了明确规定，为高校教师履职尽责制定了行为标准，同时也为高校师德建设长效机制的构建提供了依据，奠定了基础。

(二) 改革开放和社会主义现代化建设时期师德建设对高校师德建设长效机制的重要意义

《教师教育蓝皮书：中国教师教育发展报告（2022）》将中国改革开放以来师德师风建设分为过渡性和模糊化阶段、专门性和完备化阶段、精深性和常态化阶段，凸显了社会发展、教育发展和教师发展三者之间相互制约的关系。① 改革开放之初，中国高校师德建设处于过渡阶段，恢复和重建高等教育秩序期间，高校师德建设处于模糊化的过渡阶段。这一历史时期是非常关键的转折期，高校师德建设在经历遭受严重破坏之后开始重建，随着经济基础的变化而不断做出调整。随着高等教育体制改革和高等教育实践的不断深入，高校师德的内涵也不断丰富发展。中国逐步建立起了具有中国特色，符合社会主义市场经济的社会主义道德，为高校师德建设长效机制的构建奠定了坚实的现实基础和思想基础，提供了不可或缺的社会条件。

进入社会主义现代化建设新时期，政治局面稳定健康发展，社会经济繁荣发展，为高等教育事业的发展提供了良好的社会环境。国家开始越来越重视教育事业，尤其重视教师队伍的建设，提出要加强师德师风建设，建立健全师德建设长效机制，对师德建设长效机制有了

---

① 凌亢主编：《教师教育蓝皮书：中国教师教育发展报告（2022）》，社会科学文献出版社 2022 年版，第 244—246 页。

初步的认识。这一时期，随着社会和高等教育事业的发展，在教育领域开展党风廉政建设和反腐败斗争，进一步净化了校园风气，极大地促进了师德师风的建设和发展。随着中国师德建设实践的不断推进，师德建设开始转向制度化、长效化的方向发展。这一时期初步建立起了师德建设长效机制，师德建设长效机制的各项体制机制得到了初步探索，在大量的实践中积累了宝贵的经验。

师德建设长效机制包括高校师德建设长效机制、中小学教师师德建设长效机制，高校师德建设长效机制是师德建设长效机制中的重要组成部分。师德建设长效机制从总体上对师德建设提出总的要求，从整体上把握中国师德建设的规律，而高校师德建设长效机制则是针对高校教师开展师德建设而提出的，具有针对性和实效性。高校师德建设长效机制是在深刻把握师德建设共性规律的基础上，结合个性特征，针对性开展高校师德建设。这一时期开展的师德建设长效机制的初步探索，为新时代高校师德建设长效机制的构建奠定了坚实的基础，做了充分的准备，对促进高校师德建设长效机制的建立具有重要作用。

三 高校师德建设长效机制的深化发展期

在党的十八大以前，中国虽然进行了师德建设长效机制的初步探索，但是针对高校教师的师德建设长效机制的探索还有待进一步加强。高校师德建设长效机制区别于中小学教师师德建设长效机制，其既有师德建设长效机制的普遍特征也有特殊性。因此，在师德建设长效机制的基础上，深入研究并专门构建高校师德建设长效机制具有现实必要性。党的十八大以来，党中央高度重视高校教师的队伍建设，尤其强调要加强高校教师的思想政治教育和师德师风建设。习近平总书记多次在不同场合,对高校教师的师德师风提出具体要求,从"四有好老师""四个引路人""四个相统一"到"大先生",无不体现了党中央对高校教师的关怀备至,对高校师德师风建设的高标准与严要求。习近平总书记关于教育的重要论述,尤其是关于高校师德师风建设的重要论述,是新时代加强高校师德师风建设,对高校师德建设长效机制进行深入探索的重要理论指导和行动遵循。新时代以来,高校师德建设长效机制进入了深化发展期,相关体制机制不断发展成熟完善。

(一) 高校师德建设长效机制深化发展

在前期实践的基础上,高校师德建设不断向前推进。新时代党中央高度重视高校教师队伍的建设,极大地推动了高校师德师风的建设和发展,促进了高校师德建设长效机制的发展完善。政策的密集期往往是事物发展的加速期,新时代高校师德师风建设朝着更加规范化、制度化的方向发展。在政策的推动下,使得高校师德建设长效机制不仅仅停留在纸面上,停留在概念理解上,而是逐渐成为有效推动高校师德师风建设的有力抓手和重要手段。在具体实践中,人们对高校师德建设长效机制的科学性和重要性的认识也不断深化,相关部门相继出台一系列具体措施,提出具体工作要求,为推动各地各高校,结合实际情况建立健全符合本地本校实际的高校师德建设长效机制指明了方向,提供了工作指南。

1. 高校师德建设长效机制的认识不断深化

辩证唯物主义的认识论认为,人们对事物的认识要经历感性认识到理性认识的上升过程,感性认识是理性认识的基础,理性认识是感性认识的深化与升华。人们在实践中不断深化感性认识,通过对所占有的丰富的感性材料,加以去粗取精、去伪存真、由此及彼、由表及里地加工后，在头脑中形成对事物的本质和内在规律的深刻认识和把握。人们对高校师德建设长效机制的科学内涵、本质特征、重要作用等方面的认识也是建立在实践的基础上不断深入。

一是对高校师德建设长效机制科学内涵的认识不断深化。人们在长期办学治校的实践中，尤其是在师德师风的建设过程中，提出要建立健全师德建设长效机制，并对师德建设长效机制的概念作出了阐释，对师德建设长效机制进行了初步探索，积累了大量的实践经验。这为人们深刻认识高校师德建设长效机制的科学内涵提供了良好的前提条件，有助于人们深刻掌握高校师德建设长效机制的本质特征和内在规律，从而更好地指导实践。

2014年，《教育部关于建立健全高校师德建设长效机制的意见》颁布。该意见详细阐释了高校师德建设长效机制的内涵，并提出建立健全高校师德建设长效机制的原则和要求及主要举措。高校师德建设长效机制是"教育、宣传、考核、监督与奖惩相结合的高校师德建设工作机制"[1]。意见的出台，使得人们对高校师德建设长效机制的科学内涵、本质特征等认识不断深化，为高校建立健全师德建设长效机制指明了方向，是高校师德师风建设重要的行动指南，具有十分重要的意义。

二是对高校师德建设长效机制重要作用的认识不断深化。人们在高等教育事业的办学实践中，对高校教师的师德建设进行了长期探索，充分认识到建立健全高校师德建设长效机制的重要意义。习近平总书记从国家发展、民族振兴、教育发展等方面的战略高度，提出要加强高校教师的师德师风建设，使人们对高校师德建设重要性的认识提升

---

[1] 《教育部关于建立健全高校师德建设长效机制的意见》，http：//www.moe.gov.cn/srcsite/A10/s7002/201409/t20140930_175746.html。

到了新的高度。

为贯彻落实习近平总书记关于加强高校教师队伍建设的重要指示精神，2013年，中共中央办公厅印发《关于培育和践行社会主义核心价值观的意见》，明确指出："实施师德师风建设工程，坚持师德为上，完善教师职业道德规范，健全教师任职资格准入制度，将师德表现作为教师考核、聘任和评价的首要内容，形成师德师风建设长效机制。"①

2018年，《中共中央 国务院关于全面深化新时代教师队伍建设改革的意见》出台。该意见强调，要"把全面加强教师队伍建设作为一项重大政治任务和根本性民生工程切实抓紧抓好。"②。通过"健全师德建设长效机制，推动师德建设常态化长效化，创新师德教育，完善师德规范，引导广大教师以德立身、以德立学、以德施教、以德育德"③。建立健全高校师德建设长效机制，能"从根本上遏制和杜绝高校师德失范现象的发生，切实提高高校师德建设水平，全面提升高校教师师德素养"④。2019年，教育部等七部门印发《关于加强和改进新时代师德师风建设的意见》的通知，指出要经过5年左右努力，基本建立起完备的师德师风建设制度体系和有效的师德师风建设长效机制。教师思想政治素质和职业道德水平全面提升"⑤。由此可见，建立健全高校师德建设长效机制对于加强师德师风建设的重要性。

---

① 《关于培育和践行社会主义核心价值观的意见》，人民出版社2013年版，第8页。
② 《中共中央 国务院关于全面深化新时代教师队伍建设改革的意见》，人民出版社2018年版，第3页。
③ 《中共中央 国务院关于全面深化新时代教师队伍建设改革的意见》，人民出版社2018年版，第9页。
④ 《教育部关于建立健全高校师德建设长效机制的意见》，http：//www.moe.gov.cn/srcsite/A10/s7002/201409/t20140930_175746.html。
⑤ 《教育部等七部门印发〈关于加强和改进新时代师德师风建设的意见〉的通知》，http：//www.moe.gov.cn/srcsite/A10/s7002/201912/t20191213_411946.html。

2. 高校师德建设的顶层设计不断完善

顶层设计是"针对某一具体的设计对象，运用系统化的方式，自高端开始的总体构想和战略设计，注重规划设计与实际需求的紧密结合，不仅需要从系统和全局的高度，对设计对象的结构、功能、层次、标准进行统筹考虑和明确界定，而且十分强调从理想到现实的技术化、精确化构建，是铺展在意图与实践之间的'蓝图'"①。从顶层设计的定义可以看出，顶层设计对于有效开展工作具有重要意义，是开展具体工作总的行动纲领，从总体上把握和描绘"施工图"，制定"施工路线"。顶层设计是"从高处着眼的自上而下的层层设计"②，在明晰确定总体目标之后，围绕总目标层层设计各子系统，所有子系统都围绕总目标层层展开。顶层设计中既有高层、中层、基层之分，也强调他们之间的相互联系性和互动性，以达到预期的整体效应。

高校师德建设是一个系统工程，高校师德建设长效机制是高校师德建设的顶层设计，从总体上把握和规划高校师德师风建设的路径，明确高校师德建设的"施工图"。2014年，《教育部关于建立健全高校师德建设长效机制的意见》出台，对高校师德建设长效机制不管从总的方面还是在具体方面都做了详细制定，完善高校师德建设的顶层设计。高校师德建设长效机制，以提升高校教师师德素养，造就"一支师德高尚、业务精湛、结构合理、充满活力的高素质专业化高校教师队伍"③为总目标。围绕这一总目标，运用系统化思维，从全局的战略

---

① 徐晓冬：《中国制度——顶层设计理论框架与实践案例》，人民出版社2013年版，第139页。

② 许耀桐：《顶层设计内涵解读与首要任务分析》，《人民论坛》2012年第17期。

③ 《教育部关于建立健全高校师德建设长效机制的意见》，http：//www.moe.gov.cn/srcsite/A10/s7002/201409/t20140930_175746.html。

高度，自上而下层层设计各项工作机制。

首先，高校师德建设的组织领导机制处于顶层设计中的高层次，强有力的组织领导核心是确保高校师德建设长效机制得以完善和施行的重要前提，这是构建高校师德建设长效机制的首要方面。《教育部关于建立健全高校师德建设长效机制的意见》明确了高校是高校师德建设工作的责任主体，学校党委书记和校长"党政同责"，是高校师德建设的第一责任人，明确各自的岗位职责范围。建立健全一岗双责的责任追究机制，对由于工作失职而引发严重师德失范行为则要严以追究相关负责人的责任。在组织领导机构方面，成立以高校党委教师工作部为主要牵头部门，形成组织、宣传、纪检监察、人事、教务、科研、工会等相关职能部门相互配合，协同合作的师德建设委员会。"建立和完善党委统一领导、党政齐抓共管、院系具体落实、教师自我约束的领导体制和工作机制，形成师德建设合力。"[①]

其次，高校师德建设的具体工作机制处于顶层设计中的中层次，是高校师德建设的主体部分。在具体工作机制方面，一是要健全高校师德宣传工作机制，通过多种渠道加强师德宣传；二是要构建高校师德教育机制，创新师德教育的方式，运用多种形式开展师德教育；三是要完善考核办法，健全高校师德考核评价机制；四是要强化师德监督，健全高校师德监督机制；五是要注重师德激励，建立师德奖励激励机制；六是要严格师德惩处，健全高校教师师德失范行为惩处机制等。

最后，保障机制是高校师德建设长效机制的基层部分，是顶层设计中不可缺少的部分，起到重要的保障作用。一是在高校师德建设长效机

[①] 《教育部关于建立健全高校师德建设长效机制的意见》，http：//www.moe.gov.cn/srcsite/A10/s7002/201409/t20140930_175746.html。

制的构建过程中，要依法建立教师主体权益保障机制，维护教师的合法权益。高校师德建设要以教师为中心，在师德建设过程中，要充分保障高校教师的合法权益，使高校师德建设与高校自身利益相关，才能有效激发高校教师加强师德建设的主体性和自觉性，提高高校教师的师德修养和师德践行能力。二是为了不断完善高校师德建设长效机制，使高校师德建设长效机制科学化、规范化运行，要建立健全信息反馈调节机制，及时掌握高校师德建设长效机制的各项具体措施的落实情况，对体制机制作出动态调整，不断优化各项措施。三是要建立健全高校师德建设经费保障机制，为高校师德建设长效机制的顺利实施提供坚实的物质保障。

总之，高校师德建设长效机制是以组织领导机制为前提，以保障机制为基础，以宣传、教育、考评、监督与奖惩相结合的"六位一体"工作机制为主体的科学化、规范化、长效化的体制机制，具有规范性、科学性和系统性的特征。通过建立健全高校师德建设长效机制，有效激发高校教师加强自身职业道德的自觉性。顶层设计具有应用性、操作性，注重各环节之间的有效衔接和良性互动，强调将"施工图"真正落地落实，执行于具体实践中，以确保"蓝图"能够得以正确实施。

3. 高校教师的师德行为不断规范

一是教育部出台《新时代高校教师职业行为十项准则》，不断规范高校教师的师德行为。2018年，教育部分别针对高校教师、中小学教师、幼儿园教师出台了职业行为十项准则，使不同教师群体的职业道德行为规范更加细化、具体化。不同教师群体明确了各自的职业规范，划清各自的底线、红线，有利于教师自觉严格要求自己，规范自身的言行，以良好的精神风貌投身于教育事业。《新时代高校教师职业行为十项准则》,是新时代高校教师必须遵守的职业行为规范。这十项准则分别为,"坚定政治方向、自觉爱国守法、传播优秀文化、潜心教书育人、关心爱护学生、坚持言行雅正、遵守学术规范、秉持公平诚信、坚守廉洁自律、积极奉献社会"①。同时,相应地划定了违反十项准则规定的"十条红线"。这十项行为准则从高校教师的思想政治素养、个人品德修养、教育教学规范、学术规范等方面做了全面规定。该准则是在《高等学校教师职业道德规范》的基础上,对高校教师的职业道德行为进一步细化,更具有针对性,尤其针对新时代高校教师师德建设过程中出现的突出问题,划清了底线、红线,使高校教师更加明确自身的言行规范。

二是相关部门针对不同的高校教师群体,分别出台了详细的师德行为规范,如 2012 年出台了《教育部 中央组织部 中央宣传部 国家发展改革委 财政部 人力资源社会保障部关于加强高等学校青年教师队伍建设的意见》。该意见针对高校青年教师的师德建设提出,要"建立完善党委统一领导、专门部门负责、有关部门协同配合的青年教师思想政治工作领导机制和工作机制"②。高校青年教师具有其自身的特点,针对高校青年教师的师德建设工作要更加注重创新工作方式方法。

高校研究生导师是一个既重要又特殊的群体,他们身上肩负着为国家培养高层次创新人才的重要使命,他们的师德师风状况影响着高层次专门人才的培养。2018 年,为规范高校研究生导师的师德行为,

---

① 《关于印发〈新时代高校教师职业行为十项准则〉的通知》,http://www.moe.gov.cn/srcsite/A10/s7002/201811/t20181115_354921.html。

② 《教育部 中央组织部 中央宣传部 国家发展改革委 财政部 人力资源社会保障部关于加强高等学校青年教师队伍建设的意见》,http://www.moe.gov.cn/srcsite/A10/s7034/201211/t20121108_145681.html。

教育部专门出台《关于全面落实研究生导师立德树人职责的意见》。该意见对高校研究生导师提出"政治素质过硬、师德师风高尚、业务素质精湛"[①]的基本素质要求。该意见还进一步明确研究生导师立德树人的职责："提高研究生思想政治素质""培养研究生学术创新能力""培养研究生实践创新能力""增强研究生社会责任感""指导研究生恪守学术道德规范""优化研究生培养条件""注重对研究生人文关怀"。[②]意见明确了研究生导师的行为规范和应尽的职责，是研究生导师履职尽责的重要行为依据和行为准则。

在《新时代高校教师职业行为十项准则》，以及《关于全面落实研究生导师立德树人职责的意见》的基础上，2020年，教育部再次针对研究生导师出台《研究生导师指导行为准则》，进一步规范研究生导师的师德行为。准则对研究生导师提出，要坚持正确思想引领、科学公正参与招生、精心尽心投入指导、正确履行指导职责、严格遵守学术规范、把关学位论文质量、严格经费使用管理、构建和谐师生关系等八项行为准则，相对应地提出"八条红线"，明确严令禁止的行为。[③]准则根据研究生导师的岗位职责，进一步规范了研究生导师的行为，并列明负面清单，使研究生导师行为规范更加具体化，有利于促进研究生导师自觉形成良好的师德师风。

思政课教师是高校教师群体中具有特殊使命的一支队伍，他们是"承担高等学校思政课教育教学和研究职责的专兼职教师，是高

---

① 《关于全面落实研究生导师立德树人职责的意见》，http://www.moe.gov.cn/srcsite/A22/s7065/201802/t20180209_327164.html。
② 《关于全面落实研究生导师立德树人职责的意见》，http://www.moe.gov.cn/srcsite/A22/s7065/201802/t20180209_327164.html。
③ 《研究生导师指导行为准则》，http://www.moe.gov.cn/srcsite/A22/s7065/202011/t20201111_499442.html。

等学校教师队伍中承担开展马克思主义理论教育、用习近平新时代中国特色社会主义思想铸魂育人的中坚力量"①。习近平总书记高度重视这支队伍的建设，2019年专门主持召开了学校思想政治理论课教师座谈会，这是习近平总书记唯一一次针对某一课程的教师群体而主持召开的会议。习近平总书记在会上对思政课教师提出政治要强、情怀要深、思维要新、视野要广、自律要严、人格要正的"六个要"的具体要求②。2020年，教育部颁布《新时代高等学校思想政治理论课教师队伍建设规定》，对高校思政课教师队伍的建设，思政课教师的职责与要求、配备与选聘、培养与培训、考核与评价、保障与管理等方面做了详尽规定。该规定尤其强调要加强思政课教师的政治素养，思政课教师在思想素质、政治素质、师德师风等方面存在突出问题的，在专业技术职务（职称）评聘中实行"一票否决"。③

4. 高校师德建设长效机制的内容体系不断丰富

一是不断深化高校师德建设长效机制的各项具体工作机制，细化各项工作要求，有力地推动各项工作落地落实。2016年，教育部针对高校教师的考核评价制度改革，出台《关于深化高校教师考核评价制度改革的指导意见》，不断规范和完善高校教师的考核评价机制。该意见明确要求将师德考核摆在教师考核的首位，并提出具体举措。"推行师德考核负面清单制度，建立教师师德档案。将师德表现作为教师绩效考核、职称（职务）评聘、岗位聘用和奖惩的首要内容。……实行师德'一票否决'""将思想政治素质作为教师选聘考

---

① 《新时代高等学校思想政治理论课教师队伍建设规定》，http：//www.moe.gov.cn/jyb_xxgk/xxgk/zhengce/guizhang/202112/t20211206_585033.htm。
② 《习近平谈治国理政》第三卷，人民出版社2020年版，第330页。
③ 《新时代高等学校思想政治理论课教师队伍建设规定》，http：//www.moe.gov.cn/jyb_xxgk/xxgk/zhengce/guizhang/202112/t20211206_585033.htm。

核的基本要求，贯穿到教师管理和职业发展全过程"。① 在教学管理方面，强化教学纪律考核，严格教学课堂纪律，遵守教学规范，对违反课堂纪律，传播违法、有害观点和言论的高校教师要依纪依法严肃处理。在学术研究方面，建立合理正确的评价机制，避免学术不端行为的发生。

二是针对各种师德失范行为进行明确界定，并出台各项具体的预防以及惩治规定，明确各项师德违规行为的处置办法，提高高校师德建设的法治化水平。针对学术不端，违反学术道德的行为，2016年，教育部颁布第40号教育部令《高等学校预防与处理学术不端行为办法》，对高校教师违反学术道德的学术不端行为进行严格规定，规范高校教师的学术行为。该办法对开展师生学术规范和学术诚信教育，强化学术诚信考核，健全科研管理制度和学术规范监督机制，建立教学科研人员学术诚信记录等方面做了详细规定。对学术不端行为举报的受理与调查的程序做了说明，规范了学术不端行为的调查与处理程序。办法中还详细列举了7种构成学术不端的行为，对学术不端行为的认定与处置做了具体规定，对情节严重的几种情形做了说明，细化和明确了裁定标准，避免模糊不清、模棱两可的情况。

针对科研诚信问题，2019年，科技部等二十部门紧接着又印发了《科研诚信案件调查处理规则（试行）》，进一步规范科研诚信案件的调查处理工作。该规则对科学研究及相关活动中违反学术道德的行为进行了界定，并分别针对不同类型的科研失信行为做了详细的规定，明确不同类型科研失信行为的调查和处理的机构和负责人。对科研失信的举报与受理、调查程序及工作要求等也做了明确规定。对科研失

---

① 《关于深化高校教师考核评价制度改革的指导意见》，http：//www.moe.gov.cn/srcsite/A10/s7151/201609/t20160920_ 281586. html。

信行为的处理措施、从轻或减轻处理的几种情形,情节轻重判定的依据以及处理意见等都作了详细说明。优化各项科研诚信处理的工作流程,规范各项工作要求,有利于在实际工作中有章可循,避免避重就轻或过重处分的情形发生。科技部等二十部门联合下发文件,体现了社会各部门在科研诚信案件调查与处理中形成了联动合作的良性机制,社会各部门共同解决科研诚信问题,进一步促进高校师德建设长效机制的构建和完善。

2018年,教育部出台《关于高校教师师德失范行为处理的指导意见》,进一步明确师德建设主体责任,学校党委书记和校长是师德建设的第一责任人,院(系)行政主要负责人和党组织主要负责人均为本单位师德建设的直接领导责任人。建立问责机制,详细规定了相关单位和责任人不履行或不正确履行职责的几种情形,并根据职责权限和责任划分进行问责。明确工作责任,确定失责行为,责任落实到人等一系列具体化的规定,有利于有效推动高校师德建设的责任落实,避免在实际工作中出现无人负责或推诿扯皮、推卸责任的情况。意见还对师德失范的处置程序、受理与调查处理等做了详细规定,规范师德失范处理,为师德失范的处理提供了重要依据,使师德惩治更加规范化,同时也不断推动师德惩治机制的完善,促进高校师德建设长效机制的发展。

三是师德师风建设的工作要求和工作措施不断细化,有利于增强高校师德建设工作的操作性。2019年,《教育部等七部门印发〈关于加强和改进新时代师德师风建设的意见〉的通知》,从加强教师队伍思想政治工作、提升教师职业道德修养、将师德师风建设要求贯穿教师管理全过程、着力营造全社会尊师重教氛围、推进师德师风建设任务落到实处等五个大的方面,系统化地构建起新时代做好师德师风建设的"四梁八柱",为新时代如何做好师德师风建设指明了方向,是新时代高校加强师德师风建设的重要工作遵循。意见中还对这五个大方面进行细化，明确各项工作的着力点和工作措施，对新时代开展师德师风建设作了具体指导。

2020年，教育部等六部门针对新时代高校教师队伍的建设问题颁布《关于加强新时代高校教师队伍建设改革的指导意见》。该意见要求"落实立德树人根本任务，聚焦高校内涵式发展，以强化高校教师思想政治素质和师德师风建设为首要任务"①，在加强高校师德师风建设方面，提出要加强思想政治引领、培育弘扬高尚师德、强化师德考评落实等措施，并做出具体工作要求。

在国家出台相关文件后，各地各高校迅速抓紧落实中央文件精神，纷纷结合本地本校实际情况，陆续出台相应的高校师德建设文件，将中央精神落地落实于具体工作中。如2019年4月，江苏省出台《江苏省研究生导师职业道德规范"十不准"（试行）》；同年11月，陕西省颁布《陕西省高校教师师德规范行为处理办法（试行）》；2022年，广西教育厅等七部门颁布《关于进一步加强和改进新时代师德师风建设的实施意见》；等等。一系列地方性规范性文件的出台，有利于各地各高校在遵循国家总的政策方针的基础上，探索出适合本地本校实际情况的、具有本地本校特色的高校师德建设长效机制，使高校师德建设长效机制在具体实践中得到不断丰富发展，从而提高高校师德建设长效机制的针对性和实效性。

（二）深化发展时期的实践对高校师德建设长效机制的重要意义

新时代以来，人们积极开展高校师德师风建设，并取得一定成

---

① 《教育部等六部门关于加强新时代高校教师队伍建设改革的指导意见》，http://www.moe.gov.cn/srcsite/A10/s7151/202101/t20210108_509152.html。

效，高校教师的整体素质有所提升，在全社会逐渐形成尊师重教的良好风气，对高校师德建设长效机制的发展完善具有重要意义。首先，与以往任何一个时期相比，新时代党中央对高校师德建设的重视程度空前提高。习近平总书记多次深入高校考察，发表重要讲话，并通过召开座谈会、发贺信、写回信等方式对高校教师队伍的建设作出一系列重要指示。这些重要讲话和指示精神是新时代开展师德师风建设的重要指导，使高校师德师风建设引起社会各界广泛关注，极大地激发了高校加强师德建设的积极性，促进了高校师德师风建设。在中央文件和相关政策的指引下，高校师德建设长效机制得到快速发展，高校师德建设长效机制向纵深发展，顶层设计日臻完善，师德建设长效机制的内容体系不断丰富。各地各高校结合实际情况，将中央精神落实落地，在实践中推动高校师德建设长效机制发展完善。

其次，高校师德建设长效机制在经历初步探索、深化发展后，呈现出规范化、法治化的特征。深化发展时期，通过出台制定一系列具体的规范文件，使得各项工作要求、工作内容具体化、细致化，高校师德建设长效机制的各项具体工作机制更加完备。高校师德建设长效机制是一个系统工程，由各子机制构成，各项子机制缺一不可。高校师德建设长效机制整体效应的发挥是建立在各子机制的发展完善和功能的有效发挥的基础之上，因此，必须使各项子机制更加具体化、规范化、完备化。

再次，高校师德建设的顶层设计不断完善，为开展高校师德建设实践提供正确方向和行为指引，有利于促进高校师德建设长效机制落地落实。高校师德建设长效机制明确高校是高校师德建设的主体，高校党委书记和校长为高校师德建设的第一责任人，明晰职责范围，成立以高校党委教师工作部为牵头，各相关职能部门协同合作的组织领导机构，为高校师德建设长效机制的建立健全和具体实施提供了组织保障，具有极为重要的意义。高校师德建设长效机制的各项子机制不管是在制度设计上，还是在内容体系上，都得到了深化、细化，高校教师的师德行为准则不断规范化、具体化，这些精细化的工作措施和工作要求，极大地提高了高校师德建设长效机制的操作性和针对性，有利于更好地指导人们开展师德建设实践。在高校教师师德失范行为惩戒方面，针对不同类型的失范行为出台了细化的处理指导办法，有效地提高了高校师德建设的法治化水平，划清底线、红线，使得高校师德建设有法可依、有章可循，使高校师德师风建设更加规范化，实现以德治校与依法治校相统一，有力地推动高校师德建设长效机制的健康发展。

最后，高校师德建设长效机制，注重运用科学的理念加强高校师德师风建设，有利于提高教师管理的现代化水平，使高校师德建设朝着更加系统化、科学化、人性化的方向发展。高校师德建设长效机制目前仍然处于发展期，需要在实际应用中不断发展完善。高校师德建设长效机制最为关键的特点是强调运用系统思维，强化各部门的协同合作，各子机制的有机联动，以达到最优效果，实现最大功效。目前在实际应用过程中，如何强化各子机制之间的联动是下一步要继续探索的。高校师德建设长效机制突出问题导向，强化底线思维，根据形势的发展不断调整体制机制设计，需要紧跟时代的发展变化，发现新情况，解决新问题，才能实现长效化的效果。高校师德建设长效机制还注重"以教师为中心"，坚持"以人为本"的理念，服务教师的师德成长。在深化发展时期，形成并发展的这些先进理念均体现了高校师德建设长效机制的科学性。"坚持人民至上""坚持守正创新""坚持问题导向""坚持系统观念"①是党的二十大报告提出的要坚持好、运用好的立场观点方法,必须将其应用于高校师德建设长效机制的实践中。

总之,"实践没有止境,理论创新也没有止境"②,目前中国高校师德建设长效机制,仍需在实践中不断总结经验,深化认知,并进一步发展完善,使高校师德建设长效机制更加科学有效,切实有效解决当前高校师德中存在的问题,形成常态化、长效化的体制机制。

第二节 高校师德建设长效机制的历史经验总结

经验总结是将实践中获得的知识系统化,使感性认识上升到理性认识,探索事物发展的内在规律的重要方法。毛泽东同志十分重视经验总结,他曾说:"我是靠总结经验吃饭的。"③ 邓小平同志也非常重视经验总结,他认为,"总结经验就会有生气,就会有所进步,不总结经验就不会有生气勃勃的气象"④。总结经验的目的在于通过深化认识,探究事物发展的内在规律性,遵循和利用规律,从而更好地改造世界。综观高校师德建设长效机制的生发历程,可以总结出中国高校师德建设的历史经验,更好地把握高校师德建设的内在规律。

---

① 习近平:《高举中国特色社会主义伟大旗帜 为全面建设社会主义现代化国家而团结奋斗——在中国共产党第二十次全国代表大会上的报告》(2022年10月16日),人民出版社2022年版,第19—20页。

② 习近平:《高举中国特色社会主义伟大旗帜 为全面建设社会主义现代化国家而团结奋斗——在中国共产党第二十次全国代表大会上的报告》(2022年10月16日),人民出版社2022年版,第18页。

③ 张太原:《中国共产党百年成功的方法论》,人民出版社2021年版,第6页。

④ 《邓小平文集(一九四九——一九七四年)》下卷,人民出版社2014年版,第274页。

从大历史观的视角，研究高校师德建设长效机制的发展演变，有利于高校师德建设沿着正确的方向发展，并不断发展创新高校师德建设实践，促进高校师德建设长效机制的发展。高校师德建设具有继承性与发展性、理想性与现实性相统一的特征。高校教师师德建设长效机制要与时俱进，就必须善于总结历史经验，对那些在实践中被证明了的无效或有害的因素主动进行扬弃。而被证明有效的成分则要加以保留并发扬光大，对历史的教训要保持警惕，以免重蹈覆辙。

高校师德建设长效机制的基本经验与启示主要为，第一，始终坚持党的领导；第二，始终与社会经济发展相适应；第三，始终坚持将加强高校教师的思想政治素质放在首位；第四，始终坚持"以教师为中心"的发展理念。

一 始终坚持党的领导

坚持党的领导是中国共产党百年奋斗的历史经验之一。习近平总书记指出，"中国特色社会主义最本质的特征是中国共产党领导，中国特色社会主义制度的最大优势是中国共产党领导"[①]。党的二十大报告强调，"要坚持和加强党的全面领导。坚决维护党中央权威和集中统一领导，把党的领导落实到党和国家事业各领域各方面各环节"[②]。中国高等教育事业是党领导下的教育事业，高校必须坚持党的领导，高校师德师风建设亦是如此。坚持党的领导是中国高校师德建设长期坚持

---

① 习近平：《决胜全面建成小康社会 夺取新时代中国特色社会主义伟大胜利——在中国共产党第十九次全国代表大会上的报告》（2017年10月18日），人民出版社2017年版，第20页。

② 习近平：《高举中国特色社会主义伟大旗帜 为全面建设社会主义现代化国家而团结奋斗——在中国共产党第二十次全国代表大会上的报告》（2022年10月16日），人民出版社2022年版，第26页。

第三章 高校师德建设长效机制的生成逻辑

的基本原则和重要的宝贵经验。

从高校师德建设的历程来看,坚持党的领导始终贯穿于中国高校师德建设的始终。早在新中国成立初期,毛泽东同志就十分强调党对教育事业的领导,提出"教育为无产阶级的政治服务,教育与生产劳动结合"①的教育方针,强调教育工作必须由党来领导,并部署各级党委主管、主抓思想政治教育工作。毛泽东同志提出,加强党对教育事业的领导具有前瞻性。从这一历史时期开始,奠定了高校师德建设必须坚持党的领导的思想基础,在今后长期的师德建设实践中,中国一直坚持这一原则,从不动摇。

改革开放初期,资产阶级自由化的思潮一度泛滥,国内思想战线出现混乱,一些别有用心的人利用和煽动学生闹事。针对当时社会上,尤其是青年学生群体中出现迷信资本主义社会所谓的民主,反对共产党的领导、反对社会主义的思想,邓小平同志强调,"坚持四项基本原则的核心,就是坚持党的领导。……对于党内外任何企图削弱、摆脱、取消、反对党的领导的倾向,必须进行批评、教育以至必要的斗争"②。邓小平同志指出,"从根本上说,没有党的领导,就没有现代中国的一切。……没有党的领导,真正又红又专、特别是有专业知识和专业能力的队伍也建立不起来"③,加强党的领导是建设一支又红又专的高校教师队伍的重要前提。

江泽民同志指出,"我们党的章程规定:'党的领导主要是政治、思想和组织的领导'。……我们要善于把三者很好地统一起来,在政治、经济、文化等各个领域中,更好地坚持社会主义方向,充分发挥

---

① 《中共中央 国务院关于教育工作的指示》,人民出版社1958年版,第3页。
② 中共中央文献研究室主编:《邓小平关于建设有中国特色社会主义的论述专题摘编》,中央文献出版社1992年版,第246页。
③ 《邓小平文选》第二卷,人民出版社1994年版,第266页。

党对各项改革和建设的领导作用"①。各级各类学校"要全面贯彻党的教育方针,坚持社会主义办学方向,努力培养德智体全面发展的'四有'新人"②。胡锦涛同志强调,"推动教育事业科学发展,加强和改善党的领导是关键"③。他提出,"健全各级各类学校党的组织,坚持和完善公办高等学校党委领导下的校长负责制"④,同时要"充分发挥党组织在教育改革和发展中的作用""要坚持社会主义办学方向,牢牢把握党对学校意识形态工作的主导权,加强和改进学校思想政治工作"⑤。

进入新时代,习近平总书记高度重视高等教育事业的发展,多次强调要加强党对高等教育事业的领导。习近平总书记在全国教育大会上强调,"加强党对教育工作的全面领导,是办好教育的根本保证"⑥。"我们的高校是党领导下的高校,是中国特色社会主义高校。办好我们的高校,必须坚持以马克思主义为指导,全面贯彻党的教育方针。"⑦他进一步指出,"办好我国高等教育,必须坚持党的领导,牢牢掌握党对高校工作的领导权,使高校成为坚持党的领导的坚强阵地"⑧。习近平总书记在2016年全国高校思想政治工作会议上强调,"党委要抓好政治领导和思想领导。政治领导,就是要保证高校正确办学方向,

---

① 《江泽民文选》(第一卷),人民出版社2006年版,第92页。

② 中共中央文献研究室编:《江泽民论有中国特色社会主义(专题摘编)》,中央文献出版社2002年版,第262页。

③ 胡锦涛:《在全国教育工作会议上的讲话》(2010年7月13日),人民出版社2010年版,第23页。

④ 胡锦涛:《在全国教育工作会议上的讲话》(2010年7月13日),人民出版社2010年版,第24页。

⑤ 胡锦涛:《在全国教育工作会议上的讲话》(2010年7月13日),人民出版社2010年版,第24页。

⑥ 教育部课题组:《深入学习习近平关于教育的重要论述》,人民出版社2019年版,第6页。

⑦ 《习近平谈治国理政》第二卷,外文出版社2017年版,第377页。

⑧ 《习近平谈治国理政》第二卷,外文出版社2017年版,第379页。

保证党的领导在高校工作中全面发挥作用"①。为切实加强党对教育工作的全面领导，2018 年，中央成立教育工作领导小组，加强学校思想政治工作和意识形态工作。习近平总书记对广大教师提出，"传道者自己首先要明道、信道。高校教师要坚持教育者先受教育，努力成为先进思想文化的传播者、党执政的坚定支持者，更好担起学生健康成长指导者和引路人的责任"②。

不管时代如何变迁，中国的国情和中国高校的性质，决定了中国的高等教育事业始终要在党的领导下，坚持党的全面领导在任何时候都不能动摇。历史的实践和经验已经证明，必须坚持党对高等教育事业的全面领导，必须坚持马克思主义在意识形态领域的指导地位。高校党委对学校实行全面领导，起到把方向、管大局、做决策、保落实的作用。高校要始终坚持党的全面领导，使高等教育始终"为人民服务，为中国共产党治国理政服务，为巩固和发展中国特色社会主义制度服务，为改革开放和社会主义现代化建设服务"③。坚持党对高等教育事业的领导，这就必然要求高校师德师风建设必须坚持党的领导，坚决贯彻党对高校教师队伍建设的要求，高校教师必须支持和拥护党的执政，自觉践行"为党育人，为国育才"的使命。

加强党对高校师德师风建设工作的领导权是贯彻落实党对教育工作的全面领导的重要体现。"党的领导是引领新时代中国特色社会主义教育事业不断前进的最大政治优势，是办好中国特色、世界水平的现

---

① 中共中央文献研究室编：《习近平关于社会主义文化建设论述摘编》，中央文献出版社 2017 年版，第 55 页。
② 《习近平谈治国理政》第二卷，外文出版社 2017 年版，第 379 页。
③ 《习近平在全国高校思想政治工作会议上强调 把思想政治工作贯穿教育教学全过程 开创我国高等教育事业发展新局面》，《人民日报》2016 年 12 月 9 日第 1 版。

代教育的根本政治保证,"① 也是有效推动中国高校师德建设走向科学化、规范化的重要政治保证和根本政治前提。

在长期高校师德师风建设工作中,始终坚持党的领导。不断完善党委领导下组织领导机制,强化党对师德师风建设工作的领导,明确学校党委主抓主管,学校党委书记和校长是高校师德师风建设的第一责任人,党政同责,一岗双责,完善问责机制,强化责任落实。2019年,教育部等七部门印发的《关于加强和改进新时代师德师风建设的意见》中明确提出,新时代加强和改进师德师风建设的基本原则是要"加强党对教育工作的全面领导,坚持社会主义办学方向,确保教师在落实立德树人根本任务中的主体作用得到全面发挥"②。2020 年,教育部等六部门颁布的《关于加强新时代高校教师队伍建设改革的指导意见》中明确要求,要加强党对高校教师队伍建设的领导,"强化党对高校的政治领导,增强高校党组织政治功能,加强党员教育管理监督,发挥基层党组织和党员教师作用"③。

中国高校师德建设的长期实践经验证明,高校师德建设唯有坚持党的领导,才能保证中国高等教育事业坚持正确的政治方向,才能使高校师德不断朝着更加科学化、规范化的道路发展,才能保证守好高校这一重要的意识形态阵地,保证国家长治久安,保证社会繁荣发展。这是中国高校师德建设的宝贵经验,必须长期坚持并发展。

---

① 教育部课题组:《深入学习习近平关于教育的重要论述》,人民出版社 2019 年版,第 32 页。
② 《教育部等七部门印发〈关于加强和改进新时代师德师风建设的意见〉的通知》,http://www.moe.gov.cn/srcsite/A10/s7002/201912/t20191213_411946.html。
③ 《教育部等六部门关于加强新时代高校教师队伍建设改革的指导意见》,http://www.moe.gov.cn/srcsite/A10/s7151/202101/t20210108_509152.html。

二 始终与社会经济发展相适应

唯物史观认为,社会经济基础决定上层建筑,社会存在决定社会意识。道德的本质是反映社会经济关系的特殊的意识形态,是社会利益关系的特殊调节方式。道德属于上层建筑的范畴,是由社会经济基础所决定的。中国社会主义道德建设是根据社会政治经济文化发展的需要而展开的,其性质、内容以及发展方向由中国不同历史时期的社会经济基础所决定。高校师德建设是社会主义职业道德建设中的一部分,其性质、内容、发展方向必然也受到社会经济基础所决定。从中国高校师德建设的历程来看,中国高校师德建设始终与其所处时代的社会政治经济文化环境相关,社会政治经济文化决定了高校师德建设的性质、内容、方向等。这既是高校师德建设的内在规律,也是中国高校师德建设的实践总结。因此,新时代高校师德建设长效机制,必须与所处历史方位的社会经济发展相适应。

从历史的发展维度来看,中国高校师德建设始终与社会经济基础相适应。新民主主义和社会主义建设时期,中国实行高度集中的计划经济体制,党对各项事业实行集中统一领导。为了适应政治高度集中的计划经济体制,中国高校师德师风建设更加注重强调教师的政治性,高校教师的师德师风建设主要围绕加强教师的思想政治教育展开,对知识分子进行思想改造运动。高校师德建设坚持"又红又专"的原则,对教师进行马克思列宁主义的政治教育和思想教育,培养教师的工人阶级观点、群众观点、集体观点、辩证唯物主义的观点等。这一师德建设要求印着深刻的时代烙印,是时代的产物。

改革开放初期,中国"实现了从高度集中的计划经济体制到充满活力的社会主义市场经济体制、从封闭半封闭到全方位开放的历史性转变"①。为适应新的生产关系，人们开始加强社会主义道德建设，调整和建立符合中国实际情况，适应社会主义市场经济的社会主义道德规范，使得社会主义道德建设不断走向规范化、制度化的发展道路。职业道德建设是社会主义道德建设的重要内容，成为社会主义精神文明建设的重要方面，在全社会开展职业道德教育。在社会主义市场经济确立和发展的历史背景下，高等教育要积极回应社会经济发展的需求，培养适应国家政治、经济、科技发展的高级人才。高等教育体制相应发生变革以适应社会经济发展的需要，高等教育事业改革经历了体制改革、市场化改革、素质教育的发展阶段，逐渐走向大众化发展阶段。在师德建设方面必然发生改变，过去一味强调政治性而忽视教师业务能力及职业道德建设的师德建设不再适应时代的发展。

因此，随着社会经济体制和高等教育体制的改革，高校师德建设的内容和要求也进行了调整。师德建设的内容从单一强调政治性，拓展到了教育教学伦理、科研伦理、师生关系伦理以及提升个人品德修养等方面内容。随着实践的深入，社会主义现代化建设新时期，中国开始了师德建设长效机制的初步探索。

进入新时代，中国面临着新的国际国内形势的变化，百年未有之大变局加速演进，中国的社会形势发生了历史性的变革，迫使我们必须更新理念和方法，创新体制机制。当前，社会主要矛盾转化成为人民日益增长的美好生活需要和不平衡不充分的发展之间的矛盾，中国经济由高速增长阶段转向高质量发展阶段。党的十八大以来，中国坚持全面深化改革，坚决破除各方面体制机制弊端。坚持统筹推进"五

---

① 《中国共产党第十九届中央委员会第六次全体会议公报》，人民出版社2021年版，第9页。

位一体"总体布局,协调推进"四个全面"战略布局,"党和国家事业取得历史性成就、发生历史性变革"①。中国已经全面建成小康社会,实现了第一个百年奋斗目标,目前正朝着全面建成社会主义现代化强国,实现第二个百年奋斗目标迈进,中国进入了一个新的发展阶段。

高校师德师风建设也迎来了一个全新的发展机遇期,高校师德建设长效机制获得了新的发展。随着教育改革进入"深水区",建立健全强有力的高校师德建设长效机制,凝聚共识,减少阻力,增强引力,形成合力,是新形势下加强高校师德师风建设的必由之路。在"创新、协调、绿色、开放、共享"的新发展理念的指引下,不断创新高校师德建设体制机制,强化系统思维,增强问题意识,坚守底线思维,坚持"以人为本"的理念,促使高校师德建设长效机制更加规范化、系统化、法治化,从而实现常态化、长效化。在不断的探索中,使高校师德建设长效机制更加系统完备、科学规范、运行有效,更具科学性、规范性和实效性。

因此,高校师德师风建设始终与社会经济发展相适应,服务于社会政治、经济、文化事业发展的需求,既是马克思唯物史观的要求和体现,也是人们在长期的高校师德建设实践中总结出的一条基本历史经验,是高校师德建设长效机制的内在发展规律。

三 始终将高校教师思想政治教育放在首位

高校师德建设既有继承性也有发展性的特征,继承性主要体现在长期的高校师德建设实践中,人们始终坚持和发展一些重要的有用的历史经验。坚持将教师的思想政治教育放在首位就是其中一条重要的

---

① 《习近平谈治国理政》第四卷,外文出版社2022年版,第162页。

宝贵经验。加强高校教师的思想政治教育是落实党对教育事业的全面领导的重要方面，通过加强高校教师的思想政治教育，使高校教师自觉服从党的领导，贯彻落实党的教育方针，忠于党和国家的教育事业，做先进思想文化的传播者，党执政的坚定拥护支持者，自觉担负起为党和国家培养中国特色社会主义事业的合格建设者和可靠接班人的使命任务。

加强教师的思想政治教育，始终贯穿于中国各时期高校师德建设的实践中，是中国高校师德建设长期坚持的重要方面。新中国成立初期，中国高度重视高校教师的思想政治教育，对知识分子进行思想改造，建设一支"又红又专"的高校教师队伍，"红"始终放在首位，提倡教育要为无产阶级的政治服务，"教师应该努力学习马克思列宁主义、毛泽东著作，自觉地进行思想的自我改造，不断提高自己的思想政治水平和业务水平"[①]。

在改革开放初期很长一段时间里，中国仍然强调高校教师要做到"又红又专"。各级党委和学校党组织，关心和帮助教师在思想政治上的进步，帮助他们认真学习马克思列宁主义、毛泽东思想，牢固树立无产阶级的共产主义世界观，"学校应该永远把坚定正确的政治方向放在第一位"[②]。"我们希望广大教师努力在政治上、业务上不断提高，沿着又红又专的道路前进"[③]，这是改革开放初期，党和国家对教师师德提出的要求。

随着社会市场经济和教育体制的改革，中国转变了教育方针，教

---

① 何东昌主编：《中华人民共和国重要教育文献（1949—1975）》，海南出版社1998年版，第106页。
② 中华人民共和国教育部、中共中央文献研究室编：《毛泽东邓小平江泽民论教育》，中央文献出版社、人民教育出版社、北京师范大学出版社2002年版，第139页。
③ 中华人民共和国教育部、中共中央文献研究室编：《毛泽东邓小平江泽民论教育》，中央文献出版社、人民教育出版社、北京师范大学出版社2002年版，第146页。

育为社会主义现代化建设服务。虽然强调教育为社会经济发展服务,但是党和国家从未松懈对高校教师的思想政治教育工作。要求高校教师"要成为热爱祖国、热爱人民、热爱社会主义的模范"①。在具体的师德行为上,要求高校教师要严守课堂纪律,严禁在课堂内外发表有损国家利益和形象的不正当的言论,绝"不允许把学校的讲坛变成散布资产阶级自由化言论的市场"②。

进入新时代,习近平总书记高度重视做好高校思想政治教育工作。他强调,"高校思想政治工作关系高校培养什么样的人、如何培养人以及为谁培养人这个根本问题"③。"高校抓住了、抓好了思想政治工作,就能沿着正确方向前进;放松了、丢弃了思想政治工作,就会迷失方向。"④ 他要求,"党委要保证高校正确办学方向,掌握高校思想政治工作主导权,保证高校始终成为培养社会主义事业建设者和接班人的坚强阵地。各级党委要把高校思想政治工作摆在重要位置"⑤。广大教师要自觉增强政治意识,提高政治修养,"要始终同党和人民站在一起,自觉做中国特色社会主义的坚定信仰者和忠实实践者,忠诚于党和人民的教育事业,自觉把党的教育方针贯彻到教学管理工作全过程"⑥。

《新时代高校教师职业行为十项准则》将坚持正确政治方向,作为

---

① 中华人民共和国教育部、中共中央文献研究室编:《毛泽东邓小平江泽民论教育》,中央文献出版社、人民教育出版社、北京师范大学出版社2002年版,第213页。
② 中华人民共和国教育部、中共中央文献研究室编:《毛泽东邓小平江泽民论教育》,中央文献出版社、人民教育出版社、北京师范大学出版社2002年版,第213页。
③ 《习近平谈治国理政》第二卷,外文出版社2017年版,第376页。
④ 中共中央文献研究室编:《习近平关于社会主义文化建设论述摘编》,中央文献出版社2017年版,第55页。
⑤ 《习近平谈治国理政》第二卷,外文出版社2017年版,第379页。
⑥ 习近平:《做党和人民满意的好老师——同北京师范大学师生代表座谈时的讲话》(2014年9月9日),人民出版社2014年版,第5页。

高校教师职业行为准则的第一要求。新时代高校教师队伍建设以"强化高校教师思想政治素质和师德师风建设为首要任务"[①]，完善教师思想政治工作组织管理体系，健全教师理论学习制度，常态化开展教师思想政治理论学习，使广大高校教师"增进对中国特色社会主义的政治认同、思想认同、理论认同、情感认同"[②]。

在中国高校师德建设的发展史上，曾经出现过因忽视和放松高校师生的思想政治教育而发生不良社会现象的情况。改革开放初期，由于放松了对高校师生的思想政治教育，高校师生受到国际国内反动势力的鼓动，思想上出现了混乱，做出一些不利于政治稳定和社会发展的行为，产生了极为恶劣的社会影响。这就是由于放松了高校师生的思想政治教育，对师生思想引导软弱无力导致的不良后果。这是历史给予我们的重要警示，从反面证明，在任何时期，绝不能忽视高校师生的思想政治教育工作。我们应该吸取历史深刻教训，避免再次出现类似的情况。

加强高校教师的思想政治教育不仅是加强党对高校的全面领导，巩固马克思主义在高校意识形态领域的指导地位的需要，也是高校教师提升自身政治素养，成为符合党和国家要求的合格教师的需要。中国在长期的师德师风建设实践中，始终将加强高校教师的思想政治教育放在首位，确保高校教师坚持正确政治方向，帮助高校教师牢固树立"四个意识"，坚定"四个自信"，做到"两个维护"。因此，高校师德建设长效机制要始终坚持将高校教师的思想政治教育工作放在首位。

---

① 《教育部等六部门关于加强新时代高校教师队伍建设改革的指导意见》，http://www.moe.gov.cn/srcsite/A10/s7151/202101/t20210108_509152.html。

② 《教育部等七部门印发〈关于加强和改进新时代师德师风建设的意见〉的通知》，http://www.moe.gov.cn/srcsite/A10/s7002/201912/t20191213_411946.html。

四 始终坚持"以教师为中心"的发展理念

综观中国高校师德建设的历程，高校师德建设经历了从以政治为导向，再到以服务市场经济为导向，再到以教师为中心的发展导向的转变，更加注重激发教师的内驱动力，发挥高校教师道德实践和道德养成的主体自觉性。这一导向的转变使高校师德建设的思维从教师管理的思维转变为教师关心关怀的思维，强调制度建设中的人文关怀，充分体现了"以人为本"的发展理念。高校师德建设长效机制以提升教师的道德素养，实现教师的自由而全面发展为目标，充分体现了马克思主义人学理论中关于人的全面发展的思想。康德认为，道德是人为自己立法，为人立法，目的是实现人的自由，加强高校师德师风建设，是为高校教师立法，最终实现高校教师的自由而全面发展。

坚持以人为本，是建立健全高校师德建设长效机制的基本原则之一，"关注高校教师发展诉求和价值愿望，落实高校教师主体地位，激发高校教师的责任感使命感"①。充分尊重和落实高校教师的主体地位，是建立健全高校师德建设长效机制的基本原则和工作要求，也是"以教师为中心"的首要要求。如果高校教师在教育事业中的重要地位无法得到保障，教师的合法权益都不受保护，那么师德师风建设"以教师为中心"将无从谈起。在中国师德建设的历史上，曾经出现过贬低教师的社会地位，否定教师在教育事业中的重要作用，将教师置于人民的对立面的情况，最终导致教育事业和师德建设遭受严重破坏。这是"文化大革命"时期师德建设的惨痛教训，在今后的师德

---

① 《教育部关于建立健全高校师德建设长效机制的意见》，http：//www.moe.gov.cn/srcsite/A10/s7002/201409/t20140930_175746.html。

师风建设中必须吸取的历史教训,避免重蹈覆辙。改革开放后,中国逐渐在社会上建立起了尊重知识、尊重人才的社会氛围,教师的社会地位有所提升,教师在教育事业中的重要地位也逐渐得到保障,教师的重要作用逐渐彰显。人们充分认识到"广大教师和教育工作者是推动教育事业发展的生力军。推动教育事业科学发展,必须紧紧依靠广大教师和教育工作者"[①],党和国家号召要在全社会营造尊师重教的社会风气。

高校师德建设经历了从"管理本位"到"以人为本"的理念转变,相关师德政策从"工具本位"向"教师本位"转变,充分体现高校师德建设长效机制的人文关怀。高校师德建设长效机制及时回应高校教师的职业道德诉求,大力解决高校教师面临的职业道德困境,帮助高校教师成为符合国家要求的高素质人才。党的十八大以来,党中央高度重视高校教师队伍的建设,采取一系列改革措施,健全高校教师发展支持体系,完善待遇保障机制,不断提高教师的工资待遇水平,提高教师的政治地位、社会地位、职业地位,增强教师的职业幸福感、获得感,在全社会形成尊师重教的优良社会风气,使教师成为人人羡慕的职业。通过建立健全教师权益保障体系,完善相关法律法规,用法律维护教师的合法权益,提高依法治校的水平,为广大教师营造安心、热心、舒心、精心从教的良好环境。

"以教师为中心",就是要围绕教师这一道德主体开展各项师德师风建设工作,促进教师自觉养成良好的道德品行和道德修为。建立健全高校师德建设长效机制,"以教师为中心"就是要"以立德树人为出发点和立足点,找准与高校教师思想的共鸣点,增强高校师德建设的

---

① 胡锦涛:《在全国教育工作会议上的讲话》(2010年7月13日),人民出版社2010年版,第26页。

针对性和贴近性"①，真正将"教师为中心"的理念贯穿于高校师德建设的各项工作中。高校师德师风建设要以服务高校教师道德成长，促进教师的全面发展为价值旨归；以满足高校教师的发展诉求和价值愿望为着力点；以帮助高校教师解决职业道德困惑为重要抓手；以激发高校教师主体自觉性为目的，采取高校教师喜闻乐见的各种形式加强师德师风建设。"高位引领与底线要求结合、严管与厚爱并重，不断激发教师内生动力。"② 使高校师德建设与教师自身利益休戚与共，让制度力量转变为内在动力，将被动接受转换为主动建设，使教师个体自觉养成良好师德。

"以教师为中心"的理念，是高校师德建设充分遵循职业道德建设规律的重要体现。职业道德建设是通过制定切实可行的、完善的职业道德规范，并有组织有计划地对从业人员开展职业道德教育，增强从业人员的职业道德认知，激发职业道德情感，坚定职业道德信念，从而使从业人员在职业道德实践中，自觉养成职业道德行为的过程，也是将外在的职业道德规范转化为内在道德诉求和具体职业行为习惯，实现"他律"转化为"自律"的过程。"以教师为中心"是以满足教师的职业道德需求为出发点和落脚点，通过增强教师的参与性，激发高校教师的主动性、自觉性，使"他律"更好地转化为"自律"，将外在规范更好地内化为高校教师稳定的内在信念和良好的行为品质。因此，"以教师为中心"的高校师德建设长效机制，符合高校教师成长规律，符合师德建设规律，符合高等教育发展规律。

---

① 《教育部关于建立健全高校师德建设长效机制的意见》，http：//www.moe.gov.cn/srcsite/A10/s7002/201409/t20140930_175746.html。
② 《教育部等七部门印发〈关于加强和改进新时代师德师风建设的意见〉的通知》，http：//www.moe.gov.cn/srcsite/A10/s7002/201912/t20191213_411946.html。

经过长时间的探索，中国高校师德建设积累了大量的经验，人们对高校师德建设的规律性认识不断深入，高校师德建设长效机制更加规范化、科学化。唯物史观认为，事物总是在不断发展变化的，要用发展变化的眼光看待问题。高校师德的建设也应紧跟时代的变化，要在实践中检验和发展完善高校师德建设长效机制。道德建设具有理想性和现实性相统一的特征，制度设计和制度落实之间总是存在一定的落差，在现实的实践过程中，可能会面临各种各样的困难和挑战，这就需要我们在实践中不断发展完善高校师德建设长效机制，提高高校师德建设长效机制的科学性和实效性。

第四章　高校师德建设长效机制的实践逻辑

"加强职业道德建设要有正确的方法和途径。正确的方法和途径应该来自实践，并在实践中不断得到检验和改进。"① 人们在实践中不断探索和掌握改造世界的正确途径和方法，遵循客观规律，运用科学思维改造着世界和人本身，职业道德建设要运用正确的方法和途径科学有效地开展实践。人们的实践活动具有目的性，在实践的过程中只有遵循一定的实践逻辑，运用正确的方法和途径，科学有效地开展实践活动，才能达到预期的实践目的。

科学有效的实践活动应该遵循：基于正确的理论认识——提出科学合理的实践决策——准确地执行实践决策——对实践决策执行过程进行有效监督——及时准确地进行信息反馈——根据信息反馈修正理论或优化实践路径的运行模式。② 人们在深刻认识和准确掌握高等教育发展规律、高校师德建设规律、高校教师成长规律的基础之上，基于正确的理论认识，提出高校师德建设长效机制这一合目的性、合规律性的科学决策，如何准确地执行，贯彻落实高校师德建设长效机制的

---

① 伦理学编写组：《伦理学》，高等教育出版社、人民出版社2021年版，第270页。
② 赵剑英：《时代的哲学回声——赵剑英学术自选集》，人民出版社2017年版，第99页。

各项措施成为关键性一环,在落实的过程中要强化信息反馈,根据反馈的信息不断修正和优化实践路径,检验和改进正确的途径和方法,不断提高师德建设的科学化水平。

第一节　高校师德建设长效机制的实践原则、目标及要求

明确实践原则、实践目标、实践要求是开展实践的前提,科学有效地开展实践活动要遵循一定的实践原则,在实践原则的指导下正确开展实践活动,确保实践的正确方向。开展高校师德师风建设还要具有明确的实践目标,以目标为导向,推动各项具体工作有效展开,使高校师德建设长效机制真正落实落地见实效。每个时代有每个时代的师德师风建设特征和要求,新时代党中央和国家对高校师德师风建设提出新的更高要求,高校师德建设长效机制要围绕新时代新要求,展现新作为。

一　高校师德建设长效机制的实践原则

实践原则是在实践中所要遵循的依据和准则,是开展具体实践的指导思想,为实践活动指明方向。2014年,《教育部关于建立健全高校师德建设长效机制的意见》颁布。《意见》深刻阐明了高校师德建设长效机制的基本原则主要有四点:坚持价值引领,坚持"师德为上",坚持"以人为本",坚持改进创新[①],这也是高校在实施师德建设长效机制过程中所要坚持的实践原则。

---

① 《教育部关于建立健全高校师德建设长效机制的意见》,http://www.moe.gov.cn/srcsite/A10/s7002/201409/t20140930_175746.html。

(一) 坚持价值引领的实践原则

"做好各项工作，必须有强大的价值引导力、文化凝聚力、精神推动力的支撑"①，高校师德建设长效机制首先要坚持价值引领的基本原则。坚持价值引领，是道德建设的内在要求，做好高校师德建设工作需要发挥价值引领的作用。2016 年，习近平总书记在全国高校思想政治工作会议上强调，"要把社会主义核心价值观贯穿于高校办学育人全过程……坚持用社会主义核心价值观引领知识教育、引领师德建设"②。"社会主义核心价值观是当代中国精神的集中体现，是凝聚中国力量的思想道德基础"③，高校师德建设长效机制要坚持"以社会主义核心价值观为高校教师崇德修身的基本遵循，促进高校教师带头培育和践行社会主义核心价值观"④。

高校师德建设长效机制的实践坚持价值引领原则，就是将社会主义核心价值观与师德建设深度结合，以社会主义核心价值观作为高校教师日常工作生活的基本遵循，将社会主义核心价值观贯穿于高校师德师风建设的全过程，以社会主义核心价值观引领高校师德师风建设，用社会主义核心价值观涵养师德师风，使高校教师成为社会主义核心价值观的模范践行者。

一是要注重培育高校教师的社会主义核心价值观，将社会主义核心价值观教育融入师德教育的内容，使高校教师深刻理解领悟社会主

---

① 中共中央文献研究室编：《习近平关于社会主义文化建设论述摘编》，中央文献出版社 2017 年版，第 126 页。

② 中共中央文献研究室编：《习近平关于社会主义文化建设论述摘编》，中央文献出版社 2017 年版，第 132 页。

③ 中共中央文献研究室编：《习近平关于社会主义文化建设论述摘编》，中央文献出版社 2017 年版，第 131 页。

④ 《教育部关于建立健全高校师德建设长效机制的意见》，http：//www.moe.gov.cn/srcsite/A10/s7002/201409/t20140930_175746.html。

义核心价值观的科学内涵以及重要性，增强高校教师社会主义核心价值观认同。通过加强教育，使社会主义核心价值观内化为高校教师的精神追求，外化为自觉行动，自觉践行社会主义核心价值观及达到"日用而不知"的高尚境界。二是在师德宣传中，将积极践行社会主义核心价值观，师德高尚的教师作为典型进行宣传，通过典型示范，发挥引领作用，促使广大教师积极践行社会主义核心价值观，提升自身道德修养，形成共同培育和践行社会主义核心价值观的良好氛围。三是通过创作高校教师自觉弘扬社会主义核心价值观，涵养高尚师德行为的艺术作品，用高质量的精神文化产品熏陶高校师生，使高校教师树立正确的思想道德观念，进行正确的价值判断，培养高尚的道德情操，自觉培育和践行社会主义核心价值观。

（二）坚持"师德为上"的实践原则

坚持"师德为上"，是高校师德建设长效机制的一个重要实践原则。高校师德建设要始终以"立德树人为出发点和立足点，找准与高校教师思想的共鸣点，增强高校师德建设的针对性和贴近性，培育高校教师高尚道德情操"[①]。坚持"师德为上"，就是要将师德建设摆在高校教师队伍建设的首位，在教师考核、评价、聘任中以师德作为首要考核及考察内容，以师德作为高校教师评价的第一标准。在高校教师聘用中，严把政治关、师德关；在任职资格审查中，重点考察高校教师的思想政治素养和师德师风状况；在评优评先、职称评审、研究生导师资格申请、项目申报等工作中，一律取消师德失范教师的评审资格，严格实行师德"一票否决"制等。

---

① 《教育部关于建立健全高校师德建设长效机制的意见》，http：//www.moe.gov.cn/srcsite/A10/s7002/201409/t20140930_175746.html。

建立健全高校师德建设长效机制，将师德教育贯穿于高校教师职业生涯的各阶段，针对不同职业生涯阶段高校教师存在的职业道德困惑、心理特点等做好服务工作，及时帮助他们纾解师德困惑。此外，还要不断改进师德师风建设工作的方式方法，增强工作的亲和力，使高校师德建设工作更具人情味，更具针对性，更加贴近高校教师的工作和生活，从而使高校教师乐于接受，主动参与。通过一系列举措，不断增强高校教师"师德为上"的思想认识，在教育教学活动中自觉遵守师德规范，不断提高自身道德水平和师德修养。

(三) 坚持"以人为本"的实践原则

高校师德建设长效机制坚持"以人为本"的实践原则，就是要始终"关注高校教师发展诉求和价值愿望，落实高校教师主体地位，激发高校教师的责任感使命感"[①]。"以人为本"是马克思主义的基本原则，是开展一切工作的出发点和落脚点。在实践中，不仅要从行政管理的角度落实高校师德建设长效机制的各项措施，还要从人文关怀的角度做好师德师风建设工作。单纯采取行政命令、硬性规定等行政手段开展师德师风建设违背"以人为本"的原则，难以调动高校教师的积极性与参与性，使高校师德建设变得生硬僵化，效果大打折扣，甚至起到负面作用。高校师德建设长效机制坚持"以人为本"，其实质要做到"以教师为中心"。"以教师为中心"是中国在长期的高校师德建设实践中总结出的一条重要历史经验，充分彰显了高校师德建设长效机制的科学性和先进性。在高校师德师风建设过程中要始终围绕高校教师这一道德主体，充分尊重其主体地位，关心关注和及时回应高校

---

① 《教育部关于建立健全高校师德建设长效机制的意见》，http://www.moe.gov.cn/srcsite/A10/s7002/201409/t20140930_175746.html。

教师的各项诉求，使师德建设真正服务于教师成长，真正致力于促进高校教师的全面发展。

首先，高校师德建设要充分开展调查研究，深入高校教师群体，主动倾听高校教师的心声，了解他们的困惑以及师德水平，发现当前高校师德建设中存在的问题。在制度设计的过程中，要充分彰显人文关怀，考虑"人"的主要因素，提升制度的"温度"。制度是刚性化、原则化的管理，好的制度必定是立足教师的利益，关注教师的全面发展和价值实现。在高校师德建设长效机制的落实过程中，要随时关注高校教师的反馈，根据信息反馈，不断改进工作方式方法，以高校教师喜闻乐见的方式开展师德建设，从而有效激发高校教师的主观能动性。

道德建设是通过"外铄"的制度力量，达到"内塑"的作用，通过他律达到自律的目的。坚持"以人为本"的实践原则是高校师德建设长效机制的内在要求。通过建立健全高校师德建设长效机制的各项工作机制，完善各项制度，采取各种针对性措施，最终的目的是有效激发高校教师的内生动力，增强提高自身师德素养的自主性和自觉性。

（四）坚持改进创新的实践原则

每个历史时期的道德建设，总是与该时期的社会政治经济文化发展状况密切相关，社会政治经济文化不断发生变化，道德建设也随之发生变化。随着社会的发展变化，不断涌现出新的道德问题，需要用新的方式方法应对解决。这就要求高校师德建设因时而进、因势而新、与时俱进，顺势而为。在高校师德建设长效机制的实践过程中，要坚持改进创新的基本原则。"不断探索新时期高校师德建设的规律特点，善于运用高校教师喜闻乐见的方式方法，增强高校师德建设的实际效果"①。只有创新体制机制，改进工作的方式方法，才能不断增强实效性，增强时代的适用性。

一是要树立创新意识。深刻认识高校师德建设具有发展变化性，用发展的眼光看待和分析问题，在高校师德建设长效机制的实施过程中，善于发现新问题，研究新情况，提出新的解决思路和办法。二是要关注时代的发展变化。高校师德建设并非孤立的，而是与社会发展、高等教育发展息息相关，社会风气的改变与社会思潮的变迁等都会对高校教师的思想观念和行为产生一定影响。因此，高校师德建设要善于观察社会大环境的变化，运用联系的观点，强化系统思维，见微知著，及时有效地采取应对变化的新举措。三是要善于总结实践经验。在丰富的实践基础之上归纳总结高校师德建设内在发展的规律、高校教师成长和发展的规律，并遵循和利用规律，提高师德建设的科学性和规范性。四是要建立健全信息反馈机制。根据信息反馈情况，分析存在的问题，不断改进措施，创新工作方式方法，提高工作的针对性和实效性。五是要增强前瞻意识。道德建设往往具有一定的滞后性，道德规范总是针对已经出现的问题出台相应的约束措施，高校师德建设长效机制的与时俱进，不仅体现在研究新情况、解决新问题方面，更重要的是增强前瞻性，对可能出现的情况和趋势做出科学的预判，采取有效的预防措施，防患于未然。

二 高校师德建设长效机制的实践目标

实践是人们充分发挥主观能动性，有意识、有目的、有计划地改造客观世界的活动。马克思认为，人的实践活动与动物的本能活动的

---

① 《教育部关于建立健全高校师德建设长效机制的意见》，http：//www.moe.gov.cn/srcsite/A10/s7002/201409/t20140930_175746.html。

根本区别在于，是否有无目的性地开展活动。当人们开展实践活动时，"劳动过程结束时得到的结果，在这个过程开始时就已经在劳动者的表象中存在着，即已经观念地存在着"①，人类的实践活动总是带有一定的目的性。"实践的目的既是实践运行的初始环节，也是实践运行的内部控制因素，它贯穿和渗透于整个实践过程及其结果之中。"② 在人们开展实践活动之前就已经在头脑中预设了实践活动的目的，预设了开展实践活动达到的效果。"主体所提出的目的总是表现为期望建造一种客观世界中还不存在的事物。在目的中体现着主观与客观、理想与现实、实然与应然之间的矛盾。"③ 目的是人们在意识中对客观存在进行的超前改造，是人们开展实践活动之前在头脑中所描绘的愿景，是理想客体的观念模型。

人们根据实践目的，设计具体实现的途径、方法和步骤，有效地指导开展实践活动。实践的目的性越强，目标越明确，人们开展实践活动的指向性就越强。习近平总书记对高等教育事业的发展和高校师德建设作出的一系列重要指示，是开展高校师德建设长效机制实践的根本遵循。高校师德建设长效机制实践目标的确立，是建立在新时代的发展变化、党和国家对高校教师提出新要求的基础上的，通过开展实践活动达到党和国家对高校师德建设提出的新要求。

新时代高校师德建设长效机制的实践目的应包含以下几方面。

一是在社会层面，形成尊师重教的良好社会风气，高校教师的从业环境有所改善。通过实施高校师德建设长效机制，加强高校师德建

---

① 《马克思恩格斯全集》第二十三卷，人民出版社1972年版，第202页。
② 杜利英：《马克思主义哲学原理与方法：以实践为基础》，人民出版社2013年版，第69—70页。
③ 杜利英：《马克思主义哲学原理与方法：以实践为基础》，人民出版社2013年版，第70页。

设,使人们对高校教师的满意度有所提升,高校教师在人们心目中的形象有所改善,使高校教师的社会地位、政治地位、职业地位得到不断提升,形成人人爱之、人人想为之的良好局面。通过加强高校师德建设,引领社会风尚,大力推进社会主义精神文明建设,有效提高人们的思想素质和道德水平。

二是在高校层面,高校师德建设长效机制更加完备化、科学化、规范化,各项具体工作机制得到有效落实,切实解决高校师德建设中的工作难题,并取得显著效果。有效防范高校师德失范行为的发生,高校教师师德失范行为的发生率大大降低;不断完善教师权益保障体系,高校教师的合法权益得到有效保障;在校园中形成良好的师德氛围;高校教师管理现代化水平得到有效提升,高校治理体系和治理能力更加现代化。

三是在高校教师层面,通过实施高校师德建设长效机制,全面提升高校教师思想政治素质和职业道德水平。高校教师牢固树立"四个意识",坚定"四个自信",自觉做到"两个维护",教师的职业荣誉感和职业认同感得到显著提升,敬业爱生,为人师表,高校教师队伍的整体精神面貌得到有效改善。高校教师不断增强提升自身师德素养的思想自觉和行动自觉,在日常工作学习中,自觉遵守师德规范,减少或避免师德失范的行为发生,真正做到"四个相统一",成为"四有好老师"。

科学合理的实践目标能够有效地推动实践深入开展,各地各高校要制定符合本地本校实际情况的师德建设长效机制的实践目标。科学合理的实践目标的确立建立在对客观实际的正确认识和准确分析,以及对事物发展规律的认识和掌握的基础之上。过高或过低的实践目标都不利于实践活动的开展。实践目标过低,难以调动实践主体的主观能动性，不能充分发挥人们的创造性，不利于改造世界；实践目标过高，脱离和超越实际情况则会伤害实践主体的积极性，使实践活动难以继续推进。师德建设是一个长期的过程，在具体的实践中，既要制定长期目标，也要制定阶段性目标。高校师德建设长效机制的落实，既要有总体目标，也要制定各子机制的具体工作目标。

三 高校师德建设长效机制的实践要求

高校师德建设长效机制的实施要根据新时代对高校师德建设提出的新要求，不断创新实践活动，优化实践实施路径，着力提升实践效能。在高校师德建设长效机制的落实过程中，要做到坚持主体与客体相统一，坚持依法治校与以德治教相统一，坚持问题导向与目标导向相统一，坚持自律与他律相统一的实践要求。

（一）坚持主体与客体相统一

马克思主义人学理论是高校师德建设长效机制的基础理论，马克思实践人学是马克思在扬弃黑格尔的理性人学和费尔巴哈的感性人学的基础上，提出并确立的人学思想的制高点。① 马克思实践人学在对传统人学思想进行批判和扬弃的基础上，提出主体与客体相统一的思想。"在马克思实践人学的视野里，人是既作为主体又作为客体而存在。既包含着人的自觉能动性、又体现着客观规律性。"②

在高校师德建设长效机制的实施过程中，坚持主体与客体相统一，必须深刻认识主体与客体的辩证统一关系，在实践中要充分尊重高校教师的主体性地位，发挥高校教师的主观能动性，围绕高校教师的成

---

① 刘同舫：《马克思的哲学立场》，人民出版社2017年版，第179页。
② 刘同舫：《马克思的哲学立场》，人民出版社2017年版，第180页。

长发展开展各项工作，有效激发高校教师的师德建设内驱动力。能否有效激发高校教师的内驱动力，提高高校教师道德实践的自觉性，是衡量高校师德建设工作成败的标准之一。高校师德建设长效机制，必须以高校教师为中心，围绕高校教师关心关注的问题，关切与高校教师利益相关的各方面，展开师德建设工作。同时，高校师德建设又要充分遵循客观规律，遵循中国高等教育事业发展的规律，遵循高校师德建设的内在规律，不夸大主观能动性的作用，不忽视客观规律，实现人的主体活动的合目的性与合规律性的相统一。

人们具有主观能动性，能够自主、自觉地认识和改造世界，但是人们并非随意地按照自身的意愿改造世界，而是受到客观现实条件和客观环境的制约，受到客观规律的制约。因此，要一切从实际出发。所谓实际，就是"客观存在的一切事物、现象，包括人的实践活动"①。实际既包括客观世界的实际，也包含主观世界的实际。客观实际如本地区本校的实际情况，包括人力、物力、财力、教风、校风、学风、文化历史传统等方面。主观实际包括高校教师的师德认识水平、道德作风操行、思想政治状况等方面。这就要求人们充分尊重本地区本校的历史文化传统、风俗习惯等，根据当前师德建设情况，高校教师师德认知水平状况、思想政治素养情况等，采取科学合理的、符合客观世界实际和主观世界实际的措施。任何忽视实际的行为都是唯意志论和急于求成的主观唯心主义的表现，任何不从具体实际出发、不注重结合本地区本校实际情况、不注重调查研究、盲目照搬照抄其他高校的做法都是脱离了主观和客观的相统一，犯了教条主义的错误。

---

① 王伟光：《反对主观唯心主义》，人民出版社、中国社会科学出版社2014年版，第32页。

（二）坚持依法治校与以德治教相统一

在中国高等教育的发展过程中，形成了依法治校的普遍共识，国家出台了一系列法律条文，推动高校顺利推进依法治校，不断完善保障师生合法权益的体制机制，使依法治校的观念深入人心。《中华人民共和国教师法》及相关法律法规的出台，明确了教师的权利与义务，保障了教师享有的各项法定权利，保障了教师的合法权益。国家陆续出台一系列制度文件，使教师职务评聘、继续教育、奖惩考核等方面有了规范性的制度保障。这些法律条文和制度文件的出台，不断推进高校法治建设，为高校师德建设奠定了坚实的法治基础，使高校师德建设在法律规范下运行，使高校师德建设长效机制有法可依，有章可循，提高了法治化水平。

以德治教就是要落实"立德树人"的根本任务，坚持将德育摆在重要位置，不断加强高校教师职业道德建设，提高高校教师职业道德素养，使教师更好地履行教书育人职责，为人师表。"教师的职业特性决定了教师必须是道德高尚的人群。合格的老师首先应该是道德上的合格者，好老师首先应该是以德施教、以德立身的楷模。"①2016年，习近平总书记在全国高校思想政治工作会议上，对广大教师提出"四个相统一"的要求，勉励广大教师要"以德立身、以德立学、以德施教"②，这是习近平总书记站在新的历史方位上，对全国广大教师提出的新要求，体现了党和国家对高校教师道德建设的高度关注。

---

① 习近平：《做党和人民满意的好老师——同北京师范大学师生代表座谈时的讲话》（2014年9月9日），人民出版社2014年版，第7页。
② 《习近平在全国高校思想政治工作会议上强调，把思想政治工作贯穿教育教学全过程 开创我国高等教育事业发展新局面》，《人民日报》2016年12月9日第1版。

道德是法律的基础，法律是道德的保障。法律在道德建设中起着重要的作用，高校师德建设如果没有法律这一强制手段的约束，如果缺乏法律制度的有效保障，那么师德建设将失去威慑力，甚至有可能成为"空中楼阁"。高校师德建设长效机制，坚持依法治校与以德治教相统一，就是将依法治校与以德治教有机结合起来，理顺法治与德治的关系。既要强调法律在高校师德建设中的基础地位，又要坚持将德育放在首位；既要大力弘扬法律的道德性，也要大力彰显道德的法律性，使高校教师自觉将法律法规、制度文件的规范要求内化为更高的道德权利和道德义务，将道德规范内化为师德律令，为自身"立法"。

在具体实践中，要将法治与德治相统一的理念贯穿于高校师德建设的各环节中，注重刚柔并济，奖惩相结合，高位引领与底线要求相结合，严管与厚爱并重。既要坚持底线思维，划清底线、红线，又要发挥榜样示范教育的重要作用。要善于运用法律手段规范各项工作程序和工作要求，提高高校教师的法治素养和规则意识，提升高校教师依法执教、规范执教的能力。

（三）坚持问题导向与目标导向相统一

"问题是时代的声音，回答并指导解决问题是理论的根本任务。"[1]党的二十大报告中指出，要坚持问题导向。问题是实践的靶向和起点，坚持问题导向是马克思主义重要的方法论，是党一直以来坚持的重要的思想方法和工作方法，是党的优良传统和宝贵经验。坚持问题导向，是一切从实际出发的具体体现，是求真务实的科学态度，是有效解决

---

[1] 习近平：《高举中国特色社会主义伟大旗帜 为全面建设社会主义现代化国家而团结奋斗》——在中国共产党第二十次全国代表大会上的报告（2022年10月16日），人民出版社2022年版，第20页。

实际问题的迫切需要。在高校师德建设长效机制的实践过程中，坚持问题导向就是将问题意识贯穿于师德建设的全过程，提高发现问题、分析问题、解决问题的能力。既要发现现存的问题，又要善于发现潜在的问题，将潜在矛盾解决在萌芽状态，避免事态严重化；既要发现个性问题，又要发现共性问题，采取普遍有效的解决措施；既要发现表层问题，又要善于发现深层次问题，透过现象看到本质，采取治标又治本的有效措施。通过发现问题、分析问题，采取有针对性的措施，不断增强解决问题的能力。

目标导向是确立明确的实践目标，并围绕既定目标制定计划和步骤，采取措施，以达到预期目标。目标导向与问题导向具有内在的统一性，都是科学的思想方法和工作方式。在发现问题的基础上，制定解决问题的目标，随着实践的发展，旧的问题逐渐得到解决，出现新的问题，实现原有目标后，要根据新的问题，确立新的实践目标。从这一角度而言，问题决定目标，明确的目标又对问题具有反作用，有利于解决问题。问题是客观存在的，而目标的设定则具有主观性，是人的主观能动性的表现，基于客观存在充分发挥人的主观能动性，体现了主观和客观的相统一。因此，问题导向和目标导向具有辩证统一性。

在高校师德建设长效机制的实践过程中，坚持问题导向与目标导向相统一，有利于把握工作重心，增强工作的方向性，提高高校师德建设的精确性和针对性。目标的达成情况，既定目标实现的向度、程度和效度，是测评实践活动是否有效解决原有问题的标准，是衡量高校师德建设长效机制实施效果的尺度。因此，坚持问题导向和目标导向相结合，有利于推动高校师德建设长效机制的各项措施有效开展，避免出现"以文件落实文件，以会议落实会议"、制度形同虚设的情况。

(四) 坚持自律与他律相统一

道德自律和他律是不可分割的有机统一体，"自律"以他律为前提和条件，他律只有转化为自律，方能真正达到目的。他律是自律的必要条件，先有外在道德规范，后有内在自我约束，自我行为约束的标准来自外在的社会规范要求，没有道德行为规范，道德自律将无从谈起。自律是把"被动地服从变为主动的律己，把外部的道德要求变为自己内在良心自主的行动"①，一切外在的道德约束，只有转化为个体内在的思想观念和外在的行为，才能真正发挥作用。如果没有外在的他律约束，或他律不通过自律起作用，那么一切道德规范和原则将不能转化为道德行为。任何割裂他律和自律的有机联系，忽视他律或自律的作用的认识和做法，都是违背道德建设的内在规律。因此，高校师德建设长效机制的实践，要坚持高校教师自律与他律的相统一，既要重视完善各项体制机制，又要注重通过体制机制有效激发高校教师的内生动力，自觉养成良好的道德品行。

高校师德建设长效机制的实施，首先要为高校教师建立共同的价值目标，形成共同的道德原则和道德规范，明确行为准则，使高校教师对自身职业道德规范有清晰的认知。其次要"注重宣传教育、示范引领、实践养成相统一，政策保障、制度规范、法律约束相衔接"②，师德宣传、教育、考核、监督与奖惩各项具体工作机制有机结合形成"组合拳"，共同发挥外在的他律作用。采取多方面措施，运用多种手

---

① 宋希仁：《"道德的基础是人类精神的自律"释义》，《道德与文明》2000年第3期。
② 《教育部关于建立健全高校师德建设长效机制的意见》，http://www.moe.gov.cn/srcsite/A10/s7002/201409/t20140930_175746.html。

段，促使外在约束力量有效转化为高校教师内在自觉的道德观念和师德追求，养成高尚的师德行为。

第二节 强化高校师德建设长效机制的组织领导与保障机制

在高校师德建设的顶层设计中，组织领导机制处于顶层，起到负责总体设计、统筹协调、整体推进、督促落实的领导核心作用，是高校师德建设的"指挥部"和"大脑中枢"，是做好高校师德建设工作、推动高校师德建设长效机制落实落地的核心关键。强有力的组织领导是实现高校师德建设实践目标的决定性力量。如果没有强有力的组织领导力量，没有健全的组织领导机构，则高校师德建设的各项措施将无法有力推进，甚至有可能成为"一纸空文"，实践目标也无法实现。因此，强化高校师德建设长效机制的组织领导力量，是落实高校师德建设长效机制的首要方面。师德建设保障机制是高校师德建设长效机制的重要组成部分，处于顶层设计的基础部分。师德建设保障机制为高校师德建设长效机制提供各方面必要的保障条件，是高校师德建设长效机制不可或缺的部分，确保高校师德建设长效机制长期规范化有效运行。组织领导机制与保障机制为高校师德建设长效机制的有效落实提供重要的支撑，因此，必须建立健全高校师德建设长效机制的组织领导与保障机制。

一 建立健全组织领导机制

《教育部关于建立健全高校师德建设长效机制的意见》指出："高校主管部门要把师德建设摆在教师队伍建设的首位，主要领导亲自负责,并落实具体职能机构和人员"①,同时对建立健全高校师德建设的组织领导机制提出具体要求,高校"要明确师德建设的牵头部门,成立组织、宣传、纪检监察、人事、教务、科研、工会、学术委员会等相关责任部门和组织协同配合的师德建设委员会;建立和完善党委统一领导、党政齐抓共管、院系具体落实、教师自我约束的领导体制和工作机制"②。该意见为健全高校师德建设组织领导机构、强化师德建设的组织领导力量提供了实践遵循。在具体工作中,高校要建立完备的组织领导机构,形成"横向联动,纵向贯通"的工作格局,提高师德建设一体化水平;要配备专门的工作人员,补齐配强专职工作队伍,并通过加强人员培训全面提升工作人员的能力和水平,提高师德建设的专业化水平。

(一) 完善组织领导机构,强化组织领导力量

完备的组织领导机构是顺利推进高校师德建设,并取得实效的组织保障。高校要严格落实师德建设的主体责任,落实学校党政主要负责人作为师德建设第一责任人的责任,在党委统一领导下,形成党政齐抓共管的工作格局。

1. 成立学校师德师风建设委员会

高校应成立师德师风建设委员会,第一,学校党委书记、校长亲自担任师德师风建设委员会主任;第二,师德师风建设委员会成员由组织部门、宣传部门、统战部门、纪检监察部门、人事部门、教务部门、科研部门、工会、教师教育发展中心、学术委员会等师德师风建

---

① 《教育部关于建立健全高校师德建设长效机制的意见》,http://www.moe.gov.cn/srcsite/A10/s7002/201409/t20140930_175746.html。
② 《教育部关于建立健全高校师德建设长效机制的意见》,http://www.moe.gov.cn/srcsite/A10/s7002/201409/t20140930_175746.html。

设的相关职能部门以及二级院系（部）党委（党总支）书记组成；第三，师德师风建设委员会办公室设在党委教师工作部。

高校师德师风建设委员会的主要工作职责包括以下几个方面。第一，贯彻落实党中央以及地方关于做好高校师德师风建设工作的重大方针政策、安排部署，研究制定符合本地区本校实际情况的高校师德建设长效机制，理顺体制机制，健全各项制度，制定落实本校师德师风建设发展规划及实施办法等。第二，对所制定的高校师德建设长效机制的落实情况予以监督，对落实不到位的部门责令其限期整改。第三，根据师德师风建设工作的信息反馈，定期召开师德师风建设工作分析研判会，对高校师德师风建设长效机制落实过程中存在的具体问题进行分析研判，及时调整和完善高校师德建设长效机制。第四，定期对师德师风建设领域存在的风险进行预判，加强风险管控；第五，对师德失范行为进行认定和处理，对出现师德失范行为的二级单位负责人予以问责，并作出惩处决定等。

2. 成立党委教师工作部

成立党委教师工作部，充分发挥党委教师工作部在教师思想政治工作和师德师风建设中的统筹作用。党委教师工作部在学校党委的领导下对教师开展思想政治教育、师德师风建设、管理服务等工作，起到牵头抓总的作用，整合学校的力量，全面推进教师思想政治教育与师德师风建设。主要工作职责包括两个方面。第一，具体负责教师日常思想政治教育工作、师德考核、师德师风教育培训、师德宣传、师德监督、理论研究等工作；第二，负责制定制度规范和工作规划，推进落实高校师德建设长效机制，牵头协调开展师德师风建设各项工作。

当前，国内不少大学单独设立了高校教师工作部，如清华大学、中国人民大学、北京师范大学、中山大学等。为方便开展工作，有的学校人事部门和党委教师工作部门合署办公，虽然合署办公，但是人员科室职责划分明确，岗位设置清晰，人员配备齐全。如北京大学人事部和党委教师工作部合署办公，下设师德建设办公室、教师职业道德和纪律委员会办公室。师德建设办公室负责师德师风日常教育、教职工思想政治和师德师风考核；教师职业道德和纪律委员会办公室为教师职业道德和纪律委员会履行职责提供行政支撑与服务，贯彻落实有关决议、决定和工作部署，受理教师违规违纪问题的举报等。

3. 成立二级学院师德师风建设委员会

成立二级学院师德师风建设委员会，打通落实高校师德建设长效机制的"最后一公里"。为使高校师德建设长效机制在基层得到有效落实，二级学院要组织成立学院师德师风建设委员会，统筹开展本学院的师德师风建设工作，落实学校及学院党委关于师德师风建设的各项决策部署。

二级学院党政主要负责人为本学院师德师风建设的第一责任人，切实履行职责，落实"一岗双责"。二级学院师德师风建设委员会主任由学院党委书记、院长担任，委员会成员主要由学院领导班子、学院纪检委员、教师党支部书记、教师代表等组成。二级学院师德师风建设委员会在学校党委的领导下，在学校师德师风建设委员会的具体指导下，开展各项工作。二级学院师德师风建设委员会主要负责贯彻落实学校党委的部署安排，拟定本学院的师德建设工作规划及具体实施方案，统筹开展本学院的师德师风建设工作；加强教师日常思想政治教育及师德师风专项教育与培训，组织教师积极参加学校各项教育培训；及时掌握一线教师的思想动态，相关负责人要不定期与教师谈心谈话，加强与一线教师的沟通交流，及时帮助一线教师解决困难；对教师师德失范行为进行初步调查，并及时上报学校师德师风建设委员会；奖励和本学院的师德先进个人，并进行广泛宣传；定期向学校师德师风建设委员会汇报本学院师德师风建设情况，如学校工作安排部署的落实情况、取得成效、存在问题及下一步工作计划等。

建立校院两级师德师风建设委员会，形成"横向联动，纵向贯通"的师德建设工作格局，有利于推动高校师德建设长效机制各项具体工作的顺利开展。"横向联动"有利于加强学院与各相关职能部门之间的沟通联系，形成党委教师工作部统筹协调，各相关二级单位协同配合，共同加强师德建设的大教师工作格局。"纵向贯通"有利于层层压紧压实工作责任，推动各项工作落实落地，形成师德建设合力，提高师德建设一体化水平。

高校师德建设的对象覆盖全体高校教师群体，在师德建设的过程中，往往注重强调二级学院的师德建设，重视一线专任教师的师德建设工作，忽视行政管理、服务人员等的师德师风建设。行政管理人员、服务人员在高校教师群体中占有较大比重，承担着重要的职责，各二级单位党政负责人要切实履行师德建设的第一责任人责任，落实师德建设各项工作。针对本部门各岗位的工作性质和特点，开展师德师风建设，尤其是对实际工作中容易出现师德问题的重点薄弱环节加强教育和防范，避免师德失范行为的发生。

4. 强化教师党支部师德建设的作用

将师德师风建设作为教师党支部建设的重要内容，以基层教师党支部为依托，开展师德师风建设工作。"建立健全学校党委、院（系）党组织、教师党支部三级联动的教师工作机制，强化基层党组织在教师思想政治和师德师风建设中的作用。"① 充分发挥党支部在师德师风建设中的重要作用，增强党组织的政治功能，做好党员教师的管理服务工作，发挥党支部在教师成长和管理各环节中的政治和师德双把关作用。教师党支部通过加强党员教师的思想政治教育和师德师风教育，强化思想引领，提高党员教师的思想政治素养；通过强化党员教师师德行为监督，引导党员教师自觉遵守师德规范，避免师德失范行为的发生；做好党员发展工作，吸纳青年教师、海外归国教师、高层次人才加入党组织；发挥党员教师的先锋模范带头作用，在师德方面作出表率，带领广大教师践行师德规范，养成良好师德品行。将教师思想政治素质状况、师德师风建设状况作为先进教师党支部考评的首要标准，以创优争先推动教师党支部建设，从而促进教师思想政治教育和师德师风建设。

（二）明确岗位职责，建立岗位责任制

建立完备的组织领导机构，还要明确岗位工作职责，建立健全岗位责任制，从而更好地推动各项工作落实。

一是要建立健全"一岗双责"责任机制，压实学校党政负责人师德建设第一责任人责任。2018年，《教育部关于高校教师师德失范行为处理的指导意见》明确指出，"党委书记和校长抓师德同责，是师德建设第一责任人。院（系）行政主要负责人对本单位师德建设负直接领导责任，院（系）党组织主要负责人也负有直接领导责任"②。明确师德建设的第一责任人责任，有利于强化主体责任。该

---

① 《教育部党组印发指导意见完善高校教师思想政治和师德师风建设工作体制机制》，http://www.moe.gov.cn/jyb_xwfb/gzdt_gzdt/s5987/202112/t20211231_591670.html。

② 《教育部关于高校教师师德失范行为处理的指导意见》，http://www.moe.gov.cn/srcsite/A10/s7002/201811/t20181115_354923.html。

意见对相关单位和责任人不履行或不正确履行职责而导致师德失范行为发生的，根据职责权限和责任划分明确了相应的问责规定。该意见的出台是建立健全问责机制，落实责任问责的重要依据。在具体实践中要以此为遵循，建立健全责任问责机制，真正做到失责必问、问责必严。

二是要建立明确的岗位职责制度，形成权责明确、分工协作、齐抓共管的工作格局。科学合理的分工能够提高工作效率，避免重复工作或推诿扯皮现象的发生。按照高校师德建设长效机制各具体工作机制包含的工作内容，细化分工，分解落实于各个岗位的职责之中。在进行岗位职责划分时，要理顺各项具体工作，注重各项具体工作内容之间的连贯性，将联系性较强的工作归为同一岗位，以提高工作效率。同时不同岗位的分工还要注重公平性，根据工作性质的重要性以及工作的烦琐程度，注重平衡，合理安排人力。职责是职务与责任的相统一，除了要明晰各个岗位的工作范围和内容，还要进一步明确不同岗位的相应责任，对失责的情形及其处罚予以明确规定，形成规范化、制度化的岗位职责制度。

三是为避免"上热下冷"的现象，要层层压实责任落实，将压力传导到基层工作单位。每一年度各二级单位师德建设第一责任人要与学校主要党政领导签订师德师风建设责任书，并将本年度教师思想政治教育与师德师风建设情况、师德建设长效机制的落实情况，纳入年度述职报告的内容，并作为年度述职考核的重要内容和所在单位年度工作情况评价的重要参考。将教师思想政治教育与师德师风建设作为校内巡察的重要内容，将教师思想政治教育与意识形态专项督查相结合，通过专项督查与巡视巡察相结合，强化师德师风建设的责任落实。

(三) 补齐配强专职工作队伍

建设一支强有力的师德建设专职工作人员队伍是顺利开展师德建设各项工作的前提。目前，一些高校虽然已经成立党委教师工作部，但是面临着人员配备不到位、岗位空缺等问题。一些高校的党委教师工作部挂靠在宣传部门或是人事部门，且没有配备专职工作人员，师德建设相关工作大多由相关职能部门的工作人员兼职从事。相关职能部门自身的事务性工作繁多，导致工作人员难以保证有充足的时间、精力专心做好师德建设和教师管理服务工作，最终落入应付了事的尴尬境况，不利于高校师德建设长效机制的有效落实。

为了解决这一矛盾，首先，在学校层面，要提高对师德建设工作重要性的认识，补齐配强专职工作人员从事高校师德建设工作，充实壮大学校党委教师工作部的力量，建实建强党委教师工作部，落实党委教师工作部的各项工作职责。党委教师工作部挂靠在其他部门的学校，要在岗位设置和人力配置上予以保证，增加岗位编制，成立专门科室，安排专门工作人员负责师德建设相关工作，确保上级及学校党委制定的各项方针政策和措施落实到位。

其次，二级学院要严格落实党政负责人为学院师德建设第一责任人的工作责任制，指定分管领导负责本单位师德建设的具体业务工作，并配备具体负责师德建设工作的专职工作人员，使师德建设的各项工作在基层得到有效落实，从而提高管理服务一线教师的能力。

(四) 提升工作能力与水平

在人员力量上，除了要补齐配强工作队伍，还要通过各种方式和渠道不断提升相关工作人员的工作能力和水平。首先，要加深思想认识。一是增强师德建设工作重要性的思想认识，提高做好工作的自觉性、主动性，发挥积极性和创造性。师德建设并不能直接产生经济效益，为学校带来直接经济收入，因此在实际工作中，往往容易处于被边缘化的地位。但是通过加强高校师德建设工作，整体上提升教师的思想政治素养和师德素养，有利于培养教师潜心教书育人的敬业奉献精神，激励高校教师勇攀科学高峰，创造科技奇迹，提高人才培养的质量和水平，推动高校内涵式发展和高质量发展。因此，必须从思想认识上增强对高校师德建设工作重要性的认识，重视和加强高校师德建设工作。二是强化对高校师德建设工作本身的认识。与高校其他各项工作相比，师德建设工作具有其自身特点，师德建设是一个潜移默化的过程，具有长期持久性，短时间内不能做到立竿见影，呈现显著的效果。因此，必须久久为功，任何急功近利的思想和做法都是违背师德建设内在规律的。

其次，要提高组织领导能力。领导决策者必须掌握科学的思维方法和工作方法，提高科学决策能力和领导力。一是领导决策者要多下基层，多倾听一线教师的心声，在充分调研和深入研究的基础上，制定符合本校实际的师德建设长效机制。"制度好可以使坏人无法任意横行，制度不好可以使好人无法充分做好事，甚至会走向反面。"[①] 顺利推进高校师德建设，必须加强制度设计，建立完善的制度。通过制度约束，使高校教师不敢违反、不能违反、不想违反高校教师职业道德行为准则。在制度设计上，要增强制度的针对性和可操作性。同时，还要增强全局性思维和前瞻性思维，避免在制度设计上出现政策"朝令夕改"、前后政策相互矛盾、方案不配套的现象，使师德建设工作的实效性大打折扣。二是增强制度落实的执行力，制度执行到人

---

① 《邓小平文选》第二卷，人民出版社1994年版，第333页。

到事，做到用制度管权管事管人，避免只发文件不落实，以读文件、开会的形式代替落实等形式主义的做法。要在抓落实上下功夫，层层压紧压实责任，将具体工作落实到具体人，制定具体实施方案和行动计划，按照时间节点强化督查督办，有效推动各项工作的开展。三是师德建设是一个系统工程，涉及各个职能部门，要增强党委教师工作部的统筹协调能力，善于调动各部门的工作积极性，避免推诿扯皮的现象发生。

最后，要通过多种渠道多种方式，提高专职工作人员的能力，提升其专业素质，促使高校师德建设工作队伍朝着专业化的道路发展，提升师德建设专业化水平。作为高校师德建设的专职工作人员，应该掌握基本的理论知识，掌握道德建设，尤其是高校师德建设的基本规律，通过主持或参与师德建设相关的研究课题，提高专职工作人员的理论研究能力和水平，增强理论素养。通过开展专题教育与培训、"传帮带"等方式，提高专职工作人员的业务能力和水平。通过加强调查研究，开展教师思想动态调研，提高专职工作人员准确分析、科学研判师德建设中存在的问题的能力，从而提出有效应对之策。

二　建立健全师德建设保障机制

高校师德建设长效机制的顺利实施，需要一整套科学完善的配套措施作为保障和支撑。科学完善的配套措施主要包括：①教师权益保障机制，确保高校教师的合法权益得到有效保障，避免出现损害教师合法权益的行为发生；②信息反馈调节机制，动态掌握高校师德建设长效机制的运行状态，及时对不符合实际的措施进行调整改善，确保高校师德建设长效机制的长期稳定运行和有效实施；③师德建设经费保障机制，加大对高校师德师风建设的经费支持，为高校师德建设长效机制各项工作的顺利开展提供坚实的物质保障。

(一) 建立健全教师权益保障机制

利益关系是一切社会关系的基础，马克思主义从不回避物质利益的问题，认为"人们为之奋斗的一切，都同他们的利益有关"①"'思想'一旦离开'利益'，就一定会使自己出丑"②。邓小平同志指出，"革命总是建立在一定的物质利益基础上的，不能只讲贡献、牺牲，不讲物质利益，那样只能滑向唯心论"③。高校师德建设与教师的个人利益密切相关，应从高校教师的利益出发，坚持"以教师为中心"的理念，通过加强师德师风建设，使高校教师不断提升自身的道德修养，形成高尚的道德品行，从而更好地履行教书育人的职责，落实立德树人的根本任务。在师德建设过程中，必须维护教师的正当合法权益，不能本末倒置，使教师成为"弱势群体"，使其利益受损。

一是要落实教师在高校办学中的主体地位，保障教师在师德师风建设中的主体地位。要不断"完善教师参与治校治学机制，在干部选拔任用、专业技术职务评聘、学术评价和各种评优选拔活动中，充分保障教师的知情权、参与权、表达权和监督权"④。在师德建设的各项工作中，坚持公平、公开、公正的原则，保障教师的各项合法权利。

二是要坚持依法治校，依法保障教师履行教育职责，充分尊重教师的专业自主权。教师的尊严不可侵害，当教师无故受到侮辱、谩骂、

---

① 《马克思恩格斯全集》第一卷，人民出版社1995年版，第187页。
② 《马克思恩格斯文集》第一卷，人民出版社2009年版，第286页。
③ 张耀灿：《中国共产党思想政治教育史论》，高等教育出版社2006年版，第323页。
④ 《教育部关于建立健全高校师德建设长效机制的意见》，http://www.moe.gov.cn/srcsite/A10/s7002/201409/t20140930_175746.html。

网络诽谤、恶意炒作等侵害时，高校及教育行政管理部门应及时采取应对措施维护教师的尊严及合法权益，保护教师的人身安全，必要时为教师提供法律等方面的支持。

三是保护教师正当的申辩、申诉权利，学校工会等部门要依法维护教师合法权益。在师德失范行为的调查过程中，应充分听取教师本人的陈述和申辩，保护当事人合法权益。当教师本人对处理决定不服时，应维护教师提出复核、申诉的权利。师德失范惩戒应做到"事实清楚、证据确凿、定性准确、处理恰当、程序合法、手续完备"[①]。当前，在一些师德失范事件中，网络舆论发挥了"审判"功能，高校由于受到网络舆论的强大压力，在未经任何严谨规范的调查程序和任何有效的法律程序，而对相关事件匆忙进行定性，对当事人作出符合舆论倾向的处罚。网络的"舆论审判"，有可能导致教师遭受不公正的待遇，其合法权益受到侵犯。高校在处置师德失范相关的网络舆情时，应审慎对待网络上的信息，坚持法治思维，严格按照师德失范行为调查程序深入开展调查，依据规范化的程序对教师个人作出正当合理的处置。

（二）建立健全信息反馈调节机制

"一个有效的行动必须通过某种反馈过程来取得信息，从而了解其目的是否已经达到。"[②] 在高校师德建设长效机制的落实过程中，建立健全信息反馈调节机制尤为重要，信息反馈调节机制有助于人们及时掌握实践活动的动态过程，对实践行为及时进行针对性的调

[①] 《教育部关于高校教师师德失范行为处理的指导意见》，http://www.moe.gov.cn/srcsite/A10/s7002/201811/t20181115_354923.html。

[②] ［美］N. 维纳：《人有人的用处——控制论和社会》，陈步译，商务印书馆1978年版，第44页。

整,从而有效避免行动的盲目性和无序性,避免实践的低效性或无效性。

实践反馈有正反馈和负反馈,"一般把趋近目标的反馈称之为负反馈,而把偏离目标、打破原有稳定态的反馈称之为正反馈"①。负反馈使实践系统排除干扰,纠正偏离目标的倾向,达到既定的实践目的;正反馈导致目标转换、调整或改变实践活动的进行。如果实践活动达到了预期目标,产生了正面的效应,激发了实践主体的积极性、主动性和创造性,发挥了实践系统的实践潜能,实现了高效率,这样的反馈会强化和激励人们的行为,使人们坚持重复或是扩大原有的实践活动,使实践活动沿着正确的方向和道路发展。如果在实践反馈中反映实践活动没有达到预期效果,甚至产生反向作用,对社会和人类主体产生消极的负面影响或负效应,实践效能低下,会使人们主动采取行动,停止或改变原有实践活动,积极调整原有实践的计划和方案,寻求新的实践路径。人们根据反馈情况不断调整和修正实践活动,直到达到实践预期目标为止。

学校师德师风建设委员会应对本校的师德建设实际效果进行评估,对实践效果进行多方面评价,从实践效能、效率的高低审视高校师德建设长效机制的合理性和科学性,作为衡量高校师德建设长效机制是否合理有效的基本价值尺度。具体而言,就是要考察高校师德建设长效机制在实施过程中是否存在问题,是否能够切实提高高校教师的思想政治素质和师德师风水平,减少和防范师德失范行为和现象的发生;在实际操作中是否引起高校教师的心理不适,甚至产生反感情绪,等等,具体评价高校师德建设长效机制的实践效能。对实

---

① 赵剑英:《时代的哲学回声——赵剑英学术自选集》,人民出版社2017年版,第125页。

践效果进行评价的最终目的在于优化和改善高校师德建设长效机制。通过建立健全反馈调节机制,对检视中发现的问题及时采取有效的应对办法或是补救措施,不断完善高校师德建设长效机制,巩固和加强薄弱环节,起到调整、修正的作用,使高校师德建设长效机制更科学有效。

高校师德建设长效机制既是一个整体也是由各个个体组成的,建立有效的信息反馈调节机制,一方面要分别针对各子机制的实践效果进行反馈,另一方面要从总体上对整个师德建设长效机制的运行效果进行反馈,精准把握高校师德建设长效机制落实过程中各环节的实践效果和整体的运行效果,并根据信息反馈情况,分别对各子机制、各工作环节进行优化调整,调整工作重心。根据具体的信息反馈情况,对各子机制中取得显著成效的实践活动进行经验总结,继续发扬优势;对长效机制运行中的薄弱环节则要重点巩固和加强;对偏离工作方向的则要予以修正或纠偏;对不适应高校师德建设规律、不适应时代发展形势或引起高校教师不良情绪的具体工作方法等则坚决予以摒弃,使高校师德建设长效机制始终在实践主体的控制和操纵下有效运转,使其各项功能得到充分发挥。

(三) 完善师德建设经费保障制度

高校师德建设长效机制的长期有效稳定运行离不开物质保障,没有物质保障,一切制度设计将成为"空中楼阁","蓝图"无法得以实施。因此,必须加大高校师德建设的经费投入力度,为高校师德建设提供坚实的物质保障。

一是国家财政部门要加大对高校师德师风建设的财政投入,为高校师德师风建设提供经费保障。财政部门要切实落实《关于加强和改进新时代师德师风建设的意见》要求,"坚持将教师队伍建设作为教育投入重点予以优先保障,按规定统筹现有资金渠道支持师德师风建设"①,划拨专项经费,加大对高校师德师风建设的支持力度。

二是高校专门设立师德建设专项经费,党委教师工作部负责对专项经费进行管理和统筹调配使用。师德教育、宣传、监督、考核评价、奖励激励、惩处各项具体工作都需要大量的资金投入和支持,如建设师德教育基地,开展师德论坛、先进人物报告会、专题教育等师德教育活动;开展师德宣传,打造师德建设文化品牌;建设师德师风专题网站,搭建师德监督举报平台;开展师德先进人物评选活动等。高校要专门设立师德建设专项基金,确保各项工作的顺利开展。

三是教育行政主管部门通过项目资助的形式,鼓励各高校大胆创新,积极探索符合本校实际、具有本校特色的师德师风建设项目,创新师德师风建设路径。教育行政主管部门组织高校进行项目申报,并择优评选师德师风建设培育项目,给予一定建设经费支持。以项目制的方式,鼓励高校打造具有自身特色的师德建设品牌项目,有效推动高校师德建设长效机制的落实。高校也可以通过设立师德师风建设项目的方式,鼓励各二级单位积极申报,择优进行资助,以项目制推动师德师风建设工作的开展。

四是充分调动社会力量,加大社会资金投入,拓展经费来源渠道,使经费来源多元化。教育部等七部门印发的《关于加强和改进新时代师德师风建设的意见》指出,"鼓励社会团体、企业、民间组织对教师出资奖励,或通过依法成立基金、设立项目等方式,支持教师提升能力素质、进行疗休养或予以奖励激励"②。鼓励社会组织或个人在高校

---

① 《教育部等七部门印发〈关于加强和改进新时代师德师风建设的意见〉的通知》,http://www.moe.gov.cn/srcsite/A10/s7002/201912/t20191213_411946.html。
② 《教育部等七部门印发〈关于加强和改进新时代师德师风建设的意见〉的通知》,http://www.moe.gov.cn/srcsite/A10/s7002/201912/t20191213_411946.html。

设立师德建设基金，以设立专项奖励的形式，将基金用于奖励师德先进个人，用于加强教师师德师风素养。加大师德建设资金的社会投入，能够缓解高校资金短缺的困难，同时也能增强社会对高校师德建设的关注度，合力推进高校师德师风建设。

五是要加强经费的合理使用和有效监管，确保合规使用经费。经费来源多样化对经费的管理和使用提出更高的要求，不管是上级专项拨款、校内财政拨款还是社会资金来源，都应按照相关财务管理规定，严格审批，规范使用各项经费。经费的使用要有计划性，合理分配，统筹使用各项经费。同时，还要加强经费使用的监管，做到专款专用，不能挪作他用。

第三节 完善创新"六位一体"工作机制

高校师德建设长效机制，不仅包括组织领导机制和保障机制，还包括宣传、教育、考核、监督、奖励激励与惩处"六位一体"工作机制。"六位一体"工作机制是高校师德建设长效机制的重要组成部分，创新完善、推进落实"六位一体"工作机制是高校师德建设的重要一环。在实际工作中，如何构建完善的工作机制，发挥好各工作机制的重要作用形成整体效应，是落实高校师德建设长效机制所要面临和解决的重要问题。

一 完善创新高校师德宣传机制

统一思想是统一行动的前提，师德宣传是师德养成过程中的重要一环，高尚师德的养成离不开宣传教化的作用，师德宣传在促进教师自觉养成良好师德方面发挥着重要的作用。师德宣传与师德教育密切相关，师德宣传是师德教育的重要手段，通过强化师德宣传使高校教师增强对师德的理解认知，深刻认识到加强自身师德建设的重要性，提高师德养成的自觉性。通过强化师德宣传，形成尊师重教的良好社会环境，为师德养成创造良好的舆论氛围。同时，通过强化师德宣传起到舆论引领的作用，发挥社会舆论的强大力量，促使高校教师在社会舆论压力之下，自觉遵守规约，规范自身的言行，避免师德失范的行为。因此，建立健全高校师德建设长效机制必须完善师德宣传机制，充分发挥师德宣传的作用。

师德宣传工作要以问题为导向，疏通当前工作中的"堵点"，重点化解工作中的难题。当前师德宣传工作在不同程度上呈现师德宣传不受重视，被弱化的倾向；宣传方式陈旧，以传统的师德宣传方式为主，内容和形式的创新性不足；常态化开展师德宣传的体制机制不够完善，系统性、持续性开展师德宣传的力度不够；师德宣传的内容吸引力不够，感染力不强；等等。针对当前存在的问题，应采取针对性的措施有效解决问题，从而不断提升师德宣传的实效性。

（一）遵循宣传规律，增强师德宣传的实效性

高校新闻宣传具有其自身的内在规律，强化师德宣传要遵循高校宣传的规律，结合融媒体形势下新的宣传特点，创新宣传内容和方式，丰富宣传载体和渠道，增强师德宣传的实效性。

首先，师德宣传要注重从高校教师这一特殊的受众群体出发，充分考虑受众的信息接收特点，以受众的信息需求为宣传的出发点，始终围绕高校教师的信息"需求点"，针对性策划、制作师德宣传内容。使用与满足理论认为，受众具有能动性和主动性，人们接触某种媒介往往是出于某种需求，要将是否满足受众的需求作为衡量传播效果的基本标准。高校师德宣传要深刻认识高校教师的媒介接触动机以及媒

介接触行为特征，围绕高校教师的媒介使用需求开展师德宣传，以达到良好的传播效果。

其次，为了增强师德宣传的针对性和实效性，在做好受众调查研究的基础上，充分掌握高校教师的媒介使用行为习惯和媒介使用情况。根据高校教师的媒介使用行为习惯，在高校教师较为频繁使用的传播媒介，如学校官方微信、官方抖音号、短视频号等精心策划相关师德宣传内容。在高校教师较为集中浏览媒介信息的时间段精准推送相关宣传内容，以达到有效传播的最大化。利用后台大数据分析推送信息的有效浏览情况，并进行内容分析，对高校教师较为感兴趣的内容进行归纳总结，不断优化传播内容。

最后，做好新形势下的高校师德宣传工作，必须转变工作模式和思维方式。过去灌输式的宣传方式显然已经不能满足当下受众的需求，师德宣传必须采用启发式、引导式、互动式的宣传方式，触发受众的"兴奋点"，才能增强受众对传播信息的接受度和认可度。师德宣传要综合运用多种宣传载体，采用滴灌式、渗透式的宣传方式开展。从漫灌式向滴灌式的宣传方式转变，能够有效提升师德宣传的精准性。渗透式宣传能加深宣传的深度和广度，将师德宣传渗透教师学习工作生活的方方面面，起到潜移默化的作用。

（二）构建常态化的师德宣传机制

师德宣传并非通过一两次宣传报道就能起到良好的宣传效能，而是要确立常态化的理念，采取经常性的措施，有组织、有计划地开展师德宣传，才能达到预期宣传效果。良好道德品行的养成和精神境界的提升具有长期性，常态化的师德宣传符合思想认识的渐进性特征，以及教育过程和师德形成过程的渐进性特征。通过常态化开展师德宣传能使广大高校教师不断提升思想境界，自觉规范自身的师德行为。

1. 建立师德宣传制度，完善制度保障

制度化是常态化的有效保证，制度构建和制度执行是实现宣传效能的重要保障，建立健全师德宣传制度，有利于从制度上保证常态化开展师德宣传。一是要明确师德宣传的主体责任，明确工作职责。党委教师工作部是师德宣传工作的主要牵头部门，负责制定师德宣传计划，策划师德宣传内容，组织开展丰富多彩的师德主题宣传教育活动，落实师德宣传各项工作，总结师德宣传情况，等等，起到统筹协调的作用。党委宣传部配合党委教师工作部开展师德宣传，与党委教师工作部共同策划师德宣传内容，创新师德宣传内容及形式，利用校园传媒矩阵，通过线上线下相结合的方式全方位开展师德宣传。

二是建立宣传计划及工作总结制度，推动常态化开展师德宣传工作。将师德宣传工作列入学校年度党政工作要点，作为学校年度宣传思想文化工作要点内容之一。每年要做好师德宣传工作计划，详细列明师德宣传的主要内容及具体时间节点，将师德宣传落实情况作为党委教师工作部和党委宣传部的年度考核重要内容，确保师德宣传工作落实到位。对所开展的师德宣传活动及时做好工作总结，通过大数据统计量化师德宣传报道的有效阅读率，不断总结工作经验，优化宣传报道。

三是日常宣传与重要时间节点宣传有机结合，常态化开展师德宣传教育活动。将师德宣传融入日常新闻宣传报道，日常化开展师德宣传，在大小新闻报道中大力宣扬榜样人物的先进师德事迹。在教师节等重要时间节点，主动策划师德相关宣传教育的专题报道，开展师德论坛、先进师德人物事迹报告会等师德教育主题宣传活动。将日常宣传与重要时间节点宣传有机结合，营造浓厚的尊师重教的校园文化。

2. 建设优秀教师库，强化典型宣传

师德宣传不仅要对国家表彰的优秀典型教师进行宣传，还要注重对身边师德先进的教师进行报道，充分发挥身边榜样的引领示范作用。高校党委教师工作部要"开展多层次的优秀教师选树宣传活动，形成校校有典型、榜样在身边、人人可学可做的局面"①。通过开展优秀教师选树宣传活动，深入挖掘一线教师中的优秀人物。建立优秀教师库，对在教学、科研、管理、服务一线涌现出来的优秀教职工，尤其是在师德方面表现突出，敬业奉献，爱生如子的先进人物纳入优秀教师库进行管理。

建设优秀教师库，一方面有利于加强对优秀教师队伍的管理，及时掌握最新动态；另一方面有利于增强师德宣传报道的计划性和持续性。在师德宣传中经常会出现反复报道、报道面过窄、报道持续性不强等问题，建设优秀教师库在一定程度上能够有效解决当前师德宣传存在的盲目性问题。建设优秀教师库，还要加强对优秀教师的动态管理，将出现师德失范行为的教师及时剔除教师库，并及时补充优秀教师入库要对优秀教师分门别类进行管理，深入挖掘不同群体教师身上的优秀品质，以群体系列报道与个体典型报道相结合的方式，全方位进行宣传报道，展现新时代教师的良好精神风貌。

（三）优化师德宣传路径

优化师德宣传路径，要在增强"三力"上下功夫，不断提高师德宣传的实效性。师德宣传要构建大宣传格局，线上线下相结合，内宣

---

① 《教育部等七部门印发〈关于加强和改进新时代师德师风建设的意见〉的通知》，http：//www.moe.gov.cn/srcsite/A10/s7002/201912/t20191213_411946.html。

外宣相结合，全方位开展师德宣传，增强师德宣传的渗透力；要不断丰富和创新师德宣传的形式，以形式多样的活动为载体，提高广大教师参与的积极性和主动性，增强师德宣传的吸引力；要在师德宣传的内容与方式创新上下功夫，引起教师思想和情感共鸣，增强师德宣传的感染力。

1. 构建大宣传格局，全方位开展师德宣传

构建大宣传格局，有利于增强师德宣传的渗透力。师德宣传要不断拓展宣传渠道，全方位多渠道开展师德宣传。首先，要线上线下相结合，即整合校内的宣传资源和宣传载体，既要注重运用传统的线下宣传载体如宣传橱窗、宣传栏、宣传海报、横幅等开展宣传，又要注重运用校园媒体，如校园广播、学校网站、微信公众号、微博、抖音号、视频号等校园媒体开展宣传。有的高校往往注重运用校园媒体而忽视线下宣传载体的使用。与线上媒体相比，线下宣传载体具有可见性和可感性，是校园文化的重要组成部分。通过营造浓厚的校园师德文化，使高校教师沉浸其中，起到潜移默化的熏陶作用。通过线上线下宣传相结合的方式，真正做到宣传教育"无孔不入"，营造浓厚的师德宣传教育氛围。

其次，要加强媒体融合，构建全媒体传播矩阵。随着媒体融合形势的不断发展，各高校纷纷探索校园媒体融合发展之道，推动传统媒体与新媒体深度融合，建立较为完善的全媒体传播矩阵。音频、视频、文字、图像等多种形式融为一体，网站、微博、微信公众号、抖音、视频号、B站等多平台共同传播最新校园资讯。在媒体融合的新形势下，利用校园媒体矩阵全方位开展师德宣传，传统媒体与新媒体有机结合，根据不同媒体的特征，主动策划、采编、制作相应的内容，多种传播媒体发挥各自优势，实现优势互补，共同形成师德宣传

的传播合力。

最后，要强化校内校外媒体联动，内外宣相互促进。校内宣传的影响力较为受限，宣传部门应有意识地主动向社会主流媒体推送校内先进人物的宣传报道。通过社会主流媒体的宣传报道，使师德先进典型人物报道的传播面更广，引起更为广泛的社会关注，引发社会效应。在社会上广泛宣传师德先进典型，有利于改善教师的社会形象，同时还可以提高学校的美誉度和知名度。另外，社会主流媒体的宣传又进一步促使广大教师向身边的榜样学习，增强其自身的职业认同感和使命感。

2. 以活动为载体，丰富宣传形式

除了运用媒体开展师德宣传，还可以通过开展形式多样的师德宣传教育主题活动，以活动为载体，加强师德宣传，增强师德宣传教育对广大教师的吸引力。一是通过开展仪式化的活动，如每年开展教师集体荣休仪式、教师集体入职仪式等，对广大教师进行师德宣传教育。二是通过开展先进师德报告会、师德论坛等活动，邀请师德先进人物讲述自身教书育人的故事，引导、教育和鼓舞广大教师敬业奉献，弘扬先进师德。三是以教师节等重要时间节点为重要契机，针对性开展师德宣传教育主题活动，邀请广大师生积极参与主题宣传教育活动，将学生感恩教育与师德宣传教育相结合，师生相互影响促进，不断激发教师的职业荣誉感，提升职业幸福感。

组织策划开展主题宣传教育活动，是师德宣传教育的重要方式。以活动为载体，促进师德宣传教育，通过精心策划活动内容及环节，将师德宣传和教育有机结合，寓教于乐，活跃校园文化，使师德宣传教育变得更加丰富多彩、灵活多样，让广大教师在参与活动的过程中促进自身的师德成长。

3. 创新师德宣传，实现"破圈"传播

融媒体传播环境下，网络信息纷繁芜杂，受众获取信息更加多元化，高校师德宣传如何吸引受众的注意力、提升师德宣传的实效性是当前高校宣传思想文化工作者面临的一个难题。增强师德宣传的吸引力必须不断创新宣传的内容和形式，推陈出新，实现"破圈"传播。

移动互联网时代，受众接受信息呈现碎片化的趋势，当前抖音、视频号等移动短视频平台深受广大受众欢迎，刷视频成为师生日常生活习惯。师德宣传应顺应形势的发展变化，创新宣传的内容和手段，制作出短小精悍而又吸引眼球的短视频产品。比如通过拍摄微电影、微型纪录片等形式记录和讲述身边优秀教师的师德故事，以讲故事的方式娓娓道来，往往更具有吸引力和感染力。先进人物典型报道要做到引人入胜，就要在引起高校教师的情感共鸣上下功夫，在叙述方式和表达方式方面更加注重艺术化呈现和表达，增强艺术感染力，抒发真实情感。微电影引用电影元素，综合运用倒叙、插叙等叙述手法，强调情节冲突和戏剧化表达，在多场景、多景别的时空交错中，通过饱满丰富的细节，生动地呈现人物的个性。这种注入情感的故事化表达往往更能感染受众，引发情感共鸣，达到良好的宣传效果。

此外，网络化表达成为当前的一个重要发展趋势。一些高校优秀教师的宣传报道别出心裁，走校园"网红"路线，打造年轻化、时尚化的教师形象。网络化的表达方式，取得了良好的传播效果，生动活泼的教师形象极大地拉近了与学生的距离。师德宣传要打破陈旧的宣传思维，运用互联网思维，从用户角度出发，创新宣传的内容和形式，在增强师德宣传的吸引力和感染力上下功夫，才能达到良好的预期宣传效果。

二　完善创新高校师德教育机制

"教育是人类的一种自觉的训练活动，是根据一定的社会要求通过施加有目的、有计划、有组织的系统的影响培养一定的社会所需要的人的一种社会活动。"① 在高校教师师德养成的各环节中，师德教育是一个基础的环节。通过开展师德教育使高校教师增强职业道德认知，对所从事职业的道德规范、道德重要性等有较为深刻的思想认识。增强道德认知是深化道德情感、强化道德意志、促进道德实践养成的起点。高校教师师德养成以其对师德规范的理性认识为前提，加强高校师德建设，必须重视师德教育在师德养成体系中的基础性作用。

（一）建立健全师德教育机制

目前，"大多数高校普遍高度重视师德规范认知教育，甚至出现把师德规范认知教育等同于师德教育的片面化倾向，客观上引发消解师德教育效果的不良后果"②。高校师德教育的片面化倾向，不利于高校教师对师德形成全面而深刻的认识。仅仅停留在师德规范认知教育层面的师德教育，不仅不能起到良好的师德教育效果，而且容易导致忽视其他方面的师德教育内容，出现认知偏差。因此，必须建立健全师德教育机制，推动师德教育规范化、制度化、常态化。

1. 健全教职工政治理论学习制度

党和国家始终高度重视加强高校师生的思想政治教育工作，将提高教师思想政治素养作为师德建设的首要要求，作为师德素养的首要

---

① 田海舰：《社会主义核心价值体系培育纲要》，人民出版社2012年版，第284页。
② 刘丁鑫：《论高校教师师德养成的外在机制》，《江苏高教》2022年第11期。

方面。建立健全教职工政治理论学习制度是加强教师思想政治教育的重要手段，要将思想政治教育与师德教育有机结合，把思想政治教育、师德师风建设与日常具体工作，与教师的学习生活相结合，健全教师政治理论学习制度。

一是制定教职工政治理论学习计划，合理安排学习进度，定期开展教职工政治理论学习。每学年提前制定理论学习计划，并予以公布，让教职工充分了解政治理论学习的要求，提前安排好时间。政治理论学习的学时安排要合理，避免学习学时过少，不够紧跟形势，或学时过多，给教师带来负担。合理安排学习计划，避免过于密集或过于分散，影响学习效果。根据时事发展变化，灵活调整学习计划。针对思想课教师可适当增加政治理论学习的学时，提高政治理论学习的要求。

二是注重发挥教师党支部的作用，以教师党支部为单位，通过多种形式开展政治理论学习，如召开支部会议、主题党日活动、交流研讨会，参加讲座、论坛、报告会等形式集中学习，同时注重自我学习。可利用线上答题等形式，将网络学习与线下学习相结合，集中学习与自我学习相结合，做到全员、全覆盖开展教职工政治理论学习。

三是在重要时间节点，如党中央召开重要政治性会议、国家领导人发表重要讲话、党中央和国家发布重要文件等，及时跟进学习，及时传达，深刻领会党中央的重要会议、文件和讲话精神，做到紧跟形势开展政治理论学习。学习党的创新理论，用习近平新时代中国特色社会主义思想武装头脑，指导实践，推进工作。将形势教育与理论教育相结合，提高教职工对国际国内形势、国情、党情的认识，了解国家发展大势，从而自觉树立"四个意识"，增强"四个自信"，做到"两个维护"。

四是通过开展各种政治理论学习成果大赛、理论学习演讲比赛、理论学习成果汇报会等活动，促进学习成果转化，提高教职工政治理论学习的积极性。通过开展活动，鼓励教职工主动进行政治理论学习，深入思考并积极撰写学习成果。鼓励教职工进行政治理论文章创作，将具有思想深度、质量较优的理论文章推荐到主流媒体公开发表，促进学习成果的有效转化。通过将发表的政治理论成果纳入年度科研奖励、列入职称评审范畴等措施，提高教职工政治理论学习的积极性和主动性。

2. 规范师德教育的内容与要求

针对师德教育内容片面化的倾向，要构建完善的师德教育课程体系。师德教育既包括基本的师德规范认知教育，还应包括榜样教育和警示教育，涵盖思想政治教育、理想信念教育、社会主义核心价值观教育、法治教育、"四史"教育、意识形态教育、心理健康教育等多方面内容。党委教师工作部每学年初负责制定并发布本学年师德教育培训计划，包含师德教育的具体内容、教育形式及时间安排等方面的详细内容。

在师德教育课程内容的设计方面，科学合理地进行课程安排，创新师德教育内容，避免师德教育程式化、套路化。课程内容要与时俱进，合理搭配，既要有政治理论学习、时事教育，又要包含《新时代高校教师职业行为十项准则》等师德规范的学习；既要包含教育部公开曝光的各地各校新近发生的违反教师职业行为十项准则的典型案例，又要包含全国、省市、校级先进师德榜样人物的宣传教育。课程可以结合讲座、先进师德报告会等方式展开，合理安排课程时长，提高教职工参与的积极性和主动性，真正做到学有所获。规范师德教育的学时要求，每位教职工每年都有一定的师德教育学时规定，做到全员、全覆盖接受师德教育，使师德教育逐渐规范化、常态化。全体教职工要按照要求做好学习记录，在年度考核中将是否按质按量完成师德教育任务，作为评优评先的重要依据。

3. 建立师德教育常态化运行机制

良好师德师风的养成并非一蹴而就，而是经过长期持续的涵育和培养的。因此，师德教育要在经常化、持续化上下功夫，建立健全师德教育常态化运行机制，持之以恒地开展师德教育。

一是要建立高校师德教育制度，常态化开展师德教育。将师德教育放在教师培养的重要位置，常态化推进师德培育涵养，将师德教育贯穿于教师职业生涯的全过程。将习近平总书记关于师德师风建设的重要论述、国家出台的高校教师行为准则，以及一系列关于师德师风建设的重要法律法规文件等，纳入新教师岗前培训和在职教师全员培训的必修内容，提高全体教师的思想认识。

二是师德教育工作具有连续性和持续性，要持之以恒地开展师德教育工作。根据道德教育的特点，有组织有计划地持续开展师德教育，将师德教育贯穿于教师职业生涯的全过程。不同职业生涯阶段的教师具备不同的职业生涯特点和职业道德困惑，分阶段有针对性地连续开展师德教育具有现实必要性。师德教育的形式和内容应根据教育的对象的特征做到因材施教，教育的内容应常学常新，避免简单化、形式化、表面化；而程式化、任务式地完成每年的"规定动作"，不仅起不到良好的教育效果，反而会适得其反，使教师感到倦怠，产生消极应付的心理。根据不同教师群体的特征，分群体开展师德教育，如针对研究生导师注重开展科研诚信教育，引导研究生导师关心关爱研究生，培养研究生科学严谨的学术精神；针对行政管理人员，结合岗位的特殊性，有针对性地开展廉洁教育，在招投标、招生考试等重点环节谨防违反师德行为的发生。通过组织师德标兵、优秀教师、教学名师等对青年教师开展"一对多""一对一"的师德咨询服务,以"传帮带"的模式,有效解决青年教师在职业道德方面的困惑,助力青年教师师德成长。

(二)优化师德教育路径

在建立健全师德教育机制的基础上,进一步丰富师德教育的内容,创新师德教育的方式,优化师德教育路径,以高校教师喜闻乐见的教育方式开展师德教育,达到良好的教育效果。

1. 打造独具特色的师德教育基地

师德教育基地是开展师德教育的重要场域,基地的建设要注重形式和内容的创新,增强基地的师德教育效果。在形式的创新方面,采用传统与现代相结合的方式,使传统的文物史料展示、历史人物故事展示、多媒体展示与现代技术手段相结合,利用VR等先进技术开展沉浸式师德教育,通过真实案例再现进行故事化演绎。运用"情景化""体验化"的方式,增强师德教育的吸引力,有效调动高校教师参与的积极性和主动性,提高教育效果。

师德教育基地的建设还要注重内容的创新。一是要将先进师德的感人事迹与师德失范的警示教育相结合,起到良好的教育效果。要充分发挥基地的师德教育作用,依托师德教育基地,对高校教师开展形式多样的师德教育活动,研发师德教育课程,丰富师德教育实践资源;依托基地开展师德教育研究,提升科学研究能力。二是秉持开放、合作、共享的原则,联合本地教育主管部门、本地文化部门、本地其他学校等联合开展场馆建设,聚集社会资源打造具有本地本校特色的师德教育基地。充分发挥师德教育基地整合资源的作用,通过整合校内外师德教育资源,整合线上线下资源,深入开展师德教育,构建起

"大师德教育"的格局。师德教育基地面向社会开放,充分发挥基地的社会服务功能。

2. 创新师德教育内容

一是立足本土,结合本地传统文化,尤其是本地的教育历史文化、本校的校史校情,深入发掘本地教育名家资源开展师德教育。对本地、本校历史上涌现出来的教育名师、教育楷模,深入挖掘他们的教育事迹,大力宣扬他们的教育精神。在中国教育发展史上,曾经涌现出一大批爱国教育家,通过梳理这些历史人物的教育故事,结合本校特色,凝练具有本校特色的教育精神,在全校师生中宣传和弘扬本校的教育精神,对本校教师开展崇德向善的师德教育,鼓励他们向前辈学习。将教育家的教育精神充分融入大学精神文化建设,丰富大学精神的内涵,传承和弘扬大学精神。

二是遵循就近原则,利用身边的人和身边的事开展师德教育,更容易引起心理上的认同和行动上的自觉,取得良好的教育效果。对高校教师身边涌现出来的师德先进人物进行广泛宣传,号召广大师生向身边的优秀榜样人物学习,发扬榜样示范作用,形成向榜样和先进人物学习的良好风气。各基层党支部充分发挥共产党员的带动作用,带头向先进人物学习,率先垂范,创先争优,引领高尚的道德风尚。对身边发生的师德失范行为要充分发挥警示教育作用,公开予以通报批评,通过召开警示教育大会等形式在全校开展警示教育,将警示教育融入各党支部的理论学习,使全体教师引以为戒。

3. 创新师德教育方式

师德教育的方式要与时俱进,不断开拓创新。通过榜样引领、情景体验、实践教育、师生互动等形式,增强师德教育的吸引力。近年来,不少高校注重师德教育内容与形式的创新,以高校教师喜闻乐见的方式开展师德教育。如吉林大学以黄大年生前事迹为基本素材,创作了音乐剧《黄大年》。该剧运用歌唱、音乐、舞蹈等多种舞台手段展现黄大年心有大我、至诚报国的爱国情怀,教书育人、敢为人先的敬业精神和淡泊名利、甘于奉献的高尚情操。2019年,该剧入选"高校原创文化精品推广行动计划"。丽江师范高等专科学校以身边的榜样人物张桂梅为原型精心打造思想政治教育品牌,创作了原创民族歌剧《桂梅赞》。该歌剧以艺术形式,讲述了张桂梅到华坪县后艰难创办女子高中的感人事迹。该歌剧于2023年度入选教育部"高校原创文化精品"项目。东北师范大学人文学院音乐舞蹈戏剧学院和东北师范大学联合创作话剧《郑德荣》,讲述了"红色理论家"郑德荣一生致力于中共党史、毛泽东思想、马克思主义中国化的教学和研究的奋斗历程。2019年,该剧入选教育部"高校原创文化精品推广行动计划"。这些学校进行了许多有益的探索,并取得了良好的教育效果,值得推广借鉴。

以本地本校、身边的教育名家为原型打造音乐剧、舞台剧、话剧、影视剧,创作师生喜爱的接地气的"德育精品",是创新师德教育形式的重要手段。通过艺术化创作校园文化作品,能极大地调动广大师生的积极性,主动参与到体现时代精神、弘扬社会主义核心价值观、颂扬高尚师德的艺术精品的创作过程,使广大师生在艺术创作的实践中接受教育,取得良好的教育效果。同时,通过创作思想政治教育文化精品项目,打造师德教育文化品牌,推动校园文化建设,促进校园文化的繁荣发展。

三 完善师德考核评价机制

2019年,教育部等七部门印发《关于加强和改进新时代师德师风建设的意见》，明确要求要"严格考核评价，落实师德第一标准。将师德考核摆在教师考核的首要位置"①。师德考核是教师考核的首要内容，因此，必须完善师德考核评价机制，切实落实师德评价是教师评价第一标准的要求。

考核评价对教师的师德行为具有重要的导向作用，在师德建设的过程中，师德考核评价机制发挥着指挥棒、风向标、助推器的重要作用。建立健全科学合理的师德考核评价机制是推动高校师德建设的重要手段，是提升高校师德建设科学化水平的重要途径。建立健全师德考核评价机制，有利于进一步明确师德建设在高校教师队伍建设中的重要地位，切实落实师德是教师评价的第一标准；有利于因势利导，充分发挥价值评价的行为引导作用，促使高校教师树立正确的育人观和师德观，自觉养成良好的师德品行。

（一）完善师德考核评价制度

教师考核评价与教师的利益休戚相关，考核评价是否科学合理、评价的标准是否公平公正、程序是否规范，关系教师的自身利益，受到教师的广泛关注。因此，必须严格规范师德考核评价，建立健全师德考核评价制度，为师德考核评价提供强有力的制度保障，有效推动师德考核评价向制度化、规范化、科学化发展。

1. 严格规范师德考核评价

建立健全师德考核评价制度，规范师德考核评价有利于顺利推进师德考核评价各项工作。完善师德考核评价制度，明确师德考核评价应遵循的原则及工作要求，明确考核评价的主体及对象，规范考核评

---

① 《教育部等七部门印发〈关于加强和改进新时代师德师风建设的意见〉的通知》，http://www.moe.gov.cn/srcsite/A10/s7002/201912/t20191213_411946.html。

价的程序及标准、方式及内容，对师德考核评价的各方面作出具体规定，出台具有可操作性的实施细则，通过制度严格规范师德考核评价的各项工作。

师德考核评价应每年进行一次，考核评价的对象为全体教职工，既包括教学科研一线教师，也包括行政管理人员及后勤服务人员，既包含在职在岗人员，也包含临聘人员、兼职教师、校外导师，达到人员全覆盖。有条件的高校应将离退休教职工列入师德考核评价的范畴，加强对离退休教职工思想动态的把握，做好离退休教职工的管理服务工作。师德考核评价工作应由党委教师工作部牵头负责，各二级单位积极协同配合，共同完成。师德考核评价工作应遵守规范的工作程序，有序开展考核评价工作，针对不同教师群体的岗位特征，科学合理地制定不同的考核评价指标体系及考核实施细则，同时采用多主体多元评价的方式，确保师德考核评价做到全面客观公正。

严格规范师德考核评价还应重点关注考核评价工作中的薄弱环节，补齐短板。一是严把高校教师选拔聘用入口关，将思想政治素质和业务能力双重考察落到实处。当前教师招聘的过程中往往存在重能力轻素质、重学术轻人品的倾向，为确保教师质量，要不断完善教师招聘和人才引进制度，将思想政治素养和师德作为教师招聘和人才引进的首要考察内容，严格把关，建立完备的考察标准和规范的考察程序，确保新招聘教师和新引进人才具备良好的思想政治素养和较高的师德素养。

二是要加强对兼职教师、校外导师的师德考核评价。兼职教师和校外导师的管理与在岗在编教师的管理有所区别，他们的师德考核评价工作往往容易被忽视。要完善兼职教师、校外导师的管理办法，规范遴选聘用程序,明确兼职教师的标准、责任、权利和工作要求,每年按照在岗在编教师的要求对兼职教师、校外导师的师德进行严格的考核评价,确保兼职教师、校外导师具备较高的师德素养,自觉遵守教师职业道德规范。

2. 建立健全师德评价体系

教育部等七部门印发的《关于加强和改进新时代师德师风建设的意见》中,明确要求师德考核评价要"坚持多主体多元评价,以事实为依据,定性与定量相结合,提高评价的科学性和实效性,全面客观评价教师的师德表现"[①]。师德考核的内容涉及教师个人思想政治素养、教学道德、科研道德、师生关系、个人行为举止,甚至个人生活作风等多个方面,需要全方位进行综合考核评价。因此,在师德考核评价指标设置方面要科学合理,全面考虑师德各方面内容,不能失之偏颇或有所遗漏,要科学准确全面地对教师的师德进行综合评价。

师德考核评价要坚持多主体多元评价,将个人自评、学生评价、教师互评、管理部门评价、社会评价有机结合起来。个人自评使教师个人深刻地进行自我审视,发现自身存在的问题。学生评价使学生充分参与其中,从学生的角度对教师在教育教学过程中的师德行为进行评价,了解教师在日常教育教学活动中是否遵循师德规范,是否真正做到敬业爱生,关心关爱学生。通过教师互评可以了解教师之间的同事关系,深入掌握教师在日常工作中是否存在师德失范行为。管理部门评价来自教师管理部门、教务管理部门、科学研究管理部门、纪检监察部门等,分别对教师日常学习工作生活中、教育教学过程中、科

---

① 《教育部等七部门印发〈关于加强和改进新时代师德师风建设的意见〉的通知》,http://www.moe.gov.cn/srcsite/A10/s7002/201912/t20191213_411946.html。

学研究过程中的师德行为进行评价。纪检监察部门掌握师德师风相关举报信息，在师德评价的过程中应充分咨询纪检监察部门的意见。社会评价源自高校教师参与各项社会活动，获得来自社会各方的评价，包括家长的评价、网络舆论等方面。

师德考核评价采用定量与定性相结合的方式，定量评价通过量化指标呈现，定性评价通过对被评价者日常工作生活表现、现实的状态进行考察分析，做出定性结论。为确保考核评价信息的准确性，师德考核评价可采用线上匿名填报问卷的方式进行，管理部门评价可由相关管理部门出具评价意见。定量与定性相结合，有利于提高师德考核评价的科学性。多元主体评价以及定量与定性相结合的评价方式，能够全方位了解教师的师德状况，客观准确全面地掌握教师个人的师德状况。

（二）充分运用师德考核评价结果

师德考核评价的目的在于对教师起到提醒、警示以及激励的作用，要坚持评用结合，充分运用师德考核评价结果，发挥师德考核评价的效用。

一是要将师德考核评价的结果作为高校教师其他考核评价的前提和基础，作为评定高校教师是否具备参与其他有关活动资格的首要依据。只有将师德考核评价结果运用于各方面，才能使师德考核评价避免流于形式，使师德是教师评价第一标准的要求真正落实到位。2019年，《教育部等七部门印发〈关于加强和改进新时代师德师风建设的意见〉的通知》明确要求要"加强试用期考察，全面评价聘用人员的思想政治和师德表现，对不合格人员取消聘用，及时解除聘用合同""师德考核不合格者年度考核应评定为不合格，并取消其在教师职称评聘、推优评先、表彰奖励、科研和人才项目申请等方面的资格"。① 2020 年,《教育部等六部门关于加强新时代高校教师队伍建设改革的指导意见》明确要求,要"将师德师风作为教师招聘引进、职称评审、岗位聘用、导师遴选、评优奖励、聘期考核、项目申报等的首要要求和第一标准"②。因此,要切实将师德考核评价的结果与招聘引进、选拔任用、职称评审、评优评先、项目申报、培养教育、问责追责等结合起来,师德考核评价评为不合格的教师,取消其其他有关方面的资格,严格落实师德"一票否决制"。

二是"切实落实主体责任,将师德师风建设情况作为高校领导班子年度考核的重要内容"③。由于二级单位党政领导不严格落实师德建设第一责任人责任,师德建设各项工作落实不到位,不担当不作为,导致严重的师德失范行为发生,要严肃追究师德建设第一责任人的责任,其领导班子年度考核结果评为不合格,取消评优资格。连续两年出现师德失范行为,应对二级单位主要党政负责人和相关责任人进行调整。对严格落实师德建设责任,在本单位内涌现师德先进人物的二级单位,应适当予以奖励。

三是通过师德考核评价及时发现师德建设中存在的薄弱环节以及需要重点关注的对象。将师德考核评价结果存入教师个人档案,对师德考核评价优秀的予以奖励,对师德考核评价不合格的在其年度考核中评为不合格。党委教师工作部要及时将师德考核评价的结果反馈至教师,帮助该教师正确认识自身存在的问题,及时对自身

---

① 《教育部等七部门印发〈关于加强和改进新时代师德师风建设的意见〉的通知》,http://www.moe.gov.cn/srcsite/A10/s7002/201912/t20191213_411946.html。
② 《教育部等六部门关于加强新时代高校教师队伍建设改革的指导意见》,http://www.moe.gov.cn/srcsite/A10/s7151/202101/t20210108_509152.html。
③ 《教育部等六部门关于加强新时代高校教师队伍建设改革的指导意见》,http://www.moe.gov.cn/srcsite/A10/s7151/202101/t20210108_509152.html。

的行为进行整改,不断提高个人的道德修养,充分发挥师德考核评价对教师的行为约束和提醒作用,强化师德考核评价在师德师风建设中的作用。

四 完善师德监督机制

师德监督机制是高校师德建设长效机制的重要组成部分,师德监督是教师师德行为的重要外在约束力量,通过强化师德监督能有效避免师德失范行为的发生。完善师德监督机制必须建立健全多元化的师德监督体系。一是建立多元主体参与师德监督体系,综合运用行政、学校、社会各方力量强化督导和促进高校师德师风建设;二是要构建和畅通多元化的师德监督渠道,方便广大群众及时反馈师德信息。

(一)建立多元化的师德监督体系

2019年,《教育部等七部门印发〈关于加强和改进新时代师德师风建设的意见〉的通知》明确要求,要"严格师德督导,建立多元监督体系。完善多方广泛参与、客观公正科学合理的师德师风监督机制"[①]。该意见从政府督导、学校监督、社会监督三个方面对加强师德督、完善多元监督体系提出具体要求。完善师德监督机制,要充分发挥各方面的力量,对高校师德建设进行监督和督促,及时发现和研究解决高校师德师风建设中存在的问题,有效推动高校切实完善和落实高校师德建设长效机制。通过强化行政督导,加强上级教育管理部门对各高校师德师风建设的监督指导,为高校"把脉问诊",切实提升高

---

① 《教育部等七部门印发〈关于加强和改进新时代师德师风建设的意见〉的通知》,http：//www.moe.gov.cn/srcsite/A10/s7002/201912/t20191213_411946.html。

校师德师风建设的实效性；通过强化校内监督，高校内部自查自纠，进行"自我体检"，及时发现解决问题，同时加强对各二级党组织师德师风建设的督促指导，有效推动师德师风建设各项工作的落实；通过强化社会监督，建立师德师风监督员制度，社会共同参与，为高校师德建设献计献策，有效提升师德建设水平。

1. 强化行政督导

强化行政督导就是要加强中央、地方教育行政主管部门对所管辖高校师德师风建设的监督和指导。加强高校教师队伍的管理和建设、强化高校师德师风建设是教育行政主管部门的主要职责之一，对其所管辖高校的师德师风建设具有监督指导的责任和义务。

党的十八大以来，党中央和国家高度重视高校教师队伍的建设，将加强教师队伍建设、强化教师思想政治教育、加强师德师风建设作为高校巡视的重要内容，不断推进高校师德师风建设。在高校巡视中，巡视组针对教师思想政治教育和师德师风建设存在问题的高校，提出整改意见和要求，限期责令整改，并对整改效果进行检查。通过巡视发现问题，督促整改，对师德师风建设起到重要的推动作用。此外，教育部通过采取将教师队伍建设、教师思想政治教育以及师德师风建设作为"双一流"建设、教学科研评估范围，作为高校教育质量督导评估的重要内容等措施，以评促进、以评促改，促使各高校不断强化高校教师队伍的建设与管理，强化师德师风建设。

省级教育行政主管部门将教师思想政治教育纳入高校意识形态专项督查的重要内容，对教师思想政治教育重视程度不够、体制机制不健全、措施不到位的高校督促其进行整改，强化教师思想政治教育。教育行政主管部门还要针对群众反映强烈的问题、师德师风问题多发的高校开展师德师风建设专项督导，通过专项"问诊"发现问题，督促相关高校采取有效措施堵塞漏洞，有效进行整改，避免师德失范行为再次发生。

通过运用各级行政力量，强化对高校师德师风建设的督促指导，帮助高校查漏补缺、纠错纠偏，不断推动高校师德师风建设各项措施落地见效，有效提升师德师风建设的科学化、规范化水平。

2. 强化校内监督

完善师德监督机制，还要强化校内自我监督的力量，提高自我净化能力。

一是通过开展师德师风校内专项督查，及时发现和解决问题。校内督查是学校进行"自查自纠""自我诊断"的一种重要形式，要不断完善专项工作督查制度，规范专项督查程序和要求，真正做到以督查促进学校各项事业的改革发展。学校党委对各二级单位党组织落实师德师风各项工作的情况开展专项督查，能够有效促进各二级党组织强化师德师风建设。以校内专项督查的形式推进开展工作，有利于各二级党组织不断增强思想意识，主动履职尽责，推动各项工作在基层得到有效落实。

开展校内专项督查的目的在于发现问题、解决问题，因此，必须将专项督查与调查研究相结合，提高发现问题、研判分析和解决问题的能力。通过开展校内专项督查，全面深入地了解各二级单位落实高校师德建设长效机制的情况，了解学校当前师德师风建设的难题，存在的薄弱环节，等等。专项督查结束后，专项督查小组要及时形成总结材料上报学校党委，便于学校党委及时掌握基层的工作状态以及学校政策的落实情况。学校党委要加强分析研判，及时研究和改进师德建设的措施，对不符合实际情况、不合时宜的政策及时进行调整，不断改进工作方式方法，提高工作效率。通过在全校召开师德建设年度评议大会、师德师风专项督查反馈会等,在全校内进行师德师风建设情况通报,对存在严重问题的二级单位进行督促整改,明确整改内容、整改要求及整改时限。对专项督查中发现师德失范重大问题,根据相关程序予以处置,并对二级单位负责人予以问责,严格落实师德建设第一责任人责任。专项督查小组要形成意见反馈材料,反馈至各二级单位,反馈材料主要针对专项督查中发现的问题、存在的风险隐患等提出整改要求和建议,指导各二级单位加强师德师风建设。

二是充分发挥教职工代表大会、工会、学术委员会、教授委员会等在师德建设中的作用,在各个领域定期开展师德师风建设的自我检查。例如,在学术委员会内设立学术诚信监督员,在二级单位专门设立师德监督员等措施完善师德师风监督员制度。当前,不少高校设立了师德师风监督员一职,有的高校聘请校内师德师风先进人物为师德师风监督员;有的聘请师德高尚、具有较强责任心的离退休教师担任师德师风监督员。在校内设置师德师风监督员岗位,有利于及时掌握一线师德信息动态,充分发挥校内监督的力量,推进师德师风建设。

3. 强化社会监督力量

2019年,《教育部等七部门印发〈关于加强和改进新时代师德师风建设的意见〉的通知》提出,要"强化社会监督,探索建立师德师风监督员制度,定期对学校师德师风建设情况进行监督评议,向教育主管部门反馈,将监督评议情况作为学校及领导班子年度考核的重要内容"[①]。建立社会监督员制度是引进社会力量共同参与高校师德师风

---

① 《教育部等七部门印发〈关于加强和改进新时代师德师风建设的意见〉的通知》,http://www.moe.gov.cn/srcsite/A10/s7002/201912/t20191213_411946.html。

建设的创新之举,是强化社会监督的有力手段,有利于充分运用和发挥社会力量,督促高校强化师德师风建设。

社会监督员可以由家长、社会专业人士组成,聘请社会上熟悉或长期关注高校师德师风建设,具备高等教育管理工作经验或师范教育等相关背景的专业人士,深入高校开展师德师风建设调查研究,定期对高校师德师风建设进行监督评议,帮助高校发现师德师风建设中存在的倾向性问题,客观公正地反映情况,认真倾听一线教师的心声,为高校师德师风建设建言献策。各高校要不断完善社会监督员制度,严格社会监督员的选拔程序,明确监督员的任职资格及条件,细化其工作职责,规范开展社会监督。

完善多元主体参与的师德监督体系,使行政监督、高校监督、社会监督相结合,有利于形成全方位的监督格局,强化运用各方力量,推动高校改进和完善师德师风建设各项措施,提升师德建设的能力和水平。

(二) 构建多元化的师德监督渠道

完善师德监督机制必须构建多元化的师德监督渠道,搭建完善的师德失范行为举报平台,畅通师德监督渠道,为广大群众提供方便快捷的信息反映途径。相关职能部门要对群众反映的师德失范行为迅速作出回应,做到有诉必查,有查必果,有果必复,及时回应群众的反馈。

当前,网络上频频发生师德失范行为的实名举报事件,引起社会的广泛关注,引发网络舆情事件,造成了不良社会影响。原因在于校内师德监督渠道不畅,师生无法通过正常的渠道反映情况,或是相关职能部门对师生所反映的情况未能进行及时有效的处置,而导致网络舆情事件的发生。因此,完善和畅通师德监督渠道具有现实必要性,相关部门及时掌握和处置师德失范行为，能够有效避免事态严重化、扩大化。

一是建立畅通的校园师德监督渠道，在校园显著位置公示学校及教育行政主管部门的师德监督联系方式，如师德监督举报电话、邮箱等，方便师生获取相关信息，依法依规开展师德监督。学校纪检监察部门要积极履行师德监督职责，畅通学校纪委的监督渠道，接受广大群众的举报。同时，纪检监察部门还要联合学校党委教师工作部对群众所反映的师德失范行为进行深入调查核实，准确把握信息，并按照有关程序及时作出处置。各二级党组织纪律委员要充分履行职责，对师生反映的师德失范行为和情况，及时上报党组织或学校纪检监察部门进行处置。

二是开通和完善网络师德监督渠道，方便广大群众通过网络进行师德监督。高校可通过建设师德师风专题网站，设立"师德信箱"，或在学校官方微信公众号设立专门的师德监督板块等，畅通网络监督渠道，充分发挥网络监督的便捷性。师德师风专题网站可以涵盖多项功能，如开展师德宣传教育、师德失范行为曝光及公开通报、网上评议师德，以及网络师德监督等。在专题网站专门设立"师德信箱"，网友可匿名反映情况、党委教师工作部要安排专人负责相关网络信息的收集整理，并及时反馈上报。通过多方面渠道对网络反映的相关信息进行调查核实，避免虚假举报，维护教师的合法权益。

同步畅通线上线下师德监督渠道，构建多元化的师德监督渠道，有利于广大教师自觉接受群众的监督，规范自身的言行举止。同时也为广大群众通过合法的渠道和途径反映情况，表达自身的诉求提供了便利。

五 完善师德奖励激励机制

"在道德建设上,一定要从实际出发,鼓励先进,照顾多数,把先进性的要求同广泛性的要求结合起来,这样才能连接和引导不同觉悟程度的人们一起向上,形成凝聚亿万人民的强大精神力量。"① 奖励激励是加强道德建设的一个重要手段,能有效调动广大教师的积极性,关注自身的道德成长。《教育部等六部门关于加强新时代高校教师队伍建设改革的指导意见》要求,"加大教师表彰力度,健全教师荣誉制度,高校可举办教师入职、荣休仪式,设立以教书育人为导向的奖励,激励教师潜心育人。鼓励社会组织和个人出资奖励教师"②。通过建立健全师德奖励激励机制,表彰师德先进人物,发挥先进人物的榜样引领作用,形成崇尚模范,人人争当"四有好老师",创先争优的良好局面。

(一)建立健全教师荣誉制度

高校教师荣誉是对教师的专业能力、专业成就、师德品行等方面的肯定和认可,完善高校教师荣誉体系,能够有效提升教师的自我效能,增强职业荣誉感和责任感,激发高校教师全面发展的内生动力。完善师德奖励激励机制,要建立健全教师荣誉制度,使师德奖励激励制度化、规范化。当前,"我国大学教师荣誉制度尚不完善,而大学教师荣誉制度体系则远未形成。一些大学教师荣誉制度的制度效应与其设计初衷相去甚远,甚至在实际运行中阻碍了教师成长和高等教育发

---

① 《中国共产党宣传工作文献选编(1957—1992)》,学习出版社1996年版,第741页。
② 《教育部等六部门关于加强新时代高校教师队伍建设改革的指导意见》,http://www.moe.gov.cn/srcsite/A10/s7151/202101/t20210108_509152.html。

展,导致大学教师荣誉制度本体功能出现一定程度的异化"①。因此,必须高度重视并不断完善高校教师荣誉制度。

高校应结合学校实际情况,研究制定并出台《教师荣誉制度实施办法》《教职工荣誉体系实施办法》等规范性文件,完善教职工表彰奖励及管理办法,规范教师评选活动及程序。明确规定奖励的类别、奖励的范围等,分级分类设置奖励类别,在全校范围内构建教职工荣誉体系。奖励层级分为国家级荣誉、省部级荣誉、厅局级荣誉以及校级荣誉,对获得不同层级类别荣誉的集体或个人分别予以相应的精神和物质奖励。对不同类别荣誉的授予条件、评审时间、评审程序、评审实施细则、监督措施等作出明确规定,并在全校范围内予以公布。

当前高校的荣誉奖项设置中存在不同程度的失衡,存在"大学教师科研专项荣誉设置数量多于其他荣誉项目,导致教学漂移"②的现象,存在重业绩轻师德的严重倾向。高校教师荣誉表彰制度应坚持师德为先的原则,严格落实"师德是评价教师的第一标准"。应通过文件明确规定在各类表彰活动中,将师德考察放在首位,将师德奖励激励制度与师德考核评价制度密切联系,综合运用师德考核评价的结果,对师德表现突出的教师进行奖励,对师德考核评价优秀者优先推荐其他评比表彰活动,突出师德在教师表彰中的重要地位。"在同等条件下,师德表现突出的,在教师职务(职称)晋升和岗位聘用,研究生导师遴选,骨干教师、学科带头人和学科领军人物选培,各类高层次人才及资深教授、荣誉教授等评选中优先考虑。"③

教师荣誉表彰还要坚持物质奖励与精神奖励相结合,荣誉奖励

---

① 卢晓中、谢静:《大学教师荣誉制度与荣誉体系刍议》,《江苏教育》2017年第11期。
② 卢晓中、谢静:《大学教师荣誉制度与荣誉体系刍议》,《江苏教育》2017年第11期。
③ 《教育部关于建立健全高校师德建设长效机制的意见》,http://www.moe.gov.cn/srcsite/A10/s7002/201409/t20140930_175746.html。

重在对教师所从事工作的精神认可，应坚持以精神奖励为主、物质奖励为辅的原则，注重教师在尊重和自我实现层面的精神满足，激发教师的职业荣誉感。物质奖励为辅，在一定程度上能够弱化物质利益与荣誉之间的关系，形成良好的价值取向，鼓励教师注重追求精神境界的提升。

（二）完善多元化、多层次的教师荣誉体系

当前，教育部已经初步构建起以"人民教育家"国家荣誉制度、"全国教书育人楷模""全国模范教师""全国优秀教师"等为代表的教师荣誉制度，各地各高校应结合实际情况，构建具有自身特色的多层次、多元化的教师荣誉体系，常态化开展多层次、多元化的师德表彰活动。多层次体现为国家级、省部级、厅局级、校级、院级不同层级的荣誉项目和称号。一般而言，高层次荣誉称号的人选由基层单位层层评选而来。在表彰评选活动中，尽量避免获得高层级荣誉的少部分人包揽其他层级荣誉的现象，导致荣誉过于集中与荣誉缺失的矛盾发生。

多元化体现为荣誉类型多样，高校要设立育人楷模、模范教师、优秀教师、最受学生欢迎教师等多元化的表彰类别。为了突出师德建设在高校教师队伍建设中的重要地位，在表彰类别中应专门设立"师德先进集体""师德先进党支部""师德先进个人""教师道德风尚奖""教师道德模范""师德标兵""教书育人楷模"等荣誉称号，对具有崇高师德修养的教师进行表彰。在评选中不唯教学业绩、学术成就论，以师德为首要评价标准，鼓励教师潜心教书育人，自觉践行"四有好老师"的要求，自觉肩负起教书育人职责，以德立身，以德立学，以德施教。

建立健全多元化、多层次的教师荣誉体系，常态化开展校级、院级各类荣誉评选表彰活动。原则上学校每年至少组织开展一次全校性的表彰活动，在重要特殊时间节点，如建党一百周年等，要特别开展具有庆祝意义的表彰活动。各二级单位每年开展先进教师表彰活动，评选和表彰本单位年度优秀教师。学校各职能部门根据自身工作职责开展各领域的先进人物评选活动，如学校工会组织开展"最美家庭"，对遵守和弘扬孝老敬亲、夫妻和睦等传统家庭美德的教师进行表彰；学生工作部门开展"最美辅导员""辅导员年度人物"等评选活动，对在学生工作一线涌现出来的敬业奉献、爱生如子的辅导员进行表彰等，通过开展校级、院级等多层次、多级别的教师表彰评选活动，对教师起到激励作用。

（三）学校表彰与社会表彰相结合

学校表彰的影响力有限，为了扩大师德先进人物的社会影响力，在全社会营造尊师重教的浓厚氛围，应采取学校表彰与社会表彰相结合的形式，对高校教师师德先进典型人物进行表彰。一是联合中央或本地主流媒体共同开展"师德先进人物""教书育人道德模范""寻找最美教师"等评选活动，对师德先进个人进行表彰。通过社会媒体营造良好的社会舆论氛围，广泛宣传师德先进人物事迹，更好地发挥师德先进人物的榜样示范作用，不断提高教师的社会地位和职业地位。

二是鼓励社会组织及个人共同参与师德表彰活动，充分利用校友、校友企业等社会资源，在高校建立师德建设基金，出资设立师德先进个人等奖项。鼓励多方社会力量共同参与师德表彰具有特殊的社会意义，其主要目的在于增强社会对高校师德师风建设的关注度，提高社会对师德师风先进个人的认可度，从而增强教师的职业荣誉感和社会荣誉感。

六 建立健全师德惩处机制

惩处机制是高校师德建设长效机制中不可或缺的重要部分,对师德失范行为进行惩戒,能充分发挥警示作用,预防师德失范行为的发生。师德失范行为惩处要遵循法治思维,做到"有法可依、有法必依、执法必严、违法必究",在依法治教之下,正确处理好学校、教师、学生三者之间的关系。"依法治教的目标是政府依法行政、学校依法办学、教师依法执教、社会依法评价,形成现代学校制度和完善的教育法律法规体系。"[①] 依法治教是推进教育治理体系和治理能力现代化的重要体现。建立健全师德惩处机制要根据相关法律法规的要求,完善师德失范行为的处置办法和实施细则,完善相关制度,使师德失范处置制度化、规范化。

(一)健全师德失范行为处置制度

对师德失范行为进行惩处,首先要明确何种行为违反师德,要明晰和划清底线、红线。针对教师行为规范,教育部专门出台《高等教师职业道德规范》《新时代高校教师职业行为十项准则》,划清了"十条红线"。教育部在《关于建立健全高校师德建设长效机制的意见》中,再次划清师德禁行的"红七条"。教育部明确界定了各种师德失范行为,并配套出台各项具体的惩治规定。教育部、科技部等部门先后针对不同类型的师德失范行为分别出台较为细化的师德失范行为处置办法和实施细则,如出台《高等学校预防与处理学术不端行为办法》《科研诚信案件调查处理规则(试行)》《教育部关于高校教师师德

[①] 唐瑭:《高校教师惩戒机制的法治迷失及其价值回归——以高校教师师德失范行为的"网络舆论审判"事件为例》,《教育发展研究》2019年第7期。

范行为处理的指导意见》等文件，为规范处置师德失范行为提供了法律和政策依据，依法依规开展师德惩处活动。

各地各高校应结合本校实际，根据上级文件要求，出台本校师德失范行为处置实施细则等规范性文件，完善制度设计，规范各项师德失范行为处置。师德失范行为处置制度的设计要注重适用性和可操作性。师德失范行为处置制度应列清师德失范行为的负面清单，进一步明确底线、红线。师德失范行为处置制度要对师德失范行为的处置程序进行规范，明确师德失范行为受理和调查处置的机构或组织。党委教师工作部与纪检监察部门应共同受理和调查师德失范行为，根据相关文件规定，规范师德失范行为的受理、调查、认定、处理、复核、监督等各项程序。师德失范行为处置制度还应分别针对不同类型的师德失范行为，分类管理、分类处罚。对不同类型和性质的师德失范行为，分别作出明确的处置规定，制定具体的实施细则。根据师德失范行为的情节轻重程度进行划分，划分的标准要具体化，要具有可操作性，避免模棱两可。根据不同划分标准，规定相应的处理或处分办法。

除了明确师德失范教师个人的处置办法，还要建立明确的责任清单和明晰的追责机制，对相关单位和责任人进行问责，切实落实师德建设第一责任人责任。相关单位责任人不认真或不正确履职，因其失职渎职而引发师德失范行为，要根据相关规定严肃追究师德建设第一责任人的责任。教育部出台的《关于高校教师师德失范行为处理的指导意见》中，明确规定了几种根据职责权限和责任划分的问责情形以及根据情节严重程度采取的问责处置措施。各地各高校应根据实际情况，制定符合本校的处置办法。

（二）健全师德违规通报曝光制度

当师德失范行为发生时，有的高校为了避免引起不良的社会影响或是碍于面子，往往倾向采用"大事化小，小事化了"的处置方式进行沉默化处理。这不仅不能起到良好的警示教育作用，还会滋生更为严重的师德失范行为。因此，必须建立健全师德违规通报曝光制度，出台《师德失范行为警示通报制度》等规范性文件。通过公开曝光、通报批评的方式，强化师德失范行为的警示震慑作用，对严重失德并造成恶劣影响的行为，要按照相关规定进行严肃处理。

教育部每年公开曝光违反教师职业行为十项准则典型的案例，在社会上引起强烈反响，起到重要的警示教育作用。各地各高校也要建立健全师德违规通报曝光制度，对身边违反师德行为通过内部工作系统、网站等予以公开曝光，促使教师强化自我反省意识，自觉"对照检查"，及时发现并纠正自身的问题。

师德失范应从防微杜渐开始，人们对一些看似微不足道、习以为常，但已违反教师职业行为十项准则，或是"打擦边球"的行为，往往容易麻痹大意，甚至存在"法不责众"的侥幸心理，"随波逐流"而为之。师德失范行为不管其行为大小，均要予以公开曝光，通过公开曝光使广大教师更加清晰底线、红线，明确什么行为可以为之，什么行为禁止为之，牢固树立规则意识和底线意识，严格按照相关规定开展教育教学及科学研究活动，尤其是在个人科研项目经费管理和使用方面，要严格按照相关规定管理使用，规范开展科学研究活动。

（三）严格落实师德"一票否决制"

师德"一票否决制"是指高校教师一旦发生师德失范行为，将在职称评审、评优评先、导师遴选、项目申报等方面取消资格，师德"一票否决制"是师德违规行为惩处的一个重要手段。

党中央和国家颁布的多项文件中，对师德"一票否决制"做出了明确规定。2016年，中共中央、国务院颁布《关于加强和改进新形势下高校思想政治工作的意见》。该意见明确指出，"把师德规范要求融入人才引进、课题申报、职称评审、导师遴选等评聘和考核各环节，实施师德'一票否决'"[①]。中共中央办公厅、国务院办公厅印发《关于进一步加强科研诚信建设的若干意见》，要求"科技计划管理部门、项目管理专业机构要对科技计划项目申请人开展科研诚信审核……对严重违背科研诚信要求的责任者，实行'一票否决'"[②]。《教育部关于高校教师师德失范行为处理的指导意见》强调，要实行师德"一票否决制"，对高校师德失范行为实行"一票否决"，情节较轻的"取消其在评奖评优、职务晋升、职称评定、岗位聘用、工资晋级、干部选任、申报人才计划、申报科研项目等方面的资格。担任研究生导师的，还应采取限制招生名额、停止招生资格直至取消导师资格的处理"[③]，并规定取消相关资格处理的执行期限不得少于24个月。2014年，《教育部关于建立健全高校师德建设长效机制的意见》要求"师德考核不合格者年度考核应评定为不合格，并在教师职务（职称）评审、岗位聘用、评优奖励等环节实行一票否决"[④]。

---

① 中共中央文献研究室编：《十八大以来重要文献选编》下，中央文献出版社2018年版，第487页。
② 《中共中央办公厅 国务院办公厅印发〈关于进一步加强科研诚信建设的若干意见〉》，http://www.moe.gov.cn/jyb_xxgk/moe_1777/moe_1778/201805/t20180531_337857.html。
③ 《教育部关于高校教师师德失范行为处理的指导意见》，http://www.moe.gov.cn/srcsite/A10/s7002/201811/t20181115_354923.html。
④ 《教育部关于建立健全高校师德建设长效机制的意见》，http://www.moe.gov.cn/srcsite/A10/s7002/201409/t20140930_175746.html。

各高校要严格落实师德"一票否决制"的要求，将师德"一票否决制"的要求列入本校师德失范行为处置实施细则等规范性文件，列入人才引进、评奖评优、职务晋升、职称评定、岗位聘用、工资晋级、干部选任、申报人才计划、申报科研项目等教师考核评审和项目申报等工作的要求，切实将师德"一票否决制"贯彻落实于具体工作中。

（四）严格执行教育全行业禁入制度

为了提高教师师德违规成本，起到良好的制度约束作用，应将师德失范行为与个人信用相联系、失范与失信相挂钩，将失范行为列入个人信用记录。同时，要建立健全教师个人师德档案制度，将师德档案作为教师人事档案的重要组成部分，将师德失范行为记录于师德档案中。完善个人信息档案、规范教师个人信息管理是实施教育全行业禁入的前提。

2022年11月，最高人民法院、最高人民检察院、教育部印发的《关于落实从业禁止制度的意见》，实行教育全行业禁入，对师德违规问题"零容忍"。为高效管理教师个人信息，应不断完善全国教师管理信息系统，逐步完善教师个人信息库，通过信息化、数字化手段，实现信息网络化，教师个人信息全国联网可查，完善"教师资格限制库"，建立健全"黑名单"制度，将严重师德失范行为的个人拉入"黑名单"，终身限制进入教育行业。在高校教师招聘和人才引进的过程中，要通过教师个人信息库查询相关个人信息，严格执行教育部颁布的教职工准入查询工作的相关要求。各高校"拟聘用教师在入职前查询《关于建立教职员工准入查询性侵违法犯罪信息制度的意见》《关于落实从业禁止制度的意见》规定的性侵违法犯罪信息和《中华人民共和国教师法》《教师资格条例》规定的已纳入教师资格限制库的丧失、撤销教师资格信息"①,经查询发现有违反相关规定的行为不得录用。各高校要严格实行教育全行业禁入制度,把好教师招聘和人才引进的"入口关",严禁严重师德失范人员再次进入教育行业。

第四节 高校师德"一体化"建设

高校师德建设长效机制是由组织领导机制与保障机制、"六位一体"工作机制组成的有机整体。具体而言,高校师德建设长效机制是由一个组织领导机制、三个保障机制、六个具体工作机制组成的"1+3+6"的师德师风建设模式。高校师德建设长效机制的各组成部分构成了一个有机整体,发挥整体功效。强化高校师德师风建设,必须运用系统思维,"一体化"推进高校师德建设,才能更好地发挥高校师德建设长效机制的整体效用。

系统思维是一种科学的思维方式和工作方法。党的二十大报告强调,要坚持系统观念、强化系统思维,"只有用普遍联系的、全面系统的、发展变化的观点观察事物,才能把握事物发展规律"②。系统思维就是运用系统理论的观点和方法认识事物,"把认识对象作为系统,从系统和要素、要素和要素、系统和环境的相互联系、相互作用中整体地考察认识对象的一种思维方法,其最大的特点是思维成果具有整体性、辩证性、立体性、动态性"③。"一体化"推进高校师德建设,就

---

① 《教育部关于推开教职员工准入查询工作的通知》,http://www.moe.gov.cn/jyb_xwfb/gzdt_gzdt/s5987/202304/t20230420_1056415.html。
② 习近平:《高举中国特色社会主义伟大旗帜 为全面建设社会主义现代化国家而团结奋斗——在中国共产党第二十次全国代表大会上的报告》(2022年10月16日),人民出版社2022年版,第20页。
③ 孙其昂:《思想政治教育学前沿》,人民出版社2013年版,第312页。

是将高校师德建设长效机制看成一个具有一定结构和功能、多方面相互联系的有机整体进行考察，加强系统内部与外部、系统与环境、系统内部的有机联系，整合多方力量共同推进高校师德建设，最终实现教师师德全员、全过程、全方位养成。

一 强化高校师德建设长效机制内部联动

哲学范畴中系统的概念是"由特定的相互作用方式联结着的要素构成的具有新质（系统质）类型关系的统一体"[1]。从系统的概念中可以看出，系统本身就是一个统一体，"系统是各要素之间、要素与整体之间相互对立相互联系相互作用的矛盾统一体，是从要素量的组合达到整体质的飞跃的总效应"[2]。系统中各要素之间的结构关系对于系统而言尤为重要，因为系统的结构决定系统的功能，系统内部各要素协同作用，发挥各自的功能，同时又相互弥补、相互促进，最终实现系统功能的耦合。高校师德建设是一个系统工程，任何一个子系统功能的发挥都会对系统整体效能产生影响，高校内部各部门要强化师德建设共同体意识，加强协同配合，"一体化"推进师德建设的各项工作，使师德师风建设的各项具体工作措施得到有效落实。

（一）强化各子机制间的联动

在高校师德建设长效机制的内部，组织领导机制、"六位一体"的具体工作机制、保障机制之间不是机械的组合，而是一个有机统一体。在高校师德建设长效机制的内部结构中，各组成部分分别处于不同位

---

[1] 钱学森等：《系统理论中的科学方法与哲学问题》，清华大学出版社1984年版，第115页。
[2] 钱学森等：《系统理论中的科学方法与哲学问题》，清华大学出版社1984年版，第115页。

置，既独立又相互联系，发挥着各自不同功能，它们之间是相互对立、相互联系、相互作用的关系。应强化各子机制间的有效联动，实现高校师德建设长效机制整体功能的有效发挥。

一是明确各子机制的功能及作用，强化各子机制之间的关系。在高校师德建设长效机制的内部结构中，组织领导机制处于顶层的关键核心地位，为各项工作措施的落地落实提供重要的组织和人员保障，是其他各项子机制得以实施的前提。"六位一体"工作机制是高校师德建设长效机制的主体部分，通过师德宣传、教育、考评、监督、奖励、惩处六个具体的工作机制开展师德师风建设，每个工作机制包含具体的工作措施。如果没有组织人员保障，师德建设各项工作将难以施展。教师权益保障机制、信息反馈调节机制、经费保障机制等保障机制为高校师德建设长效机制的长期稳定有效运行提供基础保障，为各项具体工作措施的顺利实施提供重要的物质基础和精神基础。由此可见，各子机制是相互联系、相互制约、相互促进的关系，每一项子机制都发挥着不可替代的作用。任何一项子机制都不能忽视，必须"一体化"推进，同步完善各方面的体制机制。

二是强化师德宣传、教育、考评、监督、奖励激励、惩处各工作机制的内部联系，真正做到"六位一体"，"一体化"推进。师德宣传与教育工作密切相关，宣传是强化教育的重要方式和手段之一，通过强化师德宣传和教育达到提高教师道德认知、增强道德情感的作用。师德考核评价与师德监督相互联系，通过建立健全学校、学生、家长、社会多元主体参与，客观公正的考核评价体系，实现对师德的全面监督，强化教师行为规范的外在约束力量。考核评价的结果与奖励激励、惩处密切相关，是奖励激励、惩处的依据。奖励激励和惩处通过正反两方面对师德行为作出相应回应，通过奖励激励高尚的师德行为，对教师进行先进榜样教育，使广大教师自觉形成良好的道德行为。通过惩处，对师德失范行为予以惩戒，对教师起到警示教育的作用，使广大教师心存敬畏，守住底线，磨炼道德意志，自觉养成良好的道德行为。由此可见，"六位一体"的工作机制也是相互联系、相互制约、相辅相成的关系，缺一不可，必须完善各项具体工作机制，共同开展和推进各项工作。

（二）健全"上下联动，左右协同"的运行机制

"一体化"推进高校师德建设长效机制，离不开学校、部门、院系的协同合作，离不开高校内部各部门之间的相互配合。因此，要强化师德建设共同体意识，在高校内部形成"上下联动，左右协同"的工作机制，一体推进各项工作、发挥协同效应。

"上下联动"是一种纵向管理体系，使学校制定的各项政策自上而下得到有效落实。完善"上下联动"的工作机制，就是建立健全校级师德建设委员会—党委教师工作部—二级单位师德建设委员会—教工党支部—教师五级工作机制，使学校、部门、院系协同推进各项工作。完善"上下联动"的工作机制，还要畅通自下而上的信息反馈渠道，建立信息反馈机制，便于及时掌握一线教师的师德动态，了解学校各项政策及措施在基层的实施情况，从而不断调整和完善师德师风建设的各项措施。

"左右协同"强调各部门间的协同配合，打破部门间各自为政的藩篱，畅通工作衔接机制。高校师德建设长效机制涉及众多相关部门，需要各相关部门共同参与、共同推进落实。因此，要在明确各部门职责分工的基础之上，加强各部门之间的协同合作。

党委教师工作部作为师德建设的主要责任和牵头部门，在师德建

设的各项工作中应起到组织协调的作用。在师德教育方面，党委教师工作部要与负责新进教师教育培训工作的部门加强合作，将师德教育内容融入新进教师的培训之中；与教学管理部门共同开展教学伦理教育，规范课堂教育秩序，严格教师的课堂教学行为；与科研管理部门联合开展科研诚信教育，严格查处学术不端行为；与纪检监察部门共同开展违反师德行为的警示教育；与党委统战部合作强化党外教师的思想引领和团结教育工作；等等。在师德宣传方面，党委教师工作部要与党委宣传部加强合作，有计划地开展先进师德典型人物报道。同时，要将先进师德典型人物的宣传教育融入日常宣传工作。在师德的考核评价方面，党委教师工作部要与人事部门共同开展先进师德人物的评优评先活动，共同把好教师招聘过程中的政治关、师德关。在师德监督和惩处方面，党委教师工作部要联合纪检监察部门进行师德监督，对违反师德行为的案件开展调查。此外，党委教师工作部还要联合工会共同维护和保障教师的合法权益。加强师德师风建设要加强部门间的沟通协调合作，充分发挥各部门的职能，避免"各自为政"，浪费人力、物力、财力，起到负面效应。

二　优化高校师德建设长效机制外部环境

系统与环境有着不可分割的关系，"任何系统总存在于环境之中，总要与外界进行能量、物质、信息的交换"[①]，系统思维注重考察系统与环境之间的相互联系。社会环境是教师师德养成的土壤和空气，良好师德的养成离不开良好的社会环境氛围。关于思想道德

---

① 钱学森等：《系统理论中的科学方法与哲学问题》，清华大学出版社1984年版，第123页。

与环境之间的互动关系,马克思认为,"人创造环境,同样,环境也创造人"①。"环境,特别是社会经济关系对人的道德有决定性的影响,社会的政治、文化传统也制约着人们的思想道德倾向。但人在环境面前绝不是消极被动的,而是有着巨大的反作用。人通过实践可以改变环境,改变自己的思想道德状况和社会的道德风尚。"② 高校师德师风的建设要注重营造尊师重教的社会环境,优化系统外部环境,努力营造让广大教师安心从教、热心从教、舒心从教、静心从教的外部环境,为高校师德建设长效机制的长期稳定运行提供良好的外部环境,以良好的外部环境滋养高尚师德的养成。

(一) 优化政治经济文化环境

改革开放以来,中国政治经济文化产生了巨大的变化,对社会主义道德建设产生了深刻的影响,高校师德建设面临的新问题、新挑战,无不与社会政治经济文化的大环境相关。加强高校师德建设应正确认识社会大环境的发展变化及其对高校师德建设产生的影响,从而采取有效的措施应对不良影响。唯有准确把握时代要求和洞悉社会环境的发展变化,师德建设才能真正做到因势利导、因时而动、顺势而为,取得良好成效。环境对人的思想道德具有重要的影响,甚至起决定性的作用。但是人们在环境面前并非消极被动,而是可以通过发挥主观能动性,通过实践改善和优化外部社会环境。

一是优化高校师德建设的政治环境,提高高校教师的政治地位。长期以来,党和国家始终把教育摆在优先发展的重要战略地位,把教师队伍建设、师德师风建设放在重要地位。习近平总书记强调,"各级

---

① 《马克思恩格斯选集》第一卷,人民出版社2012年版,第189页。
② 沈国权:《思想政治教育环境论》,复旦大学出版社2002年版,第172—173页。

党委和政府要从战略高度来认识教师工作的极端重要性,把加强教师队伍建设作为基础工作来抓,满腔热情关心教师,改善教师待遇,关心教师健康,维护教师权益"①。各级党委、政府要提高加强教师队伍建设重要性的思想认识,将师德师风建设作为一项重要工作来抓,通过政治手段推进高校师德师风建设。通过制定和完善高校教师队伍建设的相关政策,尤其是高校师德师风建设的相关规章制度等,贯彻落实习近平总书记关于教育的重要论述,关于加强高校教师思想政治教育、师德师风建设方面的重要指示精神。

二是改善高校师德建设的经济环境,提高教师的经济地位。财政部门要持续加大对高等教育的投入,尤其是加大对教师队伍建设和师资培养方面的支持力度。"财政部门要坚持将教师队伍建设作为教育投入重点予以优先保障,按规定统筹现有资金渠道支持师德师风建设"②,针对高校师德师风建设专门设立专项基金,提供确保经费保障。教育部门要不断推进高校薪酬制度改革,探索建立符合高校特点的薪酬制度。不断提高高校教师的工资待遇水平,改善教师的经济状况,提高教师的经济地位,为有经济困难的教师解决经济问题,使广大教师安心从教。

三是不断加强社会主义道德建设,推进社会主义精神文明建设,优化社会文化环境。文化环境包括物质文化以及精神文化,其中对人的思想道德产生直接影响的主要是精神文化,"文化环境的优化,说到底就是全面加强社会主义精神文明建设"③。高校师德师风建设是社会

---

① 习近平:《做党和人民满意的好老师——同北京师范大学师生代表座谈时的讲话》(2014年9月9日),人民出版社2014年版,第13页。
② 《教育部等七部门印发〈关于加强和改进新时代师德师风建设的意见〉的通知》,http://www.moe.gov.cn/srcsite/A10/s7002/201912/t20191213_411946.html。
③ 吴艳东:《思想政治教育导向论》,人民出版社2017年版,第226页。

主义道德建设的重要组成部分，优化高校师德建设的文化环境，就是要在全社会加强社会主义核心价值观，强化社会公德、职业道德、家庭美德、个人美德教育，提高公民的思想道德水平，树立良好的社会道德风尚，从而不断推动高校师德师风建设。此外，要大力传承和弘扬中华优秀传统文化，培育和弘扬民族精神，建设中国特色社会主义文化，发挥文化的思想引领和价值引导的作用。

（二）优化社会舆论环境

一是强化师德形象的正面宣传，通过加强媒体宣传营造良好的社会环境，改善师德形象。大众传媒对高校师德建设的外部良好环境营造发挥着重要的作用，大众传媒通过有选择的信息加工，以及有目的的信息传播活动，形成"拟态环境"，影响着人们对事物的认识，塑造着人们的思想观念。高校师德建设要充分运用大众媒体开展正面宣传，塑造良好的教师形象，提高高校教师在人们心中的地位。通过传统媒介与现代媒介相结合，全方位开展师德宣传。鼓励主流媒体创作体现教师工作重要性和特殊性的影视文学作品，通过微博、微信、微视频、微电影等新媒体形式，在社会上广泛宣传师德先进人物，弘扬高尚的师德师风，展现新时代教师风貌，营造浓厚的社会氛围，优化媒体环境。

二是强化网络舆论监管，营造风清气正的网络环境。随着新媒体技术的发展，人们进入了信息化时代，网络舆论对人们的思想观念和精神生活产生了深刻的影响，互联网已经成为意识形态的前沿阵地和主战场。近年来，高校师德失范事件频频在网络上引发舆情，不良自媒体为了吸引眼球，借题发挥，各种网络炒作事件层出不穷，对高校教师的社会形象产生了恶劣影响，进一步影响高校教师的自我职业认同，不利于高校师德师风建设。网信部门要强化网络监管，尤其针对高校师德失范的网络舆情，要及时进行正确的舆论引导，对网络造谣、恶意炒作的自媒体进行严惩，营造风清气正的网络生态。

(三) 营造尊师重教的社会氛围

一是调动各方社会力量，共同营造尊师重教的浓厚氛围，增强教师的职业荣誉感，提升教师的社会地位。"支持鼓励行业企业在向社会公众提供服务时'教师优先'。鼓励图书馆、博物馆、科技馆、体育场馆以及历史文化古迹和革命纪念馆（地）等对教师实行优待。"[①]地方政府和高校可根据实际情况，统筹有关资源，因地制宜安排一线教师特别是长期从教的教师进行疗休养。对获得省级以上荣誉的道德先进教师、高层次紧缺人才实行医疗优先、景区免费、购房优惠、子女优先入学等优待措施。在教师节等重要节日，鼓励公立医院为教师开展免费问诊、免费体检、职业病预防与检查等活动关心关爱教师。

二是营造社区浓厚的尊师重教氛围。社区是社会治理的最小单元，是社会的细胞，人们生活在各个社区之中，邻里关系是重要的社会关系。社区通过开展各种丰富多彩的主题活动，传承中华优秀传统文化的师道文化，有利于提升教师的职业荣誉感。社区可以通过采取为本社区教师提供生活便利服务、关心关爱本社区生活困难的离退休教师、提供志愿者上门服务等贴心暖心的措施，营造社区浓厚的尊师重教氛围。

三是在校园内营造浓厚的尊师重教氛围。高校是师德建设的主体，是师德建设的主要活动场域，在校园内营造浓厚的尊师重教氛围具有

---

① 《教育部等七部门印发〈关于加强和改进新时代师德师风建设的意见〉的通知》，http://www.moe.gov.cn/srcsite/A10/s7002/201912/t20191213_411946.html。

重要性和必要性。将尊师重教融入大学生思想政治教育日常，贯穿于教育教学活动的过程，大力弘扬尊师重教的优良传统。将尊师重教体现在校园的每个细节中，如通过采取开辟"教师优先"电梯通道、开辟"教师优先"食堂窗口、设立教师课间休息室等具体措施，在校园内营造浓厚的尊师重教氛围。

三 强化高校师德建设长效机制内外联动

"一体化"推进高校师德建设体现的是共治共享的理念，体现了多元参与、多方共治及协同一致的特点。高校师德建设不是孤立的行为，而是处于社会千丝万缕的联系之中，高校师德建设长效机制不是自成体系的自我封闭的独立系统，而是具有开放性、动态性。在社会的大系统中，高校师德建设长效机制这个小系统与社会的方方面面有着紧密的联系。强化系统内外的相互联动，建立联动机制，充分利用各种社会资源，实现优势资源互补，联合系统外部的力量，共同推进高校师德师风建设。社会各界要充分认识到高校师德建设对于推动高等教育高质量发展、推进社会主义现代化建设、建成社会主义现代化强国的重要意义，高校、家长、社会应共同参与，齐心协力共同推进高校师德建设。

（一）整合校内外资源

高校自身的资源、人力、物力、财力非常有限，仅依靠高校自身建设师德师风存在一定的局限性，因此高校师德建设必须基于共同治理的理念，推进共同治理模式创新，充分利用社会各方资源，实现资源链接和优势互补，整合校内外资源开展师德师风建设。

在强化师德教育方面，一是强化与本地政府部门合作，与教育部门、文化部门联合挖掘本地师德教育资源，结合本地传统教育文化，共同开展师德教育基地的建设。师德教育基地秉持"共建共治共享"的原则面向社会开放,共同开展大中小学教师师德教育,共享师德建设资源,充分发挥基地的社会服务功能。二是联合法制部门对高校教师进行法治教育,对《中华人民共和国高等教育法》《中华人民共和国教师法》等法律法规以及国家各部委颁布的师德相关的规范性文件进行深入解读,强化高校教师的法治思维,使广大教师依法执教。三是非师范院校联合师范院校开展师德教育与师德建设研究。师范院校是为国家培养合格教师的专业性院校,在师德教育方面具有较为雄厚的师资力量和较为丰富的经验。大部分高校教师为专业型人才,并非师范院校出身,没有接受过系统的师德教育,加强师德师范教育,能使他们更好更快地转变角色,适应教师职业生涯,自觉规范自身的师德行为,成为合格的高校教师。利用师范院校的雄厚师资开展师德教育,能解决师德教育师资紧缺的问题。师范院校在高等教育研究、高校师德建设等方面具有较丰富的经验,联合师范院校开展师德建设研究有利于取长补短,提升师德研究水平。

在强化师德宣传方面,一是要加强与社会主流媒体的合作,强化校内外媒体联动。高校内部虽然已经构建了较为完备的融媒体传播矩阵,但是其传播力有限,主要是进行校内传播,社会影响力有限。联合社会主流媒体开展师德宣传,通过共同组织师德先进人物评选活动,共同策划师德先进人物专题报道等,在社会上引起广泛关注,扩大社会影响力。这样有利于改善高校教师的师德形象,提升高校教师的社会地位和职业地位,营造良好的尊师重教舆论氛围。二是要与网信部门加强网络舆论监管方面的合作,对涉及师德失范的网络舆情及时进行预警,并在网信部门的指导下,配合网信工作人员处置好相关网络舆情。近年来,关于高校教师师德失范的网络舆情有所增强,高校必须加强与网信部门的合作，准确分析研判舆情，正确引导舆论发展，净化社会舆论环境。

在师德监督方面，要畅通社会监督渠道，使广大高校教师自觉接受人民群众的广泛监督；要不断探索和完善社会监督员制度，引进社会监督员，对高校师德建设进行第三方监督，为高校师德建设献计献策。在师德考核评价方面，要建立学校、学生、家长、社会多元化的师德评价体系，注重家长和社会的师德评价反馈。在师德奖励方面，鼓励社会企业、民间组织或个人出资在高校设立师德建设基金，开设师德专项奖励。通过社会力量多方面参与高校师德建设，有效促进高校师德建设水平的提升。

（二）"一体化"推进师德建设与各项工作

强化高校师德建设长效机制系统内外联动，除了要增强校外联动，借助社会力量推进高校师德师风建设，还要强化校内联动，加强师德师风建设与学校其他各项工作之间的紧密联系，将教师思想政治教育与师德师风建设融入各项日常工作，"一体化"推进校内各项工作，形成工作合力。

一是将师德师风建设与党风廉政建设和反腐败斗争相结合，以党建引领师德建设，以党风树师德正师风。在教育系统开展党风廉政建设和反腐败斗争是加强党的建设的重要内容，是教育系统全面从严治党的要求，是各级党组织的重大政治责任。以党风廉政建设和反腐败斗争纠正教育行风的突出问题，整顿和净化教育行业风气。党风廉政建设和反腐败斗争要求深入开展学风建设教育，严厉打击学术造假，严厉惩治学术腐败，规范教师从业行为，与加强师德师风建设具有内在一致性。各项违反相关规定的教育腐败行为也是严重违反师德师风的行为，从这一角度讲，加强党风廉政建设和反腐败斗争也是加强师德师风建设。高校要将党风廉政建设和反腐败斗争与加强教师思想政治教育和师德师风教育相结合，在推进党风廉政建设和反腐败斗争中，强化师德师风建设。

二是将师德师风建设与校园文化建设相结合，在加强校园文化建设中强化师德师风建设。师德文化是校园文化的重要组成部分，要将师德文化建设作为校园文化建设的重点，通过打造师德文化长廊、建设师德标志物、张贴师德宣传标语等方式营造浓厚的校园师德文化氛围。精神文化是大学文化的内核，大学精神是一所大学的灵魂所在，要将高尚的师德融入大学精神，以大学精神引领师德师风建设。大学文化对高校教师具有导向、凝聚、激励等作用，良好的校园文化为师德师风建设提供了良好的外部环境，促进了师德师风的建设。在加强大学文化建设的过程中，充分发挥大学文化的育人功能，实现以文化人，使高校教师在大学文化的熏陶感染中形成共同的思维、共同的教育精神、共同的师德观以及育人观。

总而言之，在高校师德建设长效机制的实施过程中，要增强大局观，强化系统思维，运用系统观念，从增强系统内部联动、改善系统外部环境、强化系统内外联系三方面"一体化"推进高校师德师风建设，从整体上有效提升高校师德师风的建设水平，着力提升实践效能，达到预期实践目标。

结　语

当前,世界百年未有之大变局加速演进,国际国内形势发生了深刻的变化,新一轮科技革命和产业变局带来了新的社会变革,在国际局势风云变幻之际,党审时度势,统筹"两个大局","准确识变、科学应变、主动求变"①,提出治国理政一系列新理念、新思想、新战略,将教育摆在更加重要的突出位置。教育在促进国家繁荣、民族振兴、社会发展中具有基础性、先导性、全局性的地位和作用。习近平总书记强调,在当前激烈的国际竞争中,"'两个一百年'奋斗目标的实现、中华民族伟大复兴中国梦的实现,归根到底靠人才、靠教育"②。党的二十大报告强调,"必须坚持科技是第一生产力、人才是第一资源、创新是第一动力"③,贯彻落实"三个第一"的要求,必须深入实施科教兴国、人才强国、创新驱动发展战略,充分发挥教

---

① 《中国共产党第十九届中央委员会第五次全体会议公报》,人民出版社2020年版,第7页。

② 习近平:《做党和人民满意的好老师——同北京师范大学师生代表座谈时的讲话》(2014年9月9日),人民出版社2014年版,第3页。

③ 习近平:《高举中国特色社会主义伟大旗帜　为全面建设社会主义现代化国家而团结奋斗——在中国共产党第二十次全国代表大会上的报告》(2022年10月16日),人民出版社2022年版,第33页。

育、科技、人才在全面建设社会主义现代化国家中的基础性、战略性支撑作用。

进入新时代，高等教育在当今社会经济发展中的重要作用和地位日益得到彰显。习近平总书记强调，"高等教育发展水平是一个国家发展水平和发展潜力的重要标志，实现中华民族伟大复兴，教育的地位和作用不可忽视。我们对高等教育的需要比以往任何时候都更加迫切，对科学知识和卓越人才的渴求比以往任何时候都更加强烈"[1]。党的十八大报告强调，要"推动高等教育内涵式发展"[2]，党的十九大报告强调，要"实现高等教育内涵式发展"[3]，从"推动"到"实现"，充分体现了党和国家对高等教育高质量发展的高度重视。党的二十大报告提出，到2035年要实现建成教育强国的奋斗目标，党的十九大报告和党的二十大报告均强调，要"加强师德师风建设，培养高素质教师队伍"[4]。由此可见，党和国家对加强高校师德师风建设的重视程度。

习近平总书记从国家发展的战略高度，强调建设一支高素质高校教师队伍的重要性，他指出，"国家繁荣、民族振兴、教育发展，需要我们大力培养造就一支师德高尚、业务精湛、结构合理、充满活力的高素质专业化教师队伍"[5]。他对高校教师的师德师风建设提出许

---

[1]《习近平在全国高校思想政治工作会议上强调，把思想政治工作贯穿教育教学全过程 开创我国高等教育事业发展新局面》，《人民日报》2016年12月9日第1版。

[2] 中共中央文献研究室编：《十八大以来重要文献选编》上，中央文献出版社2014年版，第27页。

[3] 习近平：《决胜全面建成小康社会 夺取新时代中国特色社会主义伟大胜利——在中国共产党第十九次全国代表大会上的报告》（2017年10月18日），人民出版社2017年版，第46页。

[4] 习近平：《高举中国特色社会主义伟大旗帜 为全面建设社会主义现代化国家而团结奋斗——在中国共产党第二十次全国代表大会上的报告》（2022年10月16日），人民出版社2022年版，第34页。

[5] 习近平：《做党和人民满意的好老师——同北京师范大学师生代表座谈时的讲话》（2014年9月9日），人民出版社2014年版，第4页。

多具体要求，作出许多重要指示。"师德兴则教育兴，教育兴则民族兴。"广大教师是中华民族"梦之队"的"筑梦人"，肩负着落实"立德树人"根本任务，肩负着培养时代新人的重要职责使命。师德是教师素质的首要方面，建设一支高素质的高校教师队伍的关键是加强高校师德师风建设。高校师德师风建设事关教育强国目标的实现，事关中华民族伟大复兴的战略全局，事关社会主义现代化强国的建设，事关"两个一百年"奋斗目标的顺利实现。因此，高校必须重视和加强高校师德师风建设，切实落实高校师德建设长效机制的各项措施，建设一支师德高尚、能够堪当时代重任的新时代高素质高校教师队伍。

师德建设具有历史继承性和时代发展性，时代的发展对高校教师提出新的更高要求，也为高校师德师风建设注入了新的时代内涵。当前，我们正处于实现中华民族伟大复兴的关键时期，站在新的历史方位，高校应自觉承担起自身肩负的重要责任，在新时代践行新使命，展现新作为。高校要不断加强和完善高校师德建设长效机制，强化高校师德师风建设。教师在高校办学中占有主体性地位，只有不断加强高校师德师风建设，才能有力地推进高等教育现代化发展，实现高校高质量内涵式发展。

教育现代化是中国式现代化的重要组成部分，而现代化归根到底是人的现代化，实现中国式现代化，人的现代化是核心命题。"只有实现教育现代化，才能实现人的现代化；只有实现人的现代化，才能实现国家和民族的现代化。"① 高校教师既是国家重要的人才资源，也是高校的办学主体，运用现代化的思维和理念，通过现代化的管理模式，

---

① 童世骏主编：《建设社会主义教育强国研究》，人民出版社2019年版，第17页。

不断提升高校的治理体系和治理能力现代化水平,从而促进高校教师的现代化发展,提高高校教师的师德素养和水平,最终实现高校教师自由而全面的发展。

高校师德建设长效机制是中国在长期的高校师德实践中总结出来的有效历史经验,具有科学性、规范性。高校师德建设长效机制,运用科学的思维和理念开展师德师风建设,通过"宣传教育、示范引领、实践养成相统一,政策保障、制度规范、法律约束相衔接"[①]的高校师德建设工作机制,"一体化"推进高校师德师风建设,实现高校师德建设的整体效能。

"一体化"推进高校师德建设,强化系统思维,运用系统观念,增强前瞻性思考、全局性谋划,整体性推进高校师德建设。"一体化"推进高校师德建设,科学运用了马克思主义辩证法关于全面、联系的观点,从全局的角度出发,将高校师德建设长效机制看成一个小系统,置于社会的大系统中进行考察分析,既强调强化小系统内部的联系,又强调优化外部系统环境,同时还要增强系统内外联动,调动各方力量,齐抓共管,优势互补,共同推进高校师德师风建设,从而使高校师德建设长效机制成为一个良性循环的长期稳定有效运行的系统。

高校师德建设长效机制是师德师风建设的顶层设计,是强化高校师德师风建设的有力抓手和有效手段,通过建立健全和有效实施高校师德建设长效机制,有效提升高校教师的师德素养和水平,促进高等教育的现代化发展,提升高校办学治校的现代化水平。因此,高校必须建立健全师德建设长效机制,不断提高高校师德建设的科学化水平。

---

① 《教育部关于建立健全高校师德建设长效机制的意见》,http://www.moe.gov.cn/srcsite/A10/s7002/201409/t20140930_175746.html。

结　语

　　唯物辩证法认为，事物发展变化的根本原因在于其内部因素的作用，内因是事物发展变化的根本所在，外因为事物的发展变化提供外在条件，外因通过内因起作用。高校师德建设是通过他律起到自律的作用，高校师德建设长效机制致力于通过强化外部约束力量，对高校教师的师德养成起到推动和促进作用，使高校教师提高养成良好师德师风的自觉性和自主性。高校教师应"认清肩负的使命和责任，努力为发展具有中国特色、世界水平的现代教育，培养社会主义事业建设者和接班人作出更大贡献"①，不断自觉加强自身师德师风建设，提高自身师德素养，这既是时代之需，也是促进自身自由而全面发展的内在需要。

　　如今，高校教师面临着新的时代境遇，一方面新技术革命给社会带来全方位的变革，将对高等教育产生前所未有的影响，高等教育呈现数字化、教育信息化、教育智能化的发展趋势。新技术赋能教师教学方式，变革着教学和评价模式，改变着学生的学习方式。高校教师如果安于现状、不思进取，则容易被时代所淘汰。另一方面，随着中国当前人口出生率持续降低，人口红利已经消失，人口结构和社会结构的变化对高等教育产生深刻的影响，对教育布局结构和资源配置调整也将产生深刻的影响。高等教育膨胀发展与人口萎缩之间的矛盾日益凸显，未来高等教育必将面临转型发展。未来高质量的高等教育对高校教师的综合素质提出更高要求，高校教师唯有不断增强前瞻意识和忧患意识，不断提升师德素养和综合素质，才能实现自身的价值。

　　党的二十大"擘画了全面建设社会主义现代化国家、以中国式现

---

① 习近平：《做党和人民满意的好老师——同北京师范大学师生代表座谈时的讲话》（2014年9月9日），人民出版社2014年版，第3—4页。

代化全面推进中华民族伟大复兴的宏伟蓝图，吹响了奋进新征程的时代号角"①，站在全面建设社会主义现代化国家、实现第二个百年奋斗目标的新征程上，高等教育只有不断适应新形势的发展要求，不断改进和完善高校师德建设长效机制，毫不松懈地抓好高校师德师风建设，推进高等教育现代化，才能打造人民满意的中国特色、世界一流的大学。高校教师只有不断加强自身师德师风建设，才能承担起新时代赋予的历史使命，成为"四有好老师"，成为学生敬仰爱戴的品行之师、理想之师、学问之师；才能在新时代展现新作为，为实现中华民族伟大复兴、为全面建成社会主义现代化强国贡献智慧和力量。

---

① 《国家主席习近平发表二〇二三年新年贺词》，《人民日报》2023 年 1 月 1 日第 1 版。

参考文献

一　经典著作及重要文献

《马克思恩格斯选集》第一卷，人民出版社 2012 年版。

《马克思恩格斯选集》第二卷，人民出版社 2012 年版。

《马克思恩格斯选集》第三卷，人民出版社 2012 年版。

《马克思恩格斯选集》第四卷，人民出版社 2012 年版。

《马克思恩格斯文集》第三卷，人民出版社 2009 年版。

《马克思恩格斯文集》第四卷，人民出版社 2009 年版。

《马克思恩格斯文集》第八卷，人民出版社 2009 年版。

《马克思恩格斯文集》第十卷，人民出版社 2009 年版。

《马克思恩格斯全集》第一卷，人民出版社 1995 年版。

《马克思恩格斯全集》第三卷，人民出版社 2002 年版。

《马克思恩格斯全集》第二十三卷，人民出版社 1972 年版。

《马克思恩格斯全集》第二十六卷，人民出版社 2014 年版。

《马克思恩格斯全集》第二十九卷，人民出版社 2020 年版。

《马克思恩格斯全集》第四十二卷，人民出版社 2016 年版。

马克思、恩格斯：《共产党宣言》，人民出版社 2018 年版。

《列宁全集》第三十七卷，人民出版社 2017 年版。

《毛泽东选集》第一卷，人民出版社 1991 年版。

《毛泽东选集》第二卷，人民出版社 1991 年版。

《毛泽东选集》第三卷，人民出版社 1991 年版。

《毛泽东选集》第四卷，人民出版社 1991 年版。

《毛泽东文集》第六卷，人民出版社 1999 年版。

《毛泽东文集》第七卷，人民出版社 1999 年版。

《毛泽东同志论教育工作》，人民教育出版社 1958 年版。

《邓小平文选》第一卷，人民出版社 1994 年版。

《邓小平文选》第二卷，人民出版社 1994 年版。

《邓小平文选》第三卷，人民出版社 1993 年版。

《邓小平文集（一九四九——一九七四年）》下卷，人民出版社 2014 年版。

《江泽民文选》第三卷，人民出版社 2006 年版。

《胡锦涛文选》第一卷，人民出版社 2016 年版。

《胡锦涛文选》第二卷，人民出版社 2016 年版。

《胡锦涛文选》第三卷，人民出版社 2016 年版。

胡锦涛：《在全国教育工作会议上的讲话》（2010 年第 7 月 13 日），人民出版社 2010 年版。

胡锦涛：《在全国优秀教师代表座谈会上的讲话》（2007 年 8 月 31 日），人民出版社 2007 年版。

《习近平谈治国理政》第一卷，外文出版社 2018 年版。

《习近平谈治国理政》第二卷，外文出版社 2017 年版。

《习近平谈治国理政》第三卷，外文出版社 2020 年版。

《习近平谈治国理政》第四卷，外文出版社 2022 年版。

习近平：《高举中国特色社会主义伟大旗帜 为全面建设社会主义现代化国家而团结奋斗——在中国共产党第二十次全国代表大会上的报告》（2022年10月16日），人民出版社2022年版。

习近平：《做党和人民满意的好老师——同北京师范大学师生代表座谈时的讲话》（2014年9月9日），人民出版社2014年版。

习近平：《在党的群众路线教育实践活动总结大会上的讲话》，人民出版社2014年版。

教育部课题组：《深入学习习近平关于教育的重要论述》，人民出版社2019年版。

《全国教育工作会议文件选编》，人民出版社2010年版。

《关于教育体制改革的文件》，人民出版社1985年版。

《关于培育和践行社会主义核心价值观的意见》，人民出版社2013年版。

《决胜全面建成小康社会 夺取新时代中国特色社会主义伟大胜利——在中国共产党第十九次全国代表大会上的报告》（2017年10月18日），人民出版社2017年版。

中共中央文献研究室编：《周恩来年谱（1949—1976）》上卷，中央文献出版社1997年版。

中共中央文献研究室主编：《邓小平关于建设有中国特色社会主义的论述专题摘编》，中央文献出版社1992年版。

中共中央文献研究室编：《江泽民论有中国特色社会主义（专题摘编）》，中央文献出版社2002年版。

中共中央文献研究室编：《习近平关于社会主义文化建设论述摘编》，中央文献出版社2017年版。

中共中央文献研究室编：《建国以来重要文献选编》（第十一册），中央文献出版社 1995 年版。

中共中央文献研究室编：《三中全会以来重要文献选编》下，中央文献出版社 2011 年版。

中共中央文献研究室编：《十二大以来重要文献选编》上，中央文献出版社 2011 年版。

中共中央文献研究室编：《十二大以来重要文献选编》下，中央文献出版社 2011 年版。

中共中央文献研究室编：《十四大以来重要文献选编》上，人民出版社 1996 年版。

中共中央文献研究室编：《十四大以来重要文献选编》中，人民出版社 1997 年版。

中共中央文献研究室编：《十五大以来重要文献选编》上，人民出版社 2000 年版。

中共中央文献研究室编：《十五大以来重要文献选编》中，人民出版社 2001 年版。

中共中央文献研究室编：《十五大以来重要文献选编》下，人民出版社 2003 年版。

中共中央文献研究室编：《十六大以来重要文献选编》上，中央文献出版社 2005 年版。

中共中央文献研究室编：《十六大以来重要文献选编》中，中央文献出版社 2006 年版。

中共中央文献研究室编：《十八大以来重要文献选编》下，中央文献出版社 2018 年版。

《中共中央关于党的百年奋斗重大成就和历史经验的决议》，人民出版社 2021 年版。

《中共中央 国务院关于全面深化新时代教师队伍建设改革的意见》，人民出版社2018年版。

《中共中央 国务院关于教育工作的指示》，人民出版社1958年版。

《中共中央关于社会主义精神文明建设指导方针的决议》，人民出版社1986年版。

《中国共产党第十九届中央委员会第六次全体会议公报》，人民出版社2021年版。

《中国共产党宣传工作文献选编（1957—1992）》，学习出版社1996年版。

《中国人民政治协商会议共同纲领》，人民出版社1952年版。

中华人民共和国教育部、中共中央文献研究室编：《毛泽东邓小平江泽民论教育》，中央文献出版社、人民教育出版社、北京师范大学出版社2002年版。

苏渭昌、雷克啸、章炳良主编：《中国教育通史·中华人民共和国卷》（下）第16卷，北京师范大学出版社2013年版。

二 中文专著

［美］N. 维纳：《人有人的用处——控制论和社会》，陈步译，商务印书馆1978年版。

［美］蒂洛：《伦理学理论与实践》，孟庆时等译，北京大学出版社1985年版。

白毅：《中国古代教育史概要》，西安交通大学出版社2018年版。

本书编写组：《不忘初心——坚守中国共产党人的精神家园》，人民出版社2016年版。

杜利英：《马克思主义哲学原理与方法：以实践为基础》，人民出版社2013年版。

甘葆露、唐凯麟：《伦理学原理》，高等教育出版社 1992 年版。

何东昌主编：《中华人民共和国重要教育文献（1949—1975）》，海南出版社 1998 年版。

［苏］加里宁：《论共产主义教育》，陈昌浩译，中国青年出版社 1997 年版。

李春秋：《教育伦理学概论》，北京师范大学出版社 2018 年版。

刘同舫：《马克思的哲学立场》，人民出版社 2017 年版。

刘卫平：《新时期高校教师职业道德修养与评价研究》，人民出版社 2016 年版。

陆庆壬：《思想政治教育学原理》，复旦大学出版社 1986 年版。

伦理学编写组：《伦理学》，高等教育出版社、人民出版社 2021 年版。

马志行：《教师职业道德导论》，人民出版社 2000 年版。

钱学森等：《系统理论中的科学方法与哲学问题》，清华大学出版社 1984 年版。

邱伟光、张耀灿主编：《思想政治教育学原理》，高等教育出版社 1999 年版。

全国人民代表大会常务委员会法制工作委员会编：《中华人民共和国法律汇编（1995—1999）》上，人民出版社 2000 年版。

沈国权：《思想政治教育环境论》，复旦大学出版社 2002 年版。

沈壮海：《思想政治教育的文化视野》，人民出版社 2005 年版。

［英］泰勒：《原始文化》，蔡江浓编译，浙江人民出版社 1988 年版。

檀传宝：《教师伦理学专题——教育伦理范畴研究》，北京师范大学出版社 2010 年版。

檀传宝等：《走向新师德——师德现状与教师专业道德建设研究》，北京师范大学出版社 2009 年版。

唐凯麟：《伦理学》，高等教育出版社2001年版。

田海舰：《社会主义核心价值体系培育纲要》，人民出版社2012年版。

王伟光：《反对主观唯心主义》，人民出版社、中国社会科学出版社2014年版。

王正平：《教育伦理学》，人民教育出版社2019年版。

吴艳东：《思想政治教育导向论》，人民出版社2017年版。

西南联合大学北京校友会编：《国立西南联合大学校史 一九三七至一九四六年的北大、清华、南开》，北京大学出版社2006年版。

肖前、李秀林、汪永祥：《辩证唯物主义原理》，人民出版社2000年版。

杨燕钧主编：《教师伦理学》，华东师范大学出版社1997年版。

袁贵仁主编：《百年大计 教育为本——党的十六大以来教育事业改革发展回顾（2002—2012年)》，人民出版社2012年版。

张金才：《中国法治建设40年（1978—2018年)》，人民出版社2018年版。

张立学：《以文化人：大学文化育人研究》，人民出版社2019年版。

张太原：《中国共产党百年成功的方法论》，人民出版社2021年版。

张耀灿：《中国共产党思想政治教育史论》，高等教育出版社2006年版。

张振鹏：《传统文化里的教育智慧》，青岛出版社2019年版。

赵剑英：《时代的哲学回声——赵剑英学术自选集》，人民出版社2017年版。

朱金香等编著：《教师职业伦理学》，经济科学出版社1999年版。

朱水萍：《教师伦理：现实样态与未来重构》，南京大学出版社2014年版。

三　中文期刊

习近平：《思政课是落实立德树人根本任务的关键课程》，《求是》2020年第17期。

戴小明：《师德：大学文化之魂》，《湖北民族学院学报》（哲学社会科学版）2012年第3期。

何祥林、程功群、任友洲、袁本芳：《高校师德建设的现状、问题及对策——基于湖北省H高校的调查》，《高等教育研究》2014年第11期。

雷华美、郭强：《历次科技革命与社会主义的发展》，《当代世界社会主义问题》2021年第4期。

李焱、叶淑玲：《高校青年教师师德现状与对策研究》，《理论导刊》2011年第8期。

刘爱玲、王梦瑶：《社会现代化转型中的道德两难与应对》，《教育理论与实践》2021年第1期。

刘丁鑫：《论高校教师师德养成的外在机制》，《江苏高教》2022年第11期。

龙宝新：《中国式教师队伍现代化：内涵、特征与走向》，《教师发展研究》2022年第4期。

卢晓中、谢静：《大学教师荣誉制度与荣誉体系刍议》，《江苏教育》2017年第11期。

曲波：《反思高校师德建设的几个前提性问题》，《东北师大学报》（哲学社会科学版）2016年第6期。

宋希仁：《"道德的基础是人类精神的自律"释义》，《道德与文明》2000年第2期。

唐瑭：《高校教师惩戒机制的法治迷失及其价值回归——以高校教师师德失范行为的"网络舆论审判"事件为例》，《教育发展研究》2019

年第 7 期。

许耀桐：《顶层设计内涵解读与首要任务分析》，《人民论坛》2012 年第 6 期。

张家军、龙玉雕：《传统教师的道德形象、形成路径及其启示》，《教育科学研究》2020 年第 3 期。

朱旭东：《新时代教师队伍建设的新价值》，《中国教师》2018 年第 2 期。

四 中文报纸

习近平：《认真贯彻党的十八届三中全会精神 汇聚起全面深化改革的强大正能量》，《人民日报》2013 年 11 月 29 日第 1 版。

习近平：《建设社会主义文化强国 着力提高国家文化软实力》，《人民日报》2014 年 1 月 1 日第 1 版。

《习近平在全国高校思想政治工作会议上强调，把思想政治工作贯穿教育教学全过程 开创我国高等教育事业发展新局面》，《人民日报》2016 年 12 月 9 日第 1 版。

《习近平在全国教育大会上强调 坚持中国特色社会主义教育发展道路 培养德智体美劳全面发展的社会主义建设者和接班人》，《人民日报》2018 年 9 月 11 日第 1 版。

《习近平在清华大学考察时强调 坚持中国特色世界一流大学建设目标方向 为服务国家富强民族复兴人民幸福贡献力量》，《人民日报》2021 年 4 月 20 日第 1 版。

《习近平向世界马克思主义政党理论研讨会致贺信》，《人民日报》2021 年 5 月 28 日第 1 版。

《习近平在中国人民大学考察时强调 坚持党的领导传承红色基因扎根

中国大地 走出一条建设中国特色世界一流大学新路》,《人民日报》2022年4月26日第1版。

《习近平向2022年世界互联网大会乌镇峰会致贺信》,《人民日报》2022年11月10日第1版。

《全面贯彻落实党的教育方针 努力把我国基础教育越办越好》,《人民日报》2016年9月10日第1版。

《全面推进乡村振兴 为实现农业农村现代化而不懈奋斗》,《人民日报》2022年10月29日第1版。

五 网络文献

《教育部等八部门关于加快构建高校思想政治工作体系的意见》,http：//www.moe.gov.cn/srcsite/A12/moe_1407/s253/202005/t20200511_452697.html。

《教育部关于建立健全高校师德建设长效机制的意见》,http：//www.moe.gov.cn/srcsite/A10/s7002/201409/t20140930_175746.html。

《教育部关于全面落实研究生导师立德树人职责的意见》,http：//www.moe.gov.cn/srcsite/A22/s7065/201802/t20180209_327164.html。

《教育部关于深化高校教师考核评价制度改革的指导意见》,http：//www.moe.gov.cn/srcsite/A10/s7151/201609/t20160920_281586.html。

《教育部关于印发〈新时代高校教师职业行为十项准则〉的通知》,http：//www.moe.gov.cn/srcsite/A10/s7002/201811/t20181115_354921.html。

《教育部关于印发〈研究生导师指导行为准则〉的通知》,http：//www.moe.gov.cn/srcsite/A22/s7065/202011/t20201111_499442.html。

《国务院关于加强教师队伍建设的意见》,http：//www.moe.gov.cn/

jyb_ xxgk/moe_ 1777/moe_ 1778/201209/t20120907_ 141772. html。

《教育部 中央组织部 中央宣传部 国家发展改革委 财政部 人力资源社会保障部关于加强高等学校青年教师队伍建设的意见》，http：//www. moe. gov. cn/srcsite/A10/s7034/201211/t20121108_ 145681. html。

《教育部党组印发指导意见完善高校教师思想政治和师德师风建设工作体制机制》，http：//www. moe. gov. cn/jyb_ xwfb/gzdt_ gzdt/s5987/202112/t20211231_ 591670. html。

《教育部等六部门关于加强新时代高校教师队伍建设改革的指导意见》，http：//www. moe. gov. cn/srcsite/A10/s7151/202101/t20210108_ 509152. html。

《教育部等七部门印发〈关于加强和改进新时代师德师风建设的意见〉的通知》，http：//www. moe. gov. cn/srcsite/A10/s7002/201912/t20191213_ 411946. html。

《教育部发布〈关于推开教职员工准入查询工作的通知〉》，http：//www. moe. gov. cn/jyb_ xwfb/gzdt_ gzdt/s5987/202304/t20230420_ 1056415. html。

《教育部关于高校教师师德失范行为处理的指导意见》，http：//www. moe. gov. cn/srcsite/A10/s7002/201811/t20181115_ 354923. html。

《教育部关于加快建设高水平本科教育全面提高人才培养能力的意见》，http：//www. moe. gov. cn/srcsite/A08/s7056/201810/t20181017_ 351887. html。

《教育这十年1+1系列发布会，第11场：介绍党的十八大以来教师队伍建设改革发展成效》，http：//www. moe. gov. cn/fbh/live/2022/54805/。

《教育这十年1+1系列发布会，第2场：介绍党的十八大以来我国高等教育改革发展成效》，http：//www. moe. gov. cn/fbh/live/2022/54453/。

教育部：《教育这十年 1 + 1 系列发布会第 15 场》，http：//www. moe. gov. cn/fbh/live/2022/54875/。

《科技部等二十部门关于印发〈科研诚信案件调查处理规则（试行）〉的通知》，http：//www. moe. gov. cn/jyb_ xxgk/moe_ 1777/moe_ 1779/202007/t20200715_ 472861. html。

《新时代高等学校思想政治理论课教师队伍建设规定》，http：//www. moe. gov. cn/srcsite/A02/s5911/moe_ 621/202002/t20200207_ 418877html。

《中共教育部党组关于学习贯彻落实全国高校思想政治工作会议精神的通知》，http：//www. moe. gov. cn/srcsite/A13/moe_ 772/201612/t20161223_ 292849. html。

《中国教育现代化 2035》，http：//www. moe. gov. cn/jyb_ xwfb/s6052/moe_ 838/201902/t20190223_ 370857. html。

《中共中央办公厅 国务院办公厅印发〈关于进一步加强科研诚信建设的若干意见〉》，http：//www. moe. gov. cn/jyb_ xxgk/moe_ 1777/moe_ 1778/201805/t20180531_ 337857. html。

《中华人民共和国教育法》，http：//www. moe. gov. cn/jyb_ sjzl/sjzl_ zcfg/zcfg_ jyfl/202107/t20210730_ 547843. html。

《习近平向全国广大教师致慰问信》，http：//cpc. people. com. cn/n/2013/0910/c64094 - 22864548. html。